KOLONIALE MYTHEN EN BENEDENWINDSE FEITEN

Sidestone Press

KOLONIALE MYTHEN EN BENEDENWINDSE FEITEN

CURAÇAO, ARUBA EN BONAIRE IN INHEEMS
ATLANTISCH PERSPECTIEF, CA. 1499-1636

LUC ALOFS

© 2018 Luc Alofs

Published by Sidestone Press, Leiden
www.sidestone.com

Lay-out & cover design: Sidestone Press
Photograph cover:
- Stock.adobe.com | Strand - Karibik - Luftbild - Curaçao
- Foto indiaan: Luc Alofs, 2018

ISBN 978-90-8890-601-5 (softcover)
ISBN 978-90-8890-603-9 (hardcover)
ISBN 978-90-8890-602-2 (PDF e-book)

Contents

Voorwoord	7
Conquista: koloniale mythen en Benedenwindse feiten	9
Verantwoording: bronnen en begrippen	15
Inheemse eilanden: een korte kennismaking	19
Ontdekking en verwoesting van het aards paradijs	29
Kort relaas van de ontdekking, verwoesting en belening van *las Islas adyacentes*	51
Caquetío's op de Eilanden en Tierra Firme	81
Standbeeld en verbeelding	111
Epiloog: bezetting en consolidering	133
Bijlage	155
Over de schrijver	159
Bibliografie	161

Hier werden verscheidene grote naties uitgeroeid en evenveel landstalen tenietgedaan, waarvan niemand meer over is die ze spreekt, of het moet zijn dat enkelingen zich in holen of het binnenste der aarde hebben verscholen om zo aan de verderf brengende messen van deze vreemdelingen te ontsnappen.
Bartolomé de Las Casas, *De verwoesting van de West-Indische eilanden*. p. 123.

There is a story that I know. It's about the earth and how it floats in space on the back of a turtle. I've heard this story many times, and each time someone tells the story, it changes. Sometimes the change is simply in the voice of the story teller. Sometimes the change is in the details. Sometimes in the order of events. Other times it's the dialogue or the response of the audience. But in all tellings of all the tellers, the world never leaves the turtle's back. And the turtle never swims away.
Thomas King, *The Truth about Stories*. p. 1.

Voorwoord

We reiken nooit veel hoger dan de schouders waarop we staan. Nu het schrijven van dit boek erop zit, rest mij de mededeling dat ik schatplichtig ben aan antropoloog en filosoof Ton Lemaire. Zijn *De Indiaan in ons bewustzijn* verscheen in 1986 als een van de eerste Europese studies over beeldvorming omtrent inheems Amerika. Geïnspireerd door het Oriëntalisme van Edward Said en de indiaanse Renaissance in Latijns en Noord-Amerika, ontwikkelde Lemaire in navolging van onder meer Tvetan Todorov een Occidentalisme waarop ik hier op Benedenwindse wijze voortborduur. Lemaire's *Het Lied van Hiawatha* (2012) las ik na het afronden van dit manuscript en nadat onze vriendschapsband na 27 jaar was hersteld. Overeenkomsten tussen zijn *Hiawatha* en mijn receptiegeschiedenis van Juan de Castellanos' *Elegías de los claros varones de Indias y la historia del Nuevo Reino de Granada* gaan terug op een gedeelde gerichtheid op het ontwarren van feiten en mythen omtrent inheems Amerika.

Gesprekken met collega's Raymundo Dijkhoff en Harold Kelly (National Archaeological Museum Aruba), Claudia Craan (National Archaeological-Anthropological Memory Management, Curaçao) en Jay Haviser (Sint Maarten Archaeological Centre) verrijkten mijn kennis van recent archeologisch onderzoek. We zochten en vonden de brug tussen archeologie en geschiedschrijving. Zij stelden tevens fotomateriaal beschikbaar uit hun collecties, waarvoor grote dank. Ook wil ik op deze plaats mijn waardering uitspreken voor het mythochondriaal onderzoek van Oswald Wever en de dialoog die we daarover voeren.

Ik ben vereerd dat ik het kunstwerk de Indiaan van Maritza Erasmus op de kaft mocht afbeelden. Mijn dank en waardering gaan uit naar Maritza Erasmus en de Centrale Bank van Aruba, eigenaar van het standbeeld.

Zoals het betaamd, heb ik illustraties opgenomen waarop geen copyrights meer berusten. Mocht ik in gebreke zijn gebleven, dan verzoek ik belanghebbbenden om contact op te nemen met de uitgever. Een aantal foto's maakte ik zelf in de loop der jaren. Rita Merkies portretteerde de buste van Nicolaas 'Cola' Debrot te Willemstad, Curaçao, waarvoor dank.

Ik dank Ton Lemaire, Claudia Craan, Heleen Bongers en Wim Rutgers voor hun kritische blik op het manuscript en Thais Franken voor haar hulp met de brief van Juan de Ampiés aan koning Karel I.

Ten slotte noem ik Thomas King vanwege zijn Canadese inheemse vertellingen. De drie opgenomen citaten uit zijn *The Truth about Stories* vormen de sleutel tot mijn begrip van deze Benedenwindse vertelling.

Luc Alofs, Aruba, 15 december 2017

Conquista: koloniale mythen en Benedenwindse feiten

Benedenwindse feiten: In 1492 ving de verwoesting van inheems Amerika aan. Conquistadores en encomendero's maakten zich schuldig aan volkerenmoord in omvang vergelijkbaar met de Afrikaanse slavenhandel of de Shoa ten tijde van Nazi Duitsland. De verwoesting van West-Indië werd gecompleteerd door de uitbraak massale epidemieën afkomstig uit Europa en Afrika, met een uitwerking vergelijkbaar met die van de pest in middeleeuws Europa. Missionering onder inheemse volken onderdrukte of overschaduwde inheemse religieuze systemen, godsdiensten en kosmologieën. Gedwongen slavernij, uitputting en de vernietiging van de inheemse economische systemen en sociale structuren creëerden een breuk in de geschiedenis van Taíno's, Arawakken en andere inheemse volken in de Caraïbische regio.

Ook de Benedenwindse Caquetío's werden daarvan het slachtoffer. In 1513-1515 werden naar schatting 2000 inheemse bewoners van Curaçao, Aruba en Bonaire en vermoedelijk nog meer van Tierra Firme – de noordwestelijke kuststrook van Zuid-Amerika – opgejaagd en op transport gesteld om te werken in de mijnen en landbouwbedrijven van Hispaniola. Het Caquetío-rijk op Tierra Firme werd na 1528 door toedoen van het Duitse bankiersgeslacht Welsers verwoest. Dankzij de belening van Curaçao en Aruba aan Juan Martinez de Ampiés en zijn nazaten en de indiaanse inzet bij de exploitatie van de eilanden ontsnapten mogelijkerwijs kleine aantallen Caquetío's aan wat Bartolomé de Las Casas noemde 'de verderf brengende messen van de vreemdelingen'. Over het lot van de Benedenwindse Caquetío's na ongeveer 1575 bestaat onduidelijkheid. Archeologische en historische data over de zogenoemde Spaanse periode zijn schaars.

Koloniale mythen: Met de ontdekking en verwoesting van het nieuwe continent ving de beeldvorming omtrent Amerika, haar oorspronkelijke bewoners en hun Spaanse veroveraars aan. De Europese wereld was en is gefascineerd door de nieuw ontdekte eilanden en gebieden. Waren dit vooreilanden (Ant-ilha's) voor de kust van Indië of Cipangi (Japan)? Verschaften de grote rivieren in de Guayana's, Brazilië of, dichter bij huis, het Meer van Maracaibo toegang tot het aards paradijs of Eldorado? Wat was de plaats van de onbekende medemens in de schepping?

De kennismaking met de Nieuwe Wereld resulteerde in het opmaken van nieuwe kennis – maritiem, geografisch, natuurhistorisch et cetera – en het scheppen van nieuwe mythen. Er kwam een academisch en theologisch debat op gang over menselijkheid en schepping, over de rationaliteit en de vatbaarheid voor christendom door de inheemse Amerikanen; een debat op het snijpunt van middeleeuwen en moderniteit, maar ook en vooral een ideologische positionering van Europa in de vroeg-koloniale, geopolitieke context; een debat ter legitimering en regulering van de Atlantische expansie van Europa. Niet alleen een botsing van Europese ideeën of van trans-Atlantische culturen dus, maar vooral een reeks van van politieke aanspraken en economische belangen op het snel uitdijende wereldtoneel.

Er rezen vragen omtrent de basis van de rechtstatelijke verhouding tussen de Europese en de Amerikaanse volkeren in een wereld waarin nog geen internationaal recht tot ontwikkeling was gekomen. Auteurs als Erasmus van Rotterdam hielden zich reeds bezig met vragen over de legitimatie van gerechtvaardigde oorlogen tegen Turken en andere niet-christelijke volken, maar op een Atlantische wereld was het Europese volkerenrecht *in statu nascendi* niet voorbereid. Antonio Montesinos wordt wel gezien als de grondlegger van het internationale recht. We komen hem nog tegen.

De kolonisatie van Canarische eilanden in de veertiende eeuw en de Azoren in de vijftiende eeuw en vooral de Reconquista van het Iberisch schiereiland, voltooid in 1491 en geformaliseerd in 1492, beïnvloedden de Conquista van de Nieuwe Wereld in bestuurlijk en ook in religieus opzicht. In het laatmiddeleeuwse Europa verloor de rooms-katholieke kerk terrein in de opkomende steden en nam met de opkomst van lutheranisme en humanisme de roep om religieuze verscheidenheid toe. In een tijd van Inquisitie en Reformatie dienden zich inheemse volken aan met onbekende, religieuze systemen die niet tot de op dat moment bekende wereldgodsdiensten behoorden en de vraag rees of Amerika het domein moest worden waar de katholieke kerk het terreinverlies in Europa zou compenseren.

Het zestiende-eeuwse wereldbeeld construeerde mythen rond inheemse Amerikanen die de onderwerping van de Nieuwe Wereld rechtvaardigden, vaak op christelijke grondslag of op basis van een renaissancistische interpretatie van de Bijbel en van schrijvers uit de recent herontdekte klassieke oudheid, zoals Homerus, Aristoteles of Plinius de Oudere. Vanaf de eerste beschrijving van de Caraïbische eilanden door Columbus tot aan de golf van publicaties naar aanleiding van de 500ᵉ herdenking van deze gebeurtenissen varieerde de beeldvorming tussen twee polen: Arawakken werden gezien als vredelievend en humaan; de Caraïben als oorlogszuchtige kannibalen. De Amerikaanse mens was ofwel een goedmoedige protochristen, ofwel een woeste tegenhanger van de beschaafde, christelijke Europeaan.

Pauselijke Bullen uit Rome en academische debatten in Spaanse steden als Salamanca en Valladolid bepaalden dat de kolonisatie van de Nieuwe Wereld in handen kwam van Iberische vorsten en katholieke priesterorden. Spaanse, Portugese, Roomse en ook Venetiaanse actoren verkregen hardnekkige reputaties die werden tot historische mythen, negatief dan wel positief. Het koningspaar Isabella van Castilië en Ferdinand van Aragon verwierf een katholieke reputatie. Zij als hoedster van de onschuld van de inheemse Amerikaan; hij als 'realpolitiker' die meer bereid was om concessies te doen aan de koloniale lobby. Frater Bartolomé de Las Casas werd in 1516 benoemd tot beschermer der indianen, een titel die hij gedurende vijf eeuwen geschiedschrijving heeft behouden. Conquistadores worden in beeld gebracht als plunderaars, moordenaars, opportunisten. Per saldo terecht, maar er zijn ook gegronde vragen rond deze zwart-wit opvatting.

Theodore de Bry (1528-1598) - 'Admiral Ojeda and crew, including Amerigo Vespucci, land on Dominica, 1499, and meet resistance from Kalinagos' (Honychurch, 2017: 18). Bron: Theodor de Bry - Les Grands Voyages, Wikimedia Commons.

Joden en moslims werden na de Reconquista van het Iberisch schiereiland geweerd en gedwongen christen te worden om vervolgens alsnog te worden gewantrouwd; ook in de Nieuwe Wereld waren zij niet welkom, alwaar Spanje eveneens reformatielutheranen en humanisten in de ban deed. In werkelijkheid maakten deze groepen net als Portugezen en ook Afrikaanse en zelfs Filipijnse tot slaaf gemaakte migranten een belangrijk deel uit van de Europees-Amerikaanse contactgeschiedenis. Utopische experimenten met missiekolonisatie maakten deel uit van het Amerikaanse experiment, maar ook de beruchte Inquisitie en daarom ontmoeten we in de komende hoofdstukken ook Europese denkers als Thomas More, Martin Luther en Francis Bacon, alhoewel zij nooit voet aan de Nieuwe Wal zetten.

Opstandige bevolkingen die zich afzetten tegen Spaanse overheersing, zoals de Spaanse Nederlanden (tot 1588: de Zeventien Provinciën) maakten slim gebruik van publicaties en bronnen over de Nieuwe Wereld. Intolerant katholicisme van Spaanse vorsten, wreedheden van conquistadores en de rechtvaardiging daarvan door de rooms-katholieke kerk werden breed uitgemeten. Dit vormde de oorsprong van de Zwarte Legende, zoals die bijvoorbeeld is vastgelegd in de gravures van Theodor(e) de Bry, welke ook in deze uitgave zijn opgenomen als getuigenis van zestiende-eeuwse beeldvorming omtrent van inheems Amerika en de Europese veroveraars. Deze beeldvorming zette zich vast in de Atlantische geschiedenis. We volgen de mythevorming aangaande Benedenwindse Caquetío's en Spaanse nieuwkomers vanaf de eerste beschrijvingen van Amerigo Vespucci en Juan de Castellanos' *Elegías de los claros varones de Indias y la historia del Nuevo Reino de Granada* uit 1588 tot Cola Bebrots novelle *De Vervolgden* uit 1981.

In deze uitgave reconstrueer ik feitelijkheden en mythen van Benedenwindse geschiedenis in de lange 16^e eeuw, de eeuw die aanving in of rond het jaar 1500 en eindigde met de inname van de eilanden in 1634-1636 door de West-Indische Compagnie. Zowel historische reconstructie van gebeurtenissen als beeldvorming rond inheems en Spaans Amerika hebben mijn belangstelling, waarbij ik opmerk dat ik weinig – ik denk: geen – nieuw archiefmateriaal zal aandragen en dat ik niet streef naar volledigheid. Ik zal daarentegen bestaande kennis en inzichten over Benedenwindse geschiedenis nog

Theodore de Bry (1528-1598) -'Natives roasting "dragons" (i.e. igaunas) on Verpucci's Letter to Soderini'. Bron: Theodor de Bry - Les Grands Voyages, Wikimedia Commons.

eens tegen het licht houden: wat zijn historische feiten en wat zijn historische mythen? In de tekst heb ik daarom zowel paragrafen (en ook een voetnoot) opgenomen met als titel Reconstructie, die betrekking hebben op gebeurtenissen die door eerdere historici niet eenduidig zijn gereconstrueerd, als secties met als titel Mythe, waarin ik de veranderende, niet zelden tegenstrijdige beeldvorming omtrent volken en personen beschrijf (deconstrueer) en ik onvermijdelijk nieuwe interpretaties voorstel (construeer).

Ik plaats de vroegmoderne Benedenwindse geschiedenis aldus in de bredere context van de verovering en verwoesting van de Amerika's als gevolg van de Atlantische expansie van Europa. In internationale studies over de Europees-Amerikaanse 'encounter' gaat maar weinig aandacht uit naar onze drie eilanden. Deze studie verkent daarom een tot heden betrekkelijk onontgonnen onderzoeksgebied. Archeologisch onderzoek over de Nederlandse Caraïben hapert na de komst van Spanjaarden in of rond 1500, terwijl historisch onderzoek vaak pas aanvangt bij de komst van de West-Indische Compagnie in 1634. Het archeologieproject *Nexus 1492, New World Encounters in a Globalising World* tracht momenteel deze lacune op te vullen ([1]). Collega Adi Martis publiceert in 2018 bij uitgeverscombinatie LM Publishers / Charuba het eerste deel van zijn *Geschiedenis van Aruba*, waarin ook hij deze periode beschrijft, terwijl J.A. Chando Pietersz eveneens een studie voor over de zestiende eeuw voorbereidt; samen met deze uitgave een ongepland, maar mijns inziens zeer welkom drieluik over contactgeschiedenis op de Benedenwindse eilanden.

Om historische opvattingen in de hoofden van schrijvers en hun lezers te dekoloniseren is het nodig om koloniale mythen te deconstrueren. Auteurs als Frantz Fanon, Marcus Garvey, Aimé Césaire, C.R.L. James en Michel-Rolph Trouillot weerlegden ieder op eigen wijze de koloniale mythe van 'the Negro past' en herschreven daarmee de Afro-Caraïbische geschiedenis. Kritische analyse van inheemse feiten en koloniale mythes over de confrontatie tussen de Europese en de inheems Amerikaanse wereld in de zestiende eeuw kwam later op gang.

---

1   Zie *www.universiteitleiden.nl/en/research/research-projects/archaeology/nexus-1492*.

Het is mijn streven om Benedenwindse feiten uit hun mythen los te weken en in te passen in nieuwe inzichten over de regio. In deze studie bouw ik voort op cultuurstudies van onder meer Lemaire (1986, 2012), Boucher (1992), Pagden (1993), Hulme (2000), Forte (2006), Torres-Saillant (2006), Restall (2003), Reid (2009) en Viala (2014). Ik raakte gaandeweg gefascineerd door het werk van Schwartz (o.a. 2008), Socolow (2015), Van Deusen (2015), K.P. Cook (2016) waardoor inheemse en Europese vrouwen, Iberische joden en moslims en Afrikaanse tot slaaf gemaakten een plaats verkregen in de historiografie van de zestiende eeuw.

Deze studie eindigt met een Atlantische inkadering van Benedenwindse feiten. Onder meer Wolff (1990), Elliott (o.a. 2006), Abulafia (2008), Thornton (2009), Green & Morgan (eds. 2009), Benjamin (2012) en Rupert (2012) gingen mij hierin voor, al richtte alleen de laatste zich op de Benedenwindse Atlantische geschiedenis. Phelan beschreef reeds in 1967 hoe de Spaans-Atlantische wereld westwaarts uitdijde tot aan de Philippijnen.

Auteurs als Gilroy (1993), Turner Bushnell (2002, 2009), Weaver (2014), Wheat (2015) en Hall (2017) waarschuwden echter dat Atlantische geschiedenis maar al te vaak gericht is op de totstandkoming van vroege Europese trans-Atlantische koloniale imperia en derhalve blank en Europacentrisch van opzet en oriëntatie is. Dit gaat ten koste van een 'Black Atlantic' (Gilroy, Wheat) of een 'Red Atlantic' (Weaver) perspectief, waarin de Afrikaanse of inheems Amerikaanse invalshoek met de encounter wordt belicht. Naar die studies wil ik in dit onderzoek een brug slaan.

In dit boek kies ik voor de term inheems Atlantisch omdat 'Red Atlantic' mij niet aantrekt. Verwijzingen naar ras, zo stelt bijvoorbeeld ook Stuart Hall (2017: 31-79), speelden sinds de kennismaking met inheems Amerika – met name sinds het debat van Las Casas en Sepulveda in Valladolid in 1550 (zie 2.4) – juist een hoofdol in het creëren van opposities en verdeeldheid binnen de mensheid: ras als *Sliding Signifier* of in de terminologie van deze studie: een koloniale mythe. De Red, Black en White Atlantic zijn contructen die tesamen een raciaal discours vormen, juist als gevolg en ter legitimatie van Atlantische expansie vanuit Europa. Liever refereer ik daarom naar het gegeven dat het hier gaat om volkeren die reeds voor de trans-Atlantische contactperiode in de Amerika's leefden en wier beschavingen tijdens de Europese expansie onder de voet werden gelopen – in Las Casas' termen 'verwoest'. Hiervoor wordt bijvoorbeeld door de Verenigde Naties en UNESCO het begrip inheems of 'indigenous' gehanteerd, waarbij opgemerkt dat ook marrongemeenschappen met een Afrikaanse herkomst tot deze categorie worden gerekend.

De revival van inheemse volken in de Caraïbische regio in de twintigste eeuw bracht nieuwe aandacht voor hun etnogenese met zich mee. In dit boek aarzel ik de om van een Benedenwindse etnogenese te spreken en voer als omstandigheid aan dat op de drie Benedenwindse eilanden geen inheemse Caquetío's leven, althans niet zoals dat het geval is bij de Wayuu van Venezuela/Columbia (Guerra Curvelo 2015; Bassi 2017), de Black Caribs in Belize, Honduras en Guatemala (Hulme 2000; Palacio ed. 2006), de Taíno's van Trinidad (Forte ed. 2006; Forte 2010) en de Island Caribs/Black Caribs in Dominica (Honychurch 2017). Voor de Taíno revival op Puerto Rico verwijs ik naar Haslip-Viera (red. 2001) en Duany (2002).

Voor wat de inheemse erfenis op de Benedenwindse eilanden erken ik volmondig de waarde van onderzoek naar archeologische, etnologische en biologische (mitochondriale) continuïteit, maar tevens stel ik vast dat de inwoners van Curaçao, Aruba en Bonaire door internationale organisaties zoals UNESCO niet als inheemse volken zijn erkend. De stem van Benedenwindse Caquetío's is reeds in de periode die ik in dit boek beschrijf tot zwijgen gebracht als gevolg van deportaties en genocide, waarschijnlijk door voorheen onbekende ziektes en koloniale overheersing; de inheemse stem is verstomd door demografische en culturele dynamiek en niet in de laatste plaats overstemd is door het kabaal van historiografische mythevorming.

Verantwoording: bronnen en begrippen

Publicaties over de contactperiode van Spaans Europa en inheems Amerika lijken vaak eindeloze variaties op een beperkt aantal thema's. Traditionele historici herhalen en versterken de mythe omtrent de rol van het katholieke koningspaar Isabella, koningin van Castilië (1451-1504) en Ferdinand, koning van Aragon (1452-1516) bij de vestiging en verbreiding van het katholicisme in de Nieuwe Wereld en de inzet van Spaanse geestelijken voor de bescherming van de inheemse bevolking. Daartegenover staan afkeurende beoordelingen van de praktijken van conquistadores en encomendero's, terwijl deze in werkelijkheid toestemming voor hun ondernemingen kregen van datzelfde koningspaar. Tussen hen bestond een complexe politieke relatie, maar in historische en ook literaire werken worden het historisch Goed en het historisch Kwaad veelal vereenvoudigd: gepersonifieerd en opgedeeld in enerzijds helden en anderzijds zondaars die in werkelijkheid deels hand in hand gingen. Auteurs schrijven elkaars werk sinds vele generaties over en geven daarbij eeuwenoude stereotyperingen door. Hardnekkige mythen over Caraïbische geschiedenis en Europese verovering staan zodoende wetenschappelijke interpretatie in de weg. Ook ik ontkom daar niet aan en enkele methodische en terminologische opmerkingen zijn daarom hier op hun plaats.

Zoals bekend, vertelt geschiedschrijving doorgaans het verhaal van de overwinnaar. Deze vernietigt of ontkent het materiële en immateriële erfgoed van de overwonnenen en vaak ook de overwonnenen zelf. De overwinnaar produceert bronnen en archieven op grond waarvan later reconstructie van het historisch verloop plaatsvindt in de vorm van een narratief; een verhaal dat veelal een legitimatie van dat verloop levert: succesvolle kolonisatie dan wel benevolente missionering. Over de overwonnenen hangt een historische stilte ([2]).

Anders dan bijvoorbeeld in Mexico, waar voor de contactperiode een beeldschrift was ontwikkeld, zijn over de Caraïbische Conquista geen inheemse geschreven bronnen bewaard gebleven en de orale traditie is grotendeels verloren gegaan. Reconstructie van de eerste ontmoetingen van Europeanen en de inheemse bevolking van de Amerika's is vaak een onmogelijke opgave omdat beschikbare bronnen zelden een zakelijke, empirische weergave zijn van feitelijke gebeurtenissen, maar integendeel op standplaatsgebonden wijze verslag doen, bijvoorbeeld om in de gunst te komen van het Spaanse hof,

---

2   Trouillot 1995; Turner Bushnell 2002.

om de opkomende markt van het Europese lezerspubliek (Vespucci) te vermaken of om politieke tegenstanders in een kwaad daglicht te stellen. Dit konden concurrerende bestuurders (Columbus, Oviedo), voormalige conquistadores (Díaz, Benzoni) zijn of tegenstanders in het Europese debat (Las Casas, De Castellanos). Tijdsdocumenten zijn doordrenkt van politieke intenties, ingebed in een ons vaak onvoldoende bekende historische context. Bronnen zijn tot stand gekomen voor tijdgenoten en niet voor historici en dat gegeven bemoeilijkt de wetenschappelijke interpretatie. De auteurs tussen haakjes komen nog aan bod, maar vooral richten we ons op Europese actoren die direct bij de Benedenwindse geschiedenis betrokken waren: de vermeende ontdekkers Amerigo Vespucci en Alonso de Ojeda, de kolonisten Juan de Ampiés en zijn schoonzoon Lazaro Bejarano en ook hun kroniekschrijvers Juan de Castellanos en in het meer recente verleden Chris Engels (1970) en Nicolaas 'Cola' Debrot (1981).

De aard van de historische bronnen en Europese en viricentrische geschiedschrijving dringen inheemse genderverhoudingen op de achtergrond. Inheemse en Europese vrouwen, zoals de indiaanse Teresa die omstreeks 1521 vanuit Hispaniola naar Curaçao werd gezonden om er als tolk te werken, de minares(sen) van de op Curaçao werkzame frater Ramirez of Maria de Ampiés, dochter van Juan de Ampiés en echtgenote van Lazaro Bejarano, blijven in dit onderzoek noodgedwongen onderbelicht.

De afstand tussen beide continenten droeg er aanvankelijk aan bij dat controle op vermeende kennis ontbrak en ook dwong die afstand tot het invullen van kennisleemtes. Europese beeldvorming van inheems Amerika werd doordrongen van Europese stereotypen. Inheemse volken werden voorgesteld als variaties op of als tegengestelden van opkomende Europese naties. Hierdoor is zowel over inheems Amerika als over Spaanse nieuwkomers een aantal hardnekkige historische mythen tot stand gekomen die niet op waarheid maar op fictie berusten. Hier raken twee wetenschappelijke disciplines elkaar, namelijk de analytisch empirische geschiedschrijving op basis van historische bronnen en de interpretatieve analyse van beeldvorming van inheems en koloniaal Amerika. Een Oriëntalisme voor de West dus: Occidentalisme.

Ook de mate van ontsluiting van de historische bronnen legde lange tijd beperkingen op. Vijftiende en zestiende-eeuwse bronnen zijn van oudsher moeilijk bestudeerbaar voor niet-Spaanstalige mediëvisten. Archieven zijn geografisch verspreid en soms slecht ontsloten. Toegang tot documenten via het internet komt op gang, maar een gevolg is dat veel publicaties over Benedenwindse geschiedenis in de zestiende eeuw sterk leunen op bestaande vertalingen en studies in plaats van origineel bronnenmateriaal. Soms zijn originele documenten niet meer beschikbaar. Beroemd is het scheepsjournaal van Columbus. De originelen zijn spoorloos en het manuscript dat Bartolomé de Las Casas daarvan maakte weerspiegelt diens intenties, namelijk om de verwoesting van de West-Indische landen aan de kaak te stellen.

Een gebrek aan systematische bronnenkritiek maakt meerdere interpretaties van historische gebeurtenissen mogelijk. Gebruikmakend van deels dezelfde bronnen en eerdere studies komen verschillende auteurs tot soms uiteenlopende, zelfs tegenstrijdige reconstructies. Dit is onder meer het geval bij de roemruchte reis van Alonso de Ojeda en Amerigo Vespucci in 1499-1500, de eerste ontmoeting van Spanjaarden en Benedenwindse Caquetío's op waarschijnlijk Bonaire en Curaçao en de brief die Juan de Ampiés in 1525/6 aan de koning van Spanje schreef.

In modern onderzoek naar de ontmoeting tussen de continenten wordt daarom steeds meer gebruik gemaakt van interdisciplinair onderzoek door archeologen, fysisch en cultureel antropologen, historici, cartografen, en linguïsten. Onderzoeksmethoden uit diverse disciplines belichten archeologische, genetische en historische data opdat en totdat de (pre-)historische werkelijkheid zo dicht mogelijk is genaderd. Voor wat betreft de Benedenwindse eilanden staat deze aanpak op het punt van doorbraak. In deze uitgave tracht ik actuele kennis van meerdere wetenschappelijke disciplines te verwerken. Voor wat betreft de archeologie maak ik dankbaar gebruik van het werk van bijvoorbeeld Oliver (1989), Versteeg & Rostain (eds. 1997) en recente uitgaven voortvloeiend uit het reeds genoemde Nexus project ([3]). Recent onderzoek naar mitondreaal dna is beschreven onder andere Toro-Labrador, G., O.R. Wever, & J.C. Martínez-Cruzado (2003) en Wever (2014, 2016).

Een tweede opmerking betreft het gebruik van historische begrippen en benamingen. De geschiedenis van het indiaanse en/of Spaanse verleden is van oudsher beschreven en benoemd vanuit het perspectief en vaak de misvatting van de Europese overwinnaar. Wereldwijd hebben activisten en/of inheemse bevolkingsgroepen hierop gewezen, onder meer tijdens de 'centennials' van de afgelopen decennia in het Caraïbisch gebied en de Amerika's, maar ook in Australië en Nieuw-Zeeland (Viala 2014). De benaming 'indie-aan' illustreert de misvatting van Columbus, terwijl het begrip de Nieuwe Wereld slechts van toepassing was voor de bewoners van de Oude, terwijl de Taíno's die in 1492 door Columbus en de Bonairiaanse Caquetío's die in 1501 door Cristóbal Guerra naar Europa werden gevoerd Europa juist als Nieuw zullen hebben aangemerkt. Het woord 'ontdekker' is inmiddels wetenschappelijk, politiek en moreel incorrect gebleken en wordt door onderzoekers, activisten en opvoeders terecht verworpen.

In deze uitgave streef ik naar correct taalgebruik zonder geforceerde politieke correctheid. Met het woord 'ontdekking' wil ik bijvoorbeeld niet zeggen dat de bedoelde (Europese) 'ontdekker' de eerste ontdekker van een eiland of continent was. Begrippen zoals conquistador zijn ingeburgerd met de triomfantelijke connotatie van overwinnaar. In deze uitgave gebruik ik dat begrip ook, maar dan in de betekenis van veroveraar/bezetter. Het neutrale 'encounter' (ontmoeting) was in mijn ogen niet zomaar een ontmoeting van continenten, maar van een 'clash of civilizations' die zijn gelijke niet kent. Terugblikkend en in 21^e-eeuwse termen was sprake van een invasie; een brute schending van de soevereiniteit van inheemse staten (in hun diverse fasen van staatsvorming) en van veelal ongeremde misdaden tegen de menselijkheid onder de bevolkingen daarvan. Schendingen van het pas nadien tot stand gekomen volkenrenrecht en de rechten van de mens zijn ruim 500 jaar later nog altijd reden voor diepgewortelde conflicten omtrent de erkenning en rechten van inheemse Amerikanen en afstammelingen van tot slaaf gemaakte Afrikanen in de Amerika's.

Spaanse begrippen gebruik ik nadat ik die eerst in de tekst heb uitgelegd: repartimento, encomienda. Daar waar voorheen vaak het ongedifferentieerde indiaan stond, hanteer ik in de komende hoofdstukken veelal inheemse termen voor autochtone Amerikaanse volken: Taíno, Arawak, Caquetío et cetera. Ook deze labeling is discutabel. Soms verwijzen inheemse labels naar taalgroepen (Arawakken), soms naar de wijze

---

3 Voor bibliografieën van Benedenwindse archeologie, zie Coomans-Eustatia & Coomans 1987 en Dijkhoff 2004a.

waarop de inheemse volken (mogelijk) zichzelf benoemden (Caquetío) of soms zoals men Europese nieuwkomers tegemoet trad. De inheemse term Taíno bijvoorbeeld betekent 'goed' of nobel' en het verwijst niet naar een etnisch homogene bevolkingsgroep. Bovenwindse Caraïben noemden zichzelf Kalinago. Zij behoorden in etnisch opzicht tot de Caraïben, maar spraken een Arawakse taal. Ogenschijnlijk inheemse benamingen zijn dus vaak koloniaal opgelegde labels. Hoe de bewoners van de drie Benedenwindse eilanden zichzelf noemden is onbekend.

Toch schrijf ik de komende hoofdstukken steeds weer van Benedenwindse Caquetío's. Dat is om de eenvoudige reden dat ik de literatuur volg, bij gebrek aan een beter kompas. Reeds in de inleiding hanteerde ik het containerbegrip indiaan(s), terwijl daar wellicht Ameridiaan(s) beter had gestaan. De gemeenschappelijkheid van Amerikaanse en Aziatische indianen berust op Columbus' beroemde geografische misvatting en op de inval van een Duitse geograaf om het pas ontdekte continent naar een Venetiaanse avonturieër te vernoemen. Het achterhaalde, maar niet in onbruik geraakte woord slaaf gebruik ik in plaats van de meer gepaste benaming 'tot slaaf gemaakte'. Dat is een esthetische en didactische keuze, tegen beter weten in. Hetzelfde geldt voor het begrip 'Spaans'. Het zou vaak correcter zijn om 'Castiliaans' te hanteren. De Spaanse eenheidsstaat is immers pas later tot stand gekomen ([4]). Vandaar en ook vanwege de internationale samenstelling van veel reisgezelschappen en de verschillende achtergronden van kolonisten en het feit dat culturele identiteiten en semi-raciale categorieën als Spaans, creole en mestizo vaak met een grove pen en in wisselende betekenissen werden gehanteerd, kies ik veelvuldig voor de aanduidingen Europeaan en Europees. Ik twijfelde om het woord precolumbiaans te vervangen door pre-Atlantisch maar vond dat te gekunsteld. Onvermijdelijk onthullen en verhullen woorden en begrippen de historische werkelijkheid in één en dezelfde adem.

Van namen van individuen, inheems dan wel Europees, treft men verschillende spellingswijzen aan, bijvoorbeeld De Ampies, De Ampíes, De Ampiés, D'Ampiés en De Ampues,. Ik kies doorgaans voor de wijze die het meest voorkomt in de literatuur. Voor wat betreft de citaten maak ik dankbaar gebruik van de benijdenswaardige veeltaligheid op *las Islas Adyacentes a la costa firme*. Spaanse, Engelse en oud-Nederlandse tekstfragmenten die ik in deze uitgave aanhaal, heb ik doorgaans niet vertaald, ervan uitgaande dat de lezer deze talen voldoende machtig is. Enkele citaten in het Duits heb ik wel vertaald.

---

4   Tussen 1479 en 1555 was sprake van een personele unie tussen Castilië en Aragon, die tezamen 90 procent van het huidige Spanje omvatten. Isabella was koningin van Castilië, terwijl echtgenoot Ferdinand koning van Aragon was. Hij trad na haar overlijden op als haar regent over Castilië. Karel V was vanaf 1555 koning van een verenigd Castilië én Aragon. In 1580 volgde de bezetting van Portugal onder koning Philips II, maar in 1640 werd Portugal dankzij Franse steun alsnog onafhankelijk.

1

Inheemse eilanden: een korte kennismaking

1.1 De lithische en archaïsche Benedenwinders

Rouse en Allaire onderscheiden drie perioden in de Caraïbische prehistorie die van elkaar verschilden door hun technologische ontwikkeling: de lithische, de archaïsche en de neo-indiaanse periode. Tijdens de lithische periode vervaardigden indianen werktuigen door het afbikken van stenen. Er zijn restanten aangetroffen van de zogenoemde lithische indianen in noordwest Venezuela die werden gedateerd op 14.000 jaar voor Christus. Op de Benedenwindse eilanden zelf zijn dergelijke vondsten niet gedaan. De oudst bekende menselijke activiteit, gedateerd 3400 voor Christus is aangetroffen in Rooi Rincon, Curaçao ([5]). De Benedenwindse archeologie vangt daarom aan in een tweede, archaïsche ('preceramische') periode, die van jagers en verzamelaars, toen indianen hun werktuigen niet alleen vervaardigden door het afbikken, maar ook door het polijsten en slijpen van hun gereedschappen. Deze periode ving aan ca. 1500 voor Christus en eindigde met de komst van de neo-indiaanse ('ceramische') indianen omstreeks het jaar 1000 voor Christus. Althans, zo werd tot voor kort aangenomen. Recent en lopend archeologisch onderzoek wijst erop dat de in een strak en klassiek evolutionisme gewortelde driedeling lithisch, archaïsch/preceramisch en neo-indiaans/ceramisch minder rigide was dan zoals voorgelegd door Rouse en Allaire.

Onderzoek door Haviser (2001) en meer recent Hoogland, Vermeer en Van den Biggelaar (2015: 81) toonde aan dat Curaçao reeds tussen 2753 en 2663 voor Christus werd bezocht door archaïsche indianen die er tijdelijk hun kampementen opsloegen. Onder andere aan het Spaanse Water hadden zij steenwerkplaatsen. Het is mogelijk dat dergelijke locaties slechts kort werden bezocht om er grondstoffen te onttrekken. Bewerkingstechnieken van stenen werktuigen, wijzen de periode, ca. 2000 voor Christus aan als de vroegst bekende menselijk activiteit op Aruba ([6]).

De oudst bekende Benedenwindse archaïsche begraafplaats – hier opgevat als teken van meer permanente bewoning – is aangetroffen op Sint Michielsberg te Curaçao. De begraafplaats stamt van ongeveer 2400 voor Christus. Archaïsche indianen vonden er een onderkomen in de rotsen vlakbij een voedselrijk binnenwater. De oudste datering op Bonaire is sinds kort vastgesteld aan het Slagbaai-Gotomeer op 2300 voor Christus.

---

5 Gould, 1971: 23; Haviser 1991: 37-9; 2015: 214.
6 Versteeg en Ruiz, 1990: tevens, 14; Kelly en Hofman, 2018 (ter perse).

Curaçao, Sint Michielsberg 1984. Foto: Jay Haviser, 1984.

Curaçao, Sint Michielsberg 1984. Links archeoloog Jay Haviser, staande rechts schrijver-linguïst Frank Martinus Arion, zittend rechts cultureel antropologe Rose-Mary Allen. Foto: Jay Haviser, 1984.

Inheems aanwezigheid te Wanapa aan het binnenwater Lagoen heeft betrekking op de periode ca. 1400 voor Christus ([7]). Recent onderzoek op locaties zoals Seroe Colorado toont aan dat Aruba ook vanaf 1500 voor Christus is bewoond ([8]).

Archaïsche indianen kenden een seminomadisch bestaan. Versteeg (1991b: 6-7) veronderstelt dat deze archaïsche indianen aanvankelijk in Zuid-Amerika leefden van de jacht op groot wild, zoals luiaard, maar zich later wegens het uitsterven van hun prooien richtten op een kustbestaan. Zij woonden niet op vaste woonplaatsen, maar wel zijn op Curaçao, Aruba en Bonaire plaatsen aangetroffen waar zij kortere of langere tijd verbleven. Van de 22 op Aruba in 1991 bekende archaïsche sites lagen er twintig minder dan een kilometer van de kust verwijderd. Deze populatie leefde van de visvangst en het verzamelen van schelpdieren, schildpadden en hun eieren, leguanen, mieren, honing, wortels en dergelijke. Versteeg (1991a: 8) stelt:

> *'Deze Indianen gingen naar plaatsen waar ze gemakkelijk water konden vinden, waar ze schelpdieren konden verzamelen. En naar de stranden van Aruba waar grote schildpadden eieren kwamen leggen: zo bemachtigden ze èn eieren èn een enorme hoeveelheid vlees voor de kleine groep waarin ze leefden: ongeveer 10-15 mensen. Verder aten ze werkelijk alles wat eetbaar is: vruchten van de cactus, wortels, leguanen, maar ook grote mieren, honing, enzovoorts'.*

---

7   Haviser 1987; 1991: 40; 2015: 195-216; Kraan & Minkes 2016.
8   Kelly en Hofman 2018, ter perse.

Bonaire, Gotomeer, 1988.
Foto: Jay Haviser, 1988.

Haviser (2001) suggereerde dat de Benedenwindse groepen voor het ruilen van goederen contact onderhielden met elkaar en met partners op de vaste wal van Zuid-Amerika, in het bijzonder de huidige staat Falcón-Zulia in Venezuela en waarschijnlijk ook het schiereiland La Guajira (Venezuela/Columbia). Het staat niet vast tot welke taalgroep zij behoorden.

Dankzij de grafvelden te Malmok en Canashito op Aruba weten we meer over deze oudste inheemse bevolking. Er zijn op Aruba 60 tot 70 graven aangetroffen. Vijf daarvan op de kleinere begraafplaats te Canashito. Zij werden gedateerd op de periode van 100 voor tot 100 na Christus. Dit dodenbestel is bijzonder omdat recentelijk uit isotopenonderzoek bleek dat één van de aldaar aangetroffen individuen niet van Aruba afkomstig was een geheel ander dieet had gekend dan de overige vier, wel van Aruba afkomstige personen. Een aanwijzing dat migratie en culturele uitwisseling al vroeg tot het culturele patroon van deze archaïsche indianen behoorde (Kelly en Hofman, 2018).

Het grafveld te Malmok, Aruba stamt uit de periode 450 tot 1000 na Christus. Deze Arubanen hadden een korte en gedrongen lichaamsbouw. Volwassen mannen waren gemiddeld 1.57 meter lang, vrouwen 1.49 meter. Het dodenbestel verschaft inzicht in de sociale verhoudingen van de archaïsche bewoners van de eilanden. Uit de grafpatronen werd afgeleid dat zij rondtrokken in verwantengroepen (clans) van vijftien tot dertig personen. De groepen stonden onder leiding van een volwassen man, die centraal in het cluster werd begraven. Zijn status werd onderstreept doordat zijn graf gemarkeerd werd door een aantal stenen. Rond hem werd de rest van de familiegroep begraven.

Zoals gezegd staan de strikte driedeling lithisch-archaïsch en voor de gelijkschakeling archaïsch met preceramisch en neo-indiaans met ceramisch sterk onder druk. Recent onderzoek op Curaçao en Bonaire levert aanwijzingen op van een nog onopgehelderde vorm van culturele continuïteit tussen de archaïsche en neo-indiaanse bewoning. Zo is op archaïsche vindplaatsen op Bonaire en aan het Spaanse Water te Curaçao Dabajuroïd aardewerk van de latere Caquetío's uit de periode 500 AD.-150 AD aangetroffen ([9]). Ook vertonen steenbewerkingstechnieken van de archaïsche bevolking

---

9   Groot 2015: 36-9, tevens pag. 78, 80.

en neo-indiaanse Caquetío bevolking op de locaties aan het Spaanse Water, Curaçao grotere overeenkomsten dan voorheen werd aangenomen. Dit kan wijzen op culturele continuïteit, maar ook op herhaalde benutting van dezelfde locaties in verschillende periodes ([10]).

Bijzonder in dit verband is de vondst van maïssporen en verwijzingen naar land- of tuinbouw in de preceramische site te Canashito, Aruba (350 BC-150 AD). Ook te Seroe Colorado, Aruba zijn archaïsche sites aangetroffen waar aanwijzingen van land- of tuinbouwactiviteiten de traditionele driedeling weerspreken. Aan het Spaans Lagoen, Aruba zijn aanwijzingen voor het gebruik van aardewerk door archaïsche populaties aangetroffen. Kennelijk kenden archaïsche bewoners dus toch een vorm van land- of tuinbouw ('horticultuur') en ceramiek ([11]).

Wellicht verliep de overgang van de archaïsche naar de neo-indiaanse periode dus minder gemarkeerd dan doorgaans werd verondersteld. Interactie en culturele uitwisseling in de Caraïbische en de *Intermediate region* (waartoe de Benedenwindse eilanden worden gerekend) vond plaats tussen meer gediversifieerde en gefragmenteerde culturen en de archaïsche periode kan zeker niet langer als de preceramische worden aangemerkt.

1.2 De neo-Indiaanse periode: de Caquetío's

De archaïsche populatie verdween op Aruba buiten het archeologische beeld omstreeks 950 na Christus, kort na de komst van de neo-indiaanse Caquetío's. Over het verband tussen het verdwijnen van de deze archaïsche indianen en de komst van de neo-indiaanse Caquetío's kan slechts worden gespeculeerd. Duidelijk is dat de Caquetío's in socio-economisch en technologisch opzicht een superieure cultuur hadden. Het is denkbaar dat de nieuwe Caquetío indianen een tijd naast de archaïsche indianen op Aruba leefden en dat zij uiteindelijk werden verdreven of assimileerden.

In het jaar 1500 woonden er Caquetío's op Curaçao, Aruba en Bonaire. Zij behoorden tot de Arawakken. De oorsprong van de Arawakken-beschaving (een benaming die is gebaseerd op een taalkundige indeling) is gelegen in het centrale Amazonegebied. Tussen 1500 en 500 voor Christus was de invloedssfeer van de Arawakken uitgedijd tot het Caraïbische bekken en de Guyana's. Tussen 850 en 1000 na Christus trokken Caquetío indianen vanuit west-Venezuela, waarschijnlijk vanaf de schiereilanden Paraguaná en Guajira, naar de Benedenwindse eilanden. Zij behoorden tot de taalfamilie der Arawak-Maipure ([12]). De naam Caquetío verwijst naar de wijze waarop deze groep zichzelf noemde tijdens de eerste contacten met Europeanen. Zij hadden langere en smallere schedels dan de archaïsche populatie. Hun lengte bedroeg tot 1.60 meter. De nieuwkomers brachten ceramiek en landbouw naar de eilanden en zij worden daarom tot de neo-indiaanse periode gerekend.

De invloedsfeer van de Caquetío's omvatte de kuststreek van de huidige staat Falcón-Zulia te Venezuela, inclusief het schiereiland Paraguaná en voorts Aruba, Curaçao en

---

10 Hoogland, Vermeer en Van den Biggelaar 2015: 63-4. Hetzelfde geldt voor de overgang van de neo-indiaanse naar de historische periode. Zie hiervoor, idem 2015: 76, 80, 81.
11 Hofman en Van Duijvenbode (red.) 2011; Mol 2014: 258-60; Kelly en Dijkhoff 2016; Kelly en Hofman 2018, ter perse.
12 Oliver 1989: 490-2; Haviser 1991: 72-80; Rouse 1992: 39-42; Dijkhoff 1997: 4.

Aruba, Seroe Colorado, 2016. Foto: National Archaeological Museum Aruba.

Bonaire. Dit was het gebied waarover de legendarische cacique Manaure zijn gezag uitoefende. De Caquetío's kenden een vergevorderd proces van staatsvorming. Er was sprake van een chiefdom, in de menselijke evolutie veelal een voorloper van het koninkrijk, waarbij centrale leiders – *paramount chiefs* – meerdere ondergeschikte politiek-bestuurlijke eenheden controleren ([13]). De nadruk lag meer op de politieke en religieuze allianties tussen inheemse gemeenschappen dan op de militaire beheersing of onderwerping van uitgestrekte territoria. Aan het hoofd van het Caquetío-chiefdom stond een spiritueel leider, *diao* genoemd, die zowel – in moderne termen – wereldlijk als religieus gezag bezat. Hij was begiftigd met krachten die de natuur konden beïnvloeden: een sjamaan. De diao-positie was erfelijk. Doordat het de diao was toegestaan meerdere vrouwen te huwen, was hij in staat politieke allianties met andere groepen, stammen of dorpen aan te gaan en te onderhouden. Het chiefdom was centralistisch van opzet, maar niet op een autoritaire of op geweld gebaseerde onderwerping ([14]). Oliver (1989: abstract) stelde dat het chiefdom zich ontwikkelde tot een gecentraliseerde politieke eenheid zoals een (vroeg type) koninkrijk:

> 'This process of expansion was interrupted by the Spanish Conquistadores. At the time of the European contact (A.D. 1499-1535), the Spanish found the entire coast of Falcón State entirely inhabited by Caquetio, a term that glosses as 'living creature' or 'people'.

Het Caquetío-territoir bestond uit meerdere, en dus kleinere politieke eenheden die onder het gezag stonden van lagere 'second tier chiefs' [term: Oliver] die ondergeschikt waren aan het hoogste gezag. Ook zij konden meerdere huwelijken sluiten om zo de banden tussen de verschillende clans te versterken. Hoe het centrale gezag over de eenheden werd uitgeoefend staat niet vast. Wel zijn er berichten uit de contactperiode die erop wijzen dat de diao niet eigenzinnig zijn macht over de lagere eenheden uitoefende. Of er, bijvoorbeeld zoals in het Inca-rijk van Montezuma, in de contactperiode sprake was van een tribuutsysteem met gedwongen levering van arbeid, grondstof-

---

13 Sahlins 1968: 20-7, 90-3, 110-3; Oliver 1989: 48, 254 e.v.; Haviser 1991: 66-71.
14 Om deze reden verkiest Thornton (2012: 126 e.v.) het begrip ministaten boven dat van chiefdom.

fen, handels- of ambachtsproducten aan het centraal gezag kon niet worden nagegaan. Waarschijnlijk was er een vorm van samenspraak tussen diao en lagere leiders. Op het schiereiland Paraguaná woonden in de zestiende eeuw twee sub-eenheden, de Guaranaos en Amuayes. Oliver (1989: 275; 1997: 422, 426) veronderstelt dat Aruba, dat minder dan 30 kilometer verwijderd is van Paraguaná, voorheen was verbonden met één van deze eenheden.

Na de Diao en de regionale sub-eenheden, zoals de genoemde Guaranaos en Amuayes te Paraguaná, vormde het dorp de derde bestuurslaag in de hiërarchie van het chiefdom. Op Curaçao waren er mogelijk twintig Caquetío dorpen, verspreid over het eiland op het moment dat de Europeanen zich aandienden op de Benedenwindse eilanden. Op Curaçao bevinden dorpen zich doorgaans op lage heuvels, zo'n vijf kilometer verwijderd van binnenwateren. Op Bonaire zijn neo-indiaanse verblijfsplaatsen aangetroffen nabij Wanapa, Amboina, Sorobon, Put Bronswinkel en Fontein ([15]). Aruba telde (niet noodzakelijkerwijs gelijktijdig) vijf dorpen: drie grotere te Ceri Noca (Santa Cruz), Tanki Flip (Noord) en Savaneta en daarnaast twee kleinere nabij Tanki Leendert en Parkietenbos die nog niet systematisch zijn onderzocht. De locatie van de Arubaanse dorpen varieerde. Deze waren gelegen op plaatsen waar zich goede landbouwgronden bevonden en waar gunstigste hydrologische omstandigheden heersten. Men koos locaties waar enkele rooien bij elkaar kwamen en waar dus relatief veel water beschikbaar was ([16]).

Dijkhoff ([17]) veronderstelt dat op Aruba de chief van de grootste en centrale nederzetting te Ceri Noca (Santa Cruz) het hoogste sub-regionale gezag droeg. Het ligt voor de hand dat tussen dorpen huwelijkspartners werden uitgewisseld, maar of ook binnen het dorp (de lineage) werd gehuwd is niet bekend. In welke mate Benedenwindse Caquetío's met (aan)verwanten van het vaste land huwden is nog niet achterhaald.

Daarmee dalen we af naar de laagste trede van de sociale organisatie en statushiërarchie van de Caquetío's, het huishouden. Bij opgravingen te Santa Cruz (1991/2) en Tanki Flip (1994) op Aruba werden restanten aangetroffen van twee typen huizen. In ovaalvormige huizen (maloca's) met een lengtedoorsnede tot veertien meter, woonden 'extended families' die bestonden uit een of enkele kerngezinnen en drie of meer generaties. Naar schatting leefden er zo'n 40 personen in een dergelijk huishouden. Het tweede type huis was kleiner en werd waarschijnlijk bewoond door kleinere huishoudens, wellicht kerngezinnen. In tegenstelling tot de Vaste Wal is in deze dorpen geen centraal plein aangetroffen, maar slechts kleine open plaatsen tussen de huizen ([18]).

De Caquetío's hanteerden vermoedelijk een wisselbouw landbouwmethode ofwel 'slash-and-burn'. Akkers werden aangelegd door het afbranden van gronden, waardoor terrein vrijkwam dat bemest werd door de brandresten. De akkers werden 2 tot 3 jaar bebouwd met onder meer maïs, maniok en pepers. Om bodemuitputting te voorko-

---

15 Nooyen 1985: 7-9; Haviser 1991: 123-40; Craan persoonlijke mededeling, februari 2017. Voor een discussie over dorpsvorming en regionale integratie, zie Oliver 1997: 417-22.
16 Voor Aruba: Versteeg 1991a: 11; voor Bonaire en Curaçao, zie o.a. Haviser 1991: 144: '... *the emphasis on suitable agricultural soils, water sources, and drainage basins is also similar between the Ceramic Age settlement patterns on both Curaçao and Bonaire*'.
17 R. Dijkhoff, persoonlijke mededeling, december 2016.
18 Versteeg 1997a: 97; Oliver 1997: 419-20.

Aruba, Tanki Leendert, 1984. Foto: National Archaeological Museum Aruba.

men werd een nieuw terrein afgebrand en in gebruik genomen. De oude akker kreeg gelegenheid zich te herstellen (Versteeg en Ruiz: 1995: 54).

De opbrengsten van de landbouw en visserij werden aangevuld met het drijven van handel in grondstoffen en artefacten die niet lokaal verkrijgbaar of produceerbaar waren. In het Caquetío-gebied bestond een handelsnetwerk dat zich tot ver buiten de eigenlijke grenzen uitstrekte, maar de mate waarin de Benedenwindse eilanden daarin participeerden is nog niet in kaart gebracht. Voor deze eilanden waren dergelijke handelsbetrekkingen van belang voor het verkrijgen van vuurstenen, pijlriet, boomstammen die groot genoeg waren voor de bouw van kano's en andere grondstoffen die niet op de eilanden verkrijgbaar waren ([19]). Benedenwindse Caquetío's leefden beslist niet geïsoleerd, maar zij vormden buitengewesten van een dynamisch chiefdom met regionale handelsnetwerken.

1.3 Mythe en Reconstructie I: kosmologie en dodencultuur

Dankzij grafvondsten zijn we meer te weten gekomen over de complexe dodencultuur van de Caquetío's. Indianen werden in clusters begraven, soms binnen de grenzen van het dorp en mogelijk soms daarbuiten. In een aantal gevallen – waarschijnlijk bij uitzonderlijke personen – was er sprake van een secundaire begrafenis. Bij de primaire begrafenis werd de dode in een grote pot begraven, met daarover een tweede, kleinere pot, ter afdekking. Bij een secundaire begrafenis werd het lichaam in eerste instantie

---

19   Zestiende-eeuwse bronnen geven aan dat de Caquetío's handeldreven in onder meer zout, kano's, tabak en kralen (Boerstra 1982: 79; Oliver 1989: 285; Versteeg 1997a: 97).

zonder pot begraven, maar na enkele maanden of jaren werden de botten opgegraven en ten tweeden male 'secundair' in kleinere potten herbegraven. In een aantal potten zijn grafgiften zoals bijlen, schelpen en aardewerk aangetroffen.

Opvallend is dat de secundaire begraafwijze tot onlangs voorkwam op de Vaste Wal. De opvallende gelijkenis tussen de neo-indiaanse begrafenissen op Aruba en de postcolumbiaanse variant te Guajira rechtvaardigt de veronderstelling dat in beide samenlevingen gelijksoortige opvattingen over het leven na de dood bestonden. Perrin (1997) reconstrueerde die van de Guajira-indianen: de Wayuu. Na het overlijden werd de dode met de nodige eer begraven. In overeenstemming met zijn of haar status en positie werd de overledene met grafgiften begraven. In het eerste hiernamaals bleef de dode als herkenbaar individu voortbestaan: van mens ofwel 'wayuu' werd men tot geest ofwel 'yolula'. Overledenen trokken in deze staat naar het dodeneiland Jepira aan de noordkust van Guajira. Daar werd de sociale orde van het aardse bestaan min of meer voortgezet, maar hier was er – in tegenstelling tot het aardse bestaan – overvloed voor allen. Na enige tijd hield de dode op te bestaan als individu, als 'yolula'. De dode ging over tot een zijnswijze waarin individualiteit werd opgeheven: hij verloor naam en positie. Wel waarden de overledenen nog rond als mythologische wezens die voor regen zorgden (juya) of als contactpersoon communiceerden met sjamanen (wanülüü). De levenscyclus werd voltooid door de terugkeer op aarde als mens/wayuu.

Deze kosmologie licht een tip op van de Benedenwindse doodssluier. Het heeft er alle schijn van dat Caquetío's ook een cyclische opvatting hadden over leven en dood en geloofden in een tweeledig hiernamaals. Op de sterfelijke sociale orde, volgde – na de dood – een parallelle orde. Als derde volgde de orde van de mythologie, die het ontstaan van de aarde en de sociale orde verklaart en reproduceert. Religieuze specialisten – sjamanen – stonden met de onzichtbare wereld in contact en konden zodoende hun werk als politiek en religieus leider volbrengen.

We moeten een voorbehoud inbouwen: Perrins reconstructie is – zo bekent hij zelf (p. 431) – gebaseerd op fragmentarische uitspraken en observaties van inheemse opvattingen over schepping, individualiteit, leven, dood en hiernamaals en niet op een integrale weergave van een vastomlijnde kosmologie door de Guajiro's/Wayuu zelf. Bovendien leven deze volken in een andere economische en sociaal-politieke constellatie, waardoor hun kosmologie zal zijn beïnvloed. De Wayuu zijn nomadische veetelers; de Benedenwindse Caquetío's waren de sedentaire landbouwers en verzamelaars. Ook hebben de Wayuu gedurende vijf eeuwen Europese invloed ondergaan. De secundaire begrafenis werd zelfs ingepast in de katholieke dodencultuur. Het feit dat onder de Arubaanse Caquetío's meerdere begraafwijzen bestonden, vraagt om nader onderzoek naar de inheemse opvattingen over de sociale en kosmologische orde ten tijde van de confrontatie van de beschavingen van Caquetío's en de bonte stoet van Europeanen – Spanjaarden en Italianen, christenen, humanisten en joden – die onder Spaanse vlag voeren en in naam van hun God en hun vorsten de kolonisatie en verwoesting van de nieuw ontdekte gebieden ter hand namen ([20]).

Een voorlopig laatste vraag over de drie eilanden betreft hun bevolkingsdichtheid ten tijde van de gewelddadige ontmoeting tussen Europa en inheems Amerika. We moe-

---

20 Voor een vergelijkende archeologisch-etnografische studie naar neo-Indiaanse begraafcultuur in Colombia, west-Venezuela en de Benedenwindse eilanden, zie De Veth, 2012.

ten vaststellen dat we deze niet anders dan met een grote mate van onzekerheid kunnen bepalen. Archeologen die zich met de Benedenwindse eilanden of de Caraïbische regio bezighouden, gaan ramingen daarom vaak liever uit de weg. We komen hier in het volgende hoofdstuk nog op terug (2.2). In 1997 suggereerde Dijkhoff (1997: 77) dat de totale populatie van de drie bekende dorpen op Aruba omstreeks 1500 AD tussen de 450 en 750 personen omvatte, maar schattingen sindsdien lopen op tot circa 900. Over kleinere nederzettingen zoals die te Tanki Leendert en Parkietenbos (Aruba) zijn geen betrouwbare aanwijzingen beschikbaar. Voor Curaçao kan men redeneren dat de circa 20 dorpen met naar schatting gemiddeld 150 inwoners tezamen maximaal 3.000 personen huisvestten ([21]). Zo beredeneerd, zouden in de vier bekende nederzettingen op Bonaire omstreeks 400 mensen hebben geleefd. Het getal 150 berust echter op een aanname. Het is bovendien de vraag of de aangetroffen dorpen op de drie eilanden wel allen gelijktijdig werden bewoond. Zo stelt Versteeg (1997a: 89) dat de onderzochte delen van sites te Tanki Flip en Savaneta werden bewoond in de periode ca. 950-1250 AD, maar of deze allen omstreeks 1500 werden bewoond staat niet vast. We zullen nog zien dat er talloze vraagtekens bestaan omtrent de demografische situatie in het gehele Caraïbische omstreeks 1492.

---

21   Volgens Oliver (1989: 294) woonden in Caquetío-dorpen aan het vaste land 200-500 personen. Rupert (2012: 21) veronderstelt dat de Curaçaose bevolking in 1514 omstreeks 1200 zielen telde.

2

Ontdekking en verwoesting van het aards paradijs

'Ik ben ervan overtuigd dat daar het aards paradijs is, waar niemand kan doordringen tenzij door de goddelijke wil. ... In ieder geval houd ik het voor heel zeker dat daar waar ik heb gezegd zich het aards paradijs bevindt, en ik baseer me op hierboven genoemde redenen en autoriteiten.'
Columbus in: Lemaire 1986: 33.

2.1 De weg naar Indië

De Europese ontdekking van het westelijk halfrond leidde niet tot een direct besef van universele eenheid en gelijkwaardigheid van de mensheid. Integendeel: een hardnekkige mythe van Europees-christelijke superioriteit begeleidde en rechtvaardigde de onderwerping van inheems Amerika. Daarmee ging een heftig Europees debat over Mundo Novo gepaard waarin Spanje en de katholieke kerk zich opnieuw definieerden en situeerden in een snel veranderende Europese en Atlantische context. In dit hoofdstuk schetsen we de Conquista van Curaçao, Aruba en Bonaire als onderdeel van de ontmoeting en confrontatie van de Oude Wereld en de Nieuwe. De bescheiden rol van de Benedenwindse eilanden en hun bewoners bij de Spaanse exploitatie van de Amerika's en de beeldvorming van de eilanden en hun veroveraars tussen ca. 1500 en 1636 komen daarna aan bod.

Dat Rodrigo de Triana, een opvarende van de Pinta, het snelste schip van de vloot van Cristoffel Columbus, op 11 oktober 1492 waarschijnlijk een kampvuur boven een dan nog onbekend eiland waarnam, is bekend. Een dag later ving de Europese expansie in inheems Amerika aan: Columbus Day in de Verenigde Staten, Dia de la Raza in veel Latijns Amerikaanse landen en Dia de Hispanidad in Spanje.

Niet bekend is hoeveel Europeanen vóór deze matroos van de Pinta de indiaanse wereld reeds hadden bezocht. Ierse monniken voeren al in de eerste helft van de zesde eeuw enkele malen op en neer naar de Nieuwe Wereld, Vikingen uit het huidige Noorwegen stichtten in de tiende eeuw een kleine kolonie in Newfoundland en Labrador en mogelijk is er in 1169-1170 vanuit Wales wat zuidelijker een kortstondige kolonisatiepoging gedaan. Ook is bekend dat in 1347 nog een reis vanuit Noorwegen over de Atlantische oceaan en terug plaatsvond. Nadat bekend werd dat Columbus nieuwe landen en eilanden had ontdekt kwam ook de mogelijke aanwezigheid van een noordelijke route tot India en China in de belangstelling te staan. In 1497 en 1498 zeilde de Venetiaanse schipper Giovanni Caboto (John Cabot) met toestemming, maar zonder financiële steun van de koning van Engeland naar Newfoundland en zakte hij af langs de Amerikaanse oostkust. Tijdens de tweede reis gingen vier van de vijf schepen op zee verloren. Geen van deze noord-Atlantische bezoeken aan Amerika leidde tot de inkapseling van dit werelddeel in de Europese geschiedenis ([22]).

Venetië, Portugal en de noordwest-Europese naties – Engeland, Frankrijk en Nederland – speelden een belangrijke rol bij de Europese expansie in de richting van Madeira, de Azoren, de Canarische en de Kaap Verdische eilanden en de westkust van Afrika ([23]). Zij ontwikkelden maritieme technieken en Atlantische kennis en ontsloten belangrijke etappes van de trans-Atlantische zeevaart. Dit waren voorwaarden voor de historische oversteek van 1492. Het debat omtrent het recht op toeëigening van de onbekende eilanden en de onderwerping van hun bevolkingen bevatte vrijwel alle politieke actoren en ideologische componenten die in de zestiende eeuw de bezetting en consolidering van de Amerika's kenmerkten, inclusief verwijzingen naar Plinius, Aristoteles, kerkvader Augustinus en Thomas Aquinas. Voor velen blijft Columbus de eerste Europeaan die de Nieuwe Wereld bereikte. De discussie welk eiland Columbus en de zijnen na een zeereis, die vijf weken eerder op de Canarische eilanden aanving, betraden is niet afgesloten. Het eiland dat Columbus bij die gelegenheid de naam San Salvador gaf, is één van de Bahama's, mogelijk het atol Samana Cay of anders Watling Island, dat zich sinds 1926, vooruitlopend op het nog te leveren bewijs, weer noemt zoals Columbus het destijds doopte.

Het is ook bekend dat Columbus niet op zoek was naar een nieuw continent, maar naar de kortste weg naar Indië. Indië was sinds de reizen van Marco Polo, een eeuw eerder, speerpunt van de Europese handelsexpansie en de buitenlandse politiek van de Spaanse Kroon. India, China en Japan vormden het brandpunt van middeleeuwse opvattingen omtrent grenzeloze rijkdommen, van steden met huizen voorzien van gouden daken, van eilanden met onuitputtelijke hoeveelheden specerijen, parels en zijde. Het vermoeden rees dat Indië bereikbaar moest zijn via de betrekkelijk korte weg naar het westen. Over de oceaan van Atlantis.

De wereld bleek een stuk groter dan verwacht en dan Columbus in zijn geografische berekeningen wilde toegeven ([24]). Hij wilde naar Azië en van de aanwezigheid van een nieuw continent en dus een extra oceaan bestond niet het flauwste vermoeden. Laat staan van het bestaan van een onbekende 'mensensoort'. Tijdens zijn derde reis naar de Nieuwe Wereld, toen Columbus op zoek was naar de zuidelijke toegangsroute tot Indië en hij het schiereiland Paria (oostelijk Venezuela) en het Orinoco-gebied verkende en daar het zoete rivierwater van de Orinoco-delta ontdekte, rees het vermoeden dat hij geen eilanden voor de kust van Indië, maar een veel uitgestrektere landmassa

---

22 Columbus dankte het mogen aanvangen van zijn derde reis aan de Engelse dreiging in de noordelijke regio door de uitzending van John Cabot vanuit Engeland. Symcox & Sullivan 2005: 24; Sauer 2008; Abulafia 2008: 97-8; Benjamin 2009: 53-5, 73-90; Weaver 2014: 24-5, 36-8. Voor trans-Atlantische contacten tussen Afrika en Amerika voor 1492, zie Van Sertima 2003; voor vermeende contacten tussen China en de Amerika's, zie Menzies 2008 en de kritiek daarop door Finlay 2004.
23 Pietschmann 1999; Abulafia 2008: 31-101.
24 Volgens Columbus en ook Ptolomeus was de aarde kleiner dan in werkelijkheid het geval bleek, terwijl Aristoteles juist een veel grotere aarde in gedachten had (Harvey 1990: 31-3).

St. Cristoffel, de Christusdrager, gravure van Albrecht Dürer, 1521. Bron: Albrecht Dürer, Wikimedia Commons.

had ontdekt. Mogelijk, zo oordeelde hij, was het een uitloper van Azië. Zelfs toen hij de uitgestrekte kust van Midden-Amerika verkende, drong het niet tot Columbus door dat dit een onbekend continent was. Kenmerkend voor zijn christelijke, middeleeuwse grondhouding was dat Columbus het aldus opgeworpen raadsel oploste door aan te nemen dat hij het aards paradijs had ontdekt. Columbus meende dat de wereld rond was en de vorm van een peer of een vrouwenborst had. Vanaf de top daarvan vloeiden de wereldrivieren – Ganges, Eufraat, Tigris en Nijl – naar de hem bekende wereld [25].

Het aards paradijs was nabij, maar onbereikbaar voor de mens tenzij met toestemming van God, zoals het citaat boven aan deze paragraaf illustreert. Columbus beleefde de geografische ontdekking van de Nieuwe Wereld in christelijke termen en kende zichzelf daar een bijzondere door de voorzienigheid toegewezen rol toe. Columbus' voornaam was die van Sint Christoffel de patroonheilige van alle reizigers (en ook van schatgravers en boekbinders). Christus had zich aan Christoffel geopenbaard terwijl hij het kind Jezus de rivier overbracht [26]. Columbus was daarom de uitverkorene die de toegang tot het aards paradijs zou ontdekken en er met Gods wil zou binnentreden.

De onthulling van het aardse paradijs aan Columbus paste in diens persoonlijke biografie – als zijnde Gods uitverkorene – en tevens in de geografische veronderstelling dat de aarde bolvormig was: dat de weg naar het oosten via het westen kon worden afgelegd. Middeleeuwse en renaissancistische interpretaties van dezelfde gebeurtenis bestonden naast elkaar en door elkaar. Volgens de Bijbel lag de het paradijs in het oos-

---

25 Lemaire 1986: 27-41; Pagden 1993: 22; Todorov 1999: 16.
26 Lemaire 1986: 33; Harley 1990: 61; Pagden 1993: 7, 21. Todorov 1999: 14-33. Paus Alexander VI prees Columbus in de bull *Inter Caetera* van 4 mei 1493. *But at last, it has pleased the Lord, ..., you* (Fernand & Isabella van Spanje, L.A.) *send our beloved son Christofer Colombus, an especially worthy and entirely commendable man and well suited to such great adventure, with ships and men prepared for like enterprises, ..., so that they may diligently seek out distant and a unknown mainland and islands of this sort in the sea where nobody had yes travelled* (Papal bull "Inter Caetera II", Rome, May 4, 1493).

Kaart door Juan de la Cosa, 1500. De (dan nog slechts twee) Benedenwindse eilanden zijn gelegen in de linker kolom, op de grens van het middelste en het onderste segment. Bron: Juan de la Cosa, Wikimedia Commons.

Cantino kaart (Anoniem, 1502). Bron: Biblioteca Estense Universitaria, Modena, Italy. Wikimedia Commons.

ten. Columbus' wereld was bolvormig: hij bevond zich, zo besefte hij, zowel westelijk als oostelijk van de bekende, oude wereld. Door de ontdekking van Amerika verhuisden de mythen van de Gouden Tijd, Atlantis en het aards paradijs van Azië naar de Nieuwe wereld, van oost naar west. Naamgeving aan de zeeën en gebieden die tijdens deze reis werden verkend geschiedde dan ook veelal met verwijzing naar Bijbelse en middeleeuwse opvattingen omtrent het aards paradijs. Namen van eilanden werden ontleend aan de heiligen en hun kerkelijke feestdagen. Ook riepen eilanden en gebieden herinneringen op aan Europa, zoals Isla Española, later: Hispaniola, dat Columbus deed denken aan het Castiliaanse landschap (9 december 1492). Columbus haastte zich twee eilanden naar zijn patronen te vernoemen. Koning Ferdinand werd als eerste vernoemd in het eiland Fernandina (16 oktober 1492) en het eiland met de inheemse naam Samoet werd drie dagen later omgedoopt tot Isabella (19 oktober 1492).

Zekerheid over de omvang van de aarde en het aantal continenten verkreeg Columbus niet. Hij stierf op 20 mei 1506 in de veronderstelling nieuwe eilanden voor de vaste kust van of mogelijk een schiereiland van Indië te hebben aangetroffen – vooreilanden: 'Ant-ilha'. Die Ant-ilha's werden bewoond door volken die hij 'Indie-aan' noemde.

Kuna amerindianen in het huidige Panama/Colombia hanteerden de benaming Abya Yala voor de landmassa – het continent – die beide oceanen scheidde (Sankatsing (2016: 61). Nadat de ontdekking van de onbekende gebieden was verwerkt, rijpte ook in Europa het besef van het bestaan van een nieuw continent en dus een extra oceaan. Amerigo Vespucci – over hem komen we nog te spreken – bezocht de nieuw ontdekte gebieden en in een aantal brieven beschreef hij die langer als vooreilanden, maar ook als mogelijk nieuw continent. Reisgenoot Juan de la Cosa in 1500 tekende de twee op dat moment bekende Benedenwindse eilanden op in de eerste landkaart van de Nieuwe Wereld. De la Cosa beeldde Columbus op deze kaart overigens af als Christusdrager (Pampaloni 1992: 166-7). Hierop volgde de meer nauwkeurige anonieme Cantino-kaart in 1502 met ook daarop een uitgestrekte landmassa en vermelding van Brasileiland en het eiland der Giganten (Harley 1990: 60-5). De locatie van isla de los Gigantes zuidwestelijk van isla do Brasil doet vermoeden dat het om Bonaire en Curaçao gaat, omdat Aruba mer noordwestelijk is gelegen. Hetzelfde geldt voor de kaart van Peter Martyr uit 1511 (Harley 1990: 74-5).

In 1507 maakten de Vogese cartografen Ringman en Waldseemüller een wereldkaart en een globe waarin zij het zuidelijk deel van de Nieuwe Wereld als apart eiland, dus los van Azië, weergaven. Weliswaar verschafte Vespucci nog altijd de indruk dat de ontdekte gebieden waren omringd door de Atlantische oceaan, maar desalniettemin gaven zijn beschrijvingen aanleiding om de landmassa de naam Amerika te geven: *Americi Terra*. Het eiland werd aldus niet vernoemd naar Christoffel Columbus, maar naar brievenschrijver Amerigo Vespucci, 'de gril, van een cartograaf', las ik ooit. Net als Europa en Azië kreeg kreeg de Nieuwe Wereld een vrouwelijke naam. In het achtste hoofdstuk van zijn *Cosmographie introductio,* eveneens uit 1507 lichtte Waldseemüller (1992: 116-7) deze keuze toe:

> 'Now these parts of the earth have been more extensively explored and a fourth part has been discovered by Amerigo Vespucci (as will be set forth in what follows). Inasmuch as both Europe and Asia received their names from women, I see no

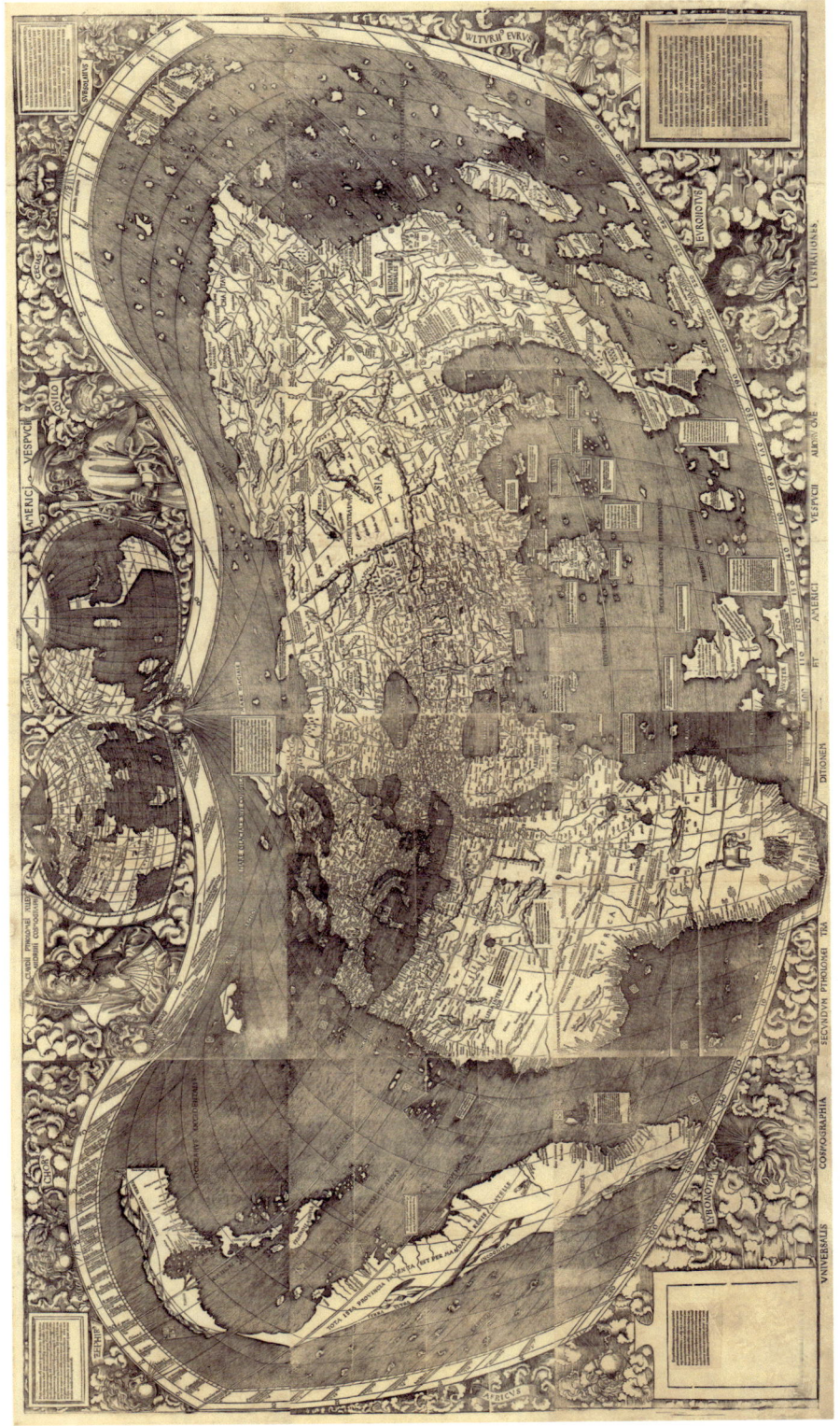

Wereldkaart van Martin Walseemüller, 1507, aanwezig in Library of Congress. Vespucci is afgebeeld op de bovenste rij, derde paneel; de naam Amerika in de onderste rij, linker paneel. Bron: Martin Waldseemüller, Wikimedia Commons.

reason why anyone should justly object to calling this part Amerige, i.e. land of Amerigo, or America, after Amerigo, its discoverer, a man of great ability. Its position and the custom of its inhabitants may be clearly understood from the four voyages of Amerigo, … Thus the earth is known to be divided into four parts. The first three parts are continents, while the fourth is an island, inasmuch it is as it seems to be surrounded on all sides by the ocean.'

De latere cartografen Johannes Schöner (1515) en Peter Apian (1520) gebruikten van de naam Amerika voor het westelijk halfrond en in 1538 nam Mercator de naam over voor het gehele, inmiddels veel grotere continent (Harley 1990: 901).

Pas in 1513 aanschouwde Vasco Núñes de Balbao als eerste Europeaan de Stille Oceaan in Midden-Amerika, in het huidige Panama, daar waar het noordelijk en zuidelijk Amerikaanse continent aan elkaar verbonden zijn. Amerika bleek een continent (feitelijk zelfs twee) en niet slechts een smalle landstrook of een wat groter eiland, zoals Waldseemüller meende. Dat de Caraïbische gebied een min of meer gesloten bassin vormde, kwam vast te staan in 1519 toen Alonso Avarez de Pineda de oostkust in zijn geheel passeerde. Drie jaar later, in 1522 toonde de vloot Hernando de Magellanes daadwerkelijk aan dat de wereld rond was. Van zijn schepen maakte er één de eerste reis rond de wereld, via de naar hem genoemde Straat van Magellanes in zuidelijk Chili en Kaap Hoorn terug naar Europa, zij het zonder dat de expeditieleider de reis overleefde. Overigens: terugkerend vanuit het oosten, toonde de bemanning van Magellanes aan dat niet Columbus' westelijke trans-Atlantische route de kortste weg naar Indië was, maar de zuidelijke, via Afrika en de Indische Oceaan. Hierdoor waren de Portugezen in het voordeel in de vaart op Azië en niet de Spanjaarden. Negentig jaar later, aan de vooravond van de Indische en Atlantische expansie van de latere Republiek der Zeven Verenigde Nederlanden, betwistte Hugo de Groot in *Mare Liberum* (1610) de Portugese claim op deze route.

Dat Amerika inderdaad een zelfstandig continent was werd pas nog later bewezen, in 1778, toen James Cook de Beringstraat, die Amerika van Azië scheidt bereikte. Het dubbelcontinent Amerika werd niet op een dag in de maand oktober van het jaar 1492 ontdekt, maar gaandeweg, in de decennia daarna ([27]). Hetzelfde gold voor haar vele bewoners.

2.2 Verderf brengende messen

De ontdekking door de Spanjaarden luidde de verwoesting van Indiaans Amerika in. Technologische superioriteit van de Europeanen, onderlinge verdeeldheid tussen inheemse samenlevingen en Europese alsmede Afrikaanse ziektes zorgden voor een ongelijke strijd. De wreedheid van de Spaanse conquistador is de geschiedenis ingegaan als een invasie, een massale misdaad tegen de menselijkheid: een ongebreidelde genocide. Vaak werden de nieuwe gebieden op de indianen veroverd door conquistadores die, aangetrokken door legendes van onuitputtelijke goudvoorraden van El Dorado vrijwel altijd op bloedige wijze de Nieuwe Wereld aan de Oude onderwierpen. Europeanen waren in het voordeel omdat zij over superieure geweldsmiddelen be-

---

27 Lemaire 1986: 42; Watts 1987: 121; Elliot 1992: 5; Trouillot 1993: 118; Buisseret 1999: 310.

schikten: vuurwapens, stalen zwaarden en pantserkleding, schepen, paarden en doelgerichte militaire strategieën. Tijdens Cortés' onderwerping van Montezuma's Mexica speelde zijn kanon een even angstaanjagende als verwoestenden rol. Spanje volgde de werkwijze van de recente herovering van het Iberisch schiereiland in de Amerika's (²⁸). Ontdekkingsreizigers en hun bemanningen vormden de eerste groep Europeanen die de naar de nieuw ontdekte wereld trokken. Terwijl expeditieleiders veelal uit de hogere regionen van de laat-middeleeuwse samenleving voortkwamen, bestond hun voetvolk doorgaans uit Zuid-Europese mannen uit de lagere middenklasse. Deze laatsten vormden de basis van de toekomstige groep van encomendero's (²⁹).

Overwonnenen werden ontvoerd en gedwongen als slaaf-drager aan expedities elders in de Nieuwe Wereld deel te nemen. Massale sterfte was eerder regel dan uitzondering. De verovering van de Maya- en Incarijken zijn bekend door de wreedheden van conquistadores zoals Hernándo Cortés en Pedro de Alvarado (Mexico/Midden-Amerika), Francisco Pizzaro (Peru) of Pedro de Valdivia (Chili). In noordwestelijk Venezuela/Columbia werden geen grote, welvarende koninkrijken ontdekt, maar wel het chiefdom van de Caquetío's. De familie Welsers, een Duitse bankiersfamilie, verkreeg in 1528 een Spaanse licentie om de regio van Venezuela te exploreren en exploiteren. Verwoesting van inheemse samenlevingen was het gevolg.

Onderlinge verdeeldheid tussen inheemse volkeren speelde conquistadores in de kaart. Tijdens de Amerikaanse Conquista vochten indiaanse volkeren onderlinge twisten uit door de Spanjaarden bij te staan in hun veroveringen. Beroemd is de verdeeldheid in het Mexica (Azteken-)rijk in Midden-Amerika. Onder andere Bernal Díaz – een soldaat in dienst van Cortés (³⁰) – beschreef hoe conquistador Cortés bij de verovering van het rijk van Montezuma hulp kreeg van bevolkingen die door de Mexica bruut werden onderworpen en aan hen belastingplichtig waren. De Spanjaarden boden hen gelegenheid zich te onttrekken aan het gezag van Montezuma. Restall (2003: 49, 51) bevestigt deze stelling en voegt toe dat ook inheems Caraïbische strijders waren opgenomen in de legers van de conquistadores van de grote indiaanse rijken: *'Caribbean islanders were routinely carried between islands as support personnel on conquest expeditions, and then brought to the main land in the campaigns into Panama and Mexico. ... Cortéz brought 200 native Cubans with him to Mexico in 1519'*. Dat was geen uitzondering, want op vergelijkbare wijze vochten tot slaaf gemaakte inheemsen uit Nicaragua mee in de invasie van Peru.

Eenmaal onverwonnen, vormden slavernij en gedwongen tewerkstelling een eerste oorzaak van de ondergang van Indiaans Amerika. Columbus voerde een tribuutsysteem in waardoor Taíno gemeenschappen een deel van hun landbouwoogsten moesten afstaan. Spaanse maatregelen onttrokken arbeid aan de inheemse productiewijze en schaadden de opbrengsten daarvan. Ziekte en uitputting gingen ten koste van de reproductieve kracht (vruchtbaarheid) van inheemse vrouwen en een algehele ontwrichting van de inheemse maatschappelijke structuur was het gevolg, al speelden daar uiteraard nog veel meer factoren een rol (³¹).

---

28   Bijv. Pietschmann 1991; Elliott 2002: 45-76; Benjamin 2009: 170-87.
29   Andrien 2009. Zie Simpson (1950) en Himmerich y Valencia (1996) voor een overzicht van de sociale achtergronden van de encomendero's van Nieuwe Spanje.
30   Díaz 1963, tevens Schwartz ed. 2000; Todorov 1999: 58-9.
31   Crosby 1972; Watts 1987: 93.

Columbus introduceerde in 1492 de indiaanse slavernij. Hij voerde na zijn eerste reis indiaanse tolken mee naar Spanje ten bewijze van zijn ontdekkingen. Eén van de hoofddoelen van zijn tweede reis naar West-Indië was het tot slaaf maken van zoveel mogelijk vermeende kannibalen. Nobel David Cook (1998: 31-2) vermeldt een indiaans slaventransport van twaalf schepen en 550 indianen, dat in januari 1494 vanuit Puerto Rico aan de oversteek naar Europa maakte. Voor aankomst in Sevilla stierven 200 indianen; de overigen leden aan uitdroging, ondervoeding en Europese ziektes. Columbus verscheepte tijdens zijn derde verblijf in de Nieuwe Wereld ruim 500 indianen vanuit het eiland Dominica naar de slavenmarkt van Sevilla. De meesten van hen stierven onderweg of kort na aankomst in Europa aan ziekte en ondervoeding, maar zogenaamd 'because the land did not suit them' ([32]). De indiaanse slavernij drong daarna vooral via de instelling van het encomiendasysteem in de Nieuwe Wereld binnen. Hierover gaat paragraaf 2.3.

In de twintigste eeuw brak het besef door dat ook andere factoren de ondergang van Indiaans Amerika bewerkstelligden. Ongeveer tienduizend jaar nadat de Beringstraat aan het einde van de laatste ijstijd van migratieroute tot barrière was geworden en het contact tussen de oude wereld en de nieuwe werd verbroken, kwam de uitwisseling tussen de continenten opnieuw op gang. Auteurs als Alfred Crosby, Noble David Cook en – voor een wat groter publiek – Charles Mann (2006) wezen op de rol van virale infectieziektes van 'the Columbian exchange'. Zij wezen virussen meegenomen uit Spaanse havensteden aan als belangrijke oorzaak van de Indiaanse decimering. Mazelen, pokken en griep golden als de gevaarlijkste infectieziektes omdat hun verspreiding relatief gemakkelijk verliep: de overdracht van het virus verloopt via de adem of lucht van de dragers die de ziekte zelf als kind al hebben verwerkt. Ziektes zoals tyfus en cholera die zich verspreiden via niet-menselijke overdragers zoals vee arriveerden niet veel later. Gele koorts en malaria bereikten de Nieuwe Wereld door de invoer van Afrikaanse slaven. Andersom vonden Spanjaarden de dood als gevolg van syfilis, een inheemse ziekte die onder Amerikanen minder desastreuze schade aanrichtte dan onder Europeanen ([33]).

De entree van de Spanjaarden luidde aldus de verwoesting van inheems Amerika in. De daling van de bevolkingsaantallen op de Caraïbische eilanden was immens. De Taíno-samenlevingen op de eilanden Hispaniola, Puerto Rico, Jamaica, Cuba en op de Bahama's werden verwoest. Het vaststellen van het aantal indianen dat in 1492 op de Caraïbische eilanden leefde, is werk voor archeologen, historici en demografen. Knight (1990: 7) veronderstelt dat de totale populatie van de Caraïbische eilanden tijdens het eerste contact der continenten ongeveer 750.000 bedroeg. Veel meer inwoners konden de eilanden volgens hem niet huisvesten. Andere auteurs geven hogere aantallen op, variërend van 300.000 tot maar liefst 5.850.000 (Watts 1987: 71-5). Grote getallen, die soms wellicht weinig waarheidswaarde hebben: 'Getallen suggereren een niveau van kennis dat onbereikbaar is', concludeert Henige dan ook (in: Mann 2006: 133). Voor

---

32 In Crosby 1972; 1986: 198, ook Galeano 1991: 23; Helman 1995: 130-1. Reséndez (2016: 17-28) reconstrueerde Columbus' plan voor de introductie van Amerikaanse slavernij in Europa, naast de bestaande vormen van slavernij aldaar. In 1499 verwierpen Isablle en Ferdinand deze praktijk en zij zonden de door Columbus tijdens zijn derde reis aangevoerde inheemse Amerikanen terug.

33 Noble D. Cook (1998: 205-6) stelt onomwonden: '*More than 90 per cent of the Amerindians were killed by foreign infection*'. Zie ook Restall 2003: i.h.b. 140-3; Emmer en Gommans 2010: 161.

Hispaniola bijvoorbeeld, lopen de schattingen van het inwonertal uiteen van gematigde ramingen tussen 60.000 en 750.000 tot miljoenenschattingen van 7.975.000 ([34]). Het is in dit licht dat we ramingen omtrent de bevolkingsomvang van Curaçao, Aruba en Bonaire omstreeks 1500 als weinig betrouwbaar moeten erkennen, als educated guess.

Ramingen van het aantal indiaanse overlevenden op de Caraïbische eilanden lopen uiteen van 22.000 in 1570 tot niet meer dan 1.000 in het jaar 1650. Dacal en Rivero (1996: 20) schatten het aantal Taíno's op Cuba tussen de 100.000 en 150.000. Al rond 1524 was de Taíno-cultuur er grotendeels verdwenen. Oorzaken daarvan waren de gedwongen slavernij in mijnen en op plantages en niet in de laatste plaats de moordende pokkenepidemie die in december 1518 en januari 1519 een slachting aanrichtte onder de indiaanse bevolking. Omstreeks 1550 leefden er nog zo'n 1000 vrije 'indígenas', terwijl het aantal Afrikaanse en inheemse slaven reeds 800 bedroeg. Het aantal Spaanse vecino's – hoofden van een huishouding – was 322 ([35]).

Van de 11.000 inheemse Amerikanen (waaronder wellicht een aantal Benedenwindse Caquetío's) op Hispaniola overleefden er minder dan 3.000 ([36]). In 1606 rapporteerde gouverneur Osorio van Hispaniola dat er 1.117 Spaanse vecino's op het eiland verbleven. Zij bezaten tezamen 9.648 Afrikaanse slaven, waarvan er 1446 in steden woonden en 8.160 in de landelijke gebieden. Hij vermeldde geen indianen. Demografische gegevens over Indiaanse marrons die waren uitgeweken naar de bergen of waren overstoken naar andere eilanden verschafte Osorio niet ([37]). Op de oostelijke eilanden – tussen grofweg Sint Kitts en Grenada – overleefden kleine opgejaagde groepen eiland-Caraïben en mogelijk ook nazaten van gevluchte Taíno's. Boucher (1992: 35) schat hun aantal omtrent 1625 tussen de 7.000 en 15.000. Gewaarschuwd door de vele, maar weinig betrouwbare en vaak sterk uiteenlopende berekeningen vermeden we in paragraaf 1.2 het doen van een schatting van het aantal Benedenwindse inheemsen anno 1500 AD.

Een nieuwe golf van genocide trof de nog levende eiland-Caraïben toen in de eerste helft van de 17e eeuw de tweede ontdekking en verwoesting van de Caraïben door de noordwest-Europese mogendheden aanving. Volgens Rouse vormde de deportatie van de zwarte Caraïben van Sint Vincent in 1797 naar Centraal-Amerika het sluitstuk van de ontvolking van de West-Indische eilanden ([38]). De eilanden verkregen economisch nut en een nieuwe, overwegend Afrikaanse bevolking. De vorst van de Caraïben heette sindsdien niet langer Isabella of Ferdinand, Karel of Philip, maar King Sugar (Williams 1978: 111).

---

34 Onder meer Sauer 2008: 65-9; Wolff 1990:133; Slicher van Bath 1992: 102; Rouse 1992:7; Cook 1998:23. Martin-Fragachan 1999: 271; Henige 2000; Mann 2006: 131-4; Benjamin 2009: 22-3.
35 Knight: 2003: 80. Wheat (2016: 313) omschrijft de term vecino (vrouwelijk: vecina) als permanent woonachtige hoofden van huishoudens. Zij waren vrije personen en genoten recht op bezit. Dit recht was doorgaans slechts voorbehouden aan Spaanse mannen, maar de praktijk week af van de leer. In de door Wheat bestuurde steden zoals Cartagena, Panama en Havanna kwamen in de periode 1570-1640 ook van oorsprong Portugese en vrije Afrikaanse mannen en vrouwen voor als vecino/vecina.
36 Rouse 1992: 160; Cook 1998: 7; Moya Pons 1999: 66; Mann 2006: 130.
37 Wheat 2016: 270-1.
38 Rouse 1992; 159-61; Slicher van Bath 1992: 99; Boucher 1992; Hulme 2000; Forte 2005.

2.3 Inter Caetera & Tordesillas: wereldlijke vs. religieuze regimes

Twee onderwerpen moesten na 1492 worden geregeld. Allereerst moest de verdeling van het wereldlijk en het religieus gezag in de Nieuwe Wereld worden vastgelegd. De Spaanse ervaring met de herovering van het Iberisch schiereiland op de Moren – voltooid in 1492 – was van grote invloed op de perceptie van de Spaanse expansie in Indiaans Amerika. Tevens diende de theologisch-antropologische vraag te worden beantwoord in welke verhouding Europeanen tot de indianen stonden: als mens tot mens; als overwinnaar tot overwonnene, als handelspartners over en weer, als eigenaar tot slaaf, als beschaver tot barbaar of onwetende?

In 1493, het jaar dat het bestaan van de West-Indische eilanden in Europa bekend werd, diende de verdeling tussen het wereldlijk en het religieus gezag in de Nieuwe Wereld te worden geregeld. Al in 1455 legitimeerde paus Nicolaas V de koloniale expansie van Europa, van de inbezitname van te ontdekken gebieden en en het tot slaaf maken van inheemse bevolkingen in de bul *Romanus Pontifex* (Sankatsing 2016: 57). Het verdrag van Alcàçovas uit 1479 reguleerde de Portugese aanspraak op het Afrikaanse continent, Madeira en de Azoren. Na de terugkeer van Columbus uit de Nieuwe Wereld was dit verdrag niet langer actueel. Spanje en Portugal maakten beide aanspraak op de nieuwe en nog te ontdekken gebieden. Ook moest de verhouding tussen religieus en seculier gezag in en buiten Europa worden vastgesteld.

Nog in 1493 vaardigde de kersverse Spaanse paus Alexander VI (1492-1503) de bul *Inter Caetera* uit. De Spaanse Kroon verkreeg de soevereiniteit over de nieuw ontdekte gebieden en de heilige taak 'om naar die eilanden en vastelanden goede, godvrezende mannen te sturen, die geleerd en bekwaam zijn, om de inboorlingen die er wonen in het katholieke geloof te onderrichten en hen goede gewoonten bij te brengen'. Spanje verkreeg de facto het recht om de Amerika's te missioneren en priesters te benoemen en te ontslaan, waardoor van meet af aan de scheiding tussen kerk en staat in de Amerika's vervaagde ([39]). Andere Europese mogendheden werden uit Amerika geweerd. Dit was geen toeval. Het Spaanse rijk en de rooms-katholieke kerk waren op elkaar aangewezen. Enerzijds was het Spaanse staatsapparaat afhankelijk van het pauselijk gezag voor de legitimering van de Reconquista van het Iberisch schiereiland op de 'Moren' en de vestiging van het staatsgezag aldaar. Anderzijds was de kerk op Spanje aangewezen voor het behoud van haar bezittingen in dat land en op Spaanse militaire hulp in het verdeelde Italië. In het politiek verdeelde, maar nog altijd overwegend katholieke Europa, genoot slechts de paus voldoende autoriteit om de geschillen tussen Europese machthebbers te beslechten.

Het pauselijk besluit kwam tot stand na de nodige diplomatieke druk. Het nieuwe verdrag stelde de Atlantische aanspraken van beide mogendheden vast. Spanje mocht voortaan het gebied 100 legua's (reismijlen, circa 550 kilometer) westelijk van de Kaapverdische eilanden toe-eigenen en Portugal de oostelijk daarvan gelegen gebieden.

---

39 Hetzelfde was het geval op het Iberische schiereiland na de reconquista (Geurts 2017: 108-9). De bull is tot op heden niet herroepen. Wikipedia schrijft hierover: *In 1993, the Indigenous Law Institute called on Pope John Paul II to revoke Inter Caetera and to make reparation for "this unreasonable historical grief". This was followed by a similar appeal in 1994 by the Parliament of World Religions. Despite their grandiose titles, the groups had little popular support and the requests were ignored.* (Entry: Pope Alexander VI, geraadpleegd 17-1-17).

Als tegenprestatie voor de pauselijke goedkeuring van het verdrag zegde Spanje toe de ontdekte gebieden intensief te missioneren. Spanje leefde in de veronderstelling de noordelijke scheepsroute tot Indië via Amerika te beheersen. Portugal kreeg controle over West-Afrika en de Afrikaanse toegangsroute tot zuidoost Azië.

De pauselijke bul liet belangrijke vragen onbeantwoord. Geografische kennis was onvoldoende nauwkeurig om de grens exact te kunnen markeren en toezicht op de toepassing van de bul was zo goed als onmogelijk. Het was bovendien de vraag of de Spaanse Kroon alleen de evangelisatie van de Nieuwe Wereld opgedragen was of ook het wereldlijk bestuur. De Portugese aanspraak op de Nieuwe Wereld en de westelijke route naar de specerij-eilanden in India kwam in het nauw en na de verkenningstocht van Cabral de Andrade oostelijk van de Guyana's in 1500, werd de ligging van de demarcatielijn heronderhandeld in het dorp Tordesillas. In 1506 kwamen Spanje en Portugal overeen dat de demarcatielijn opschoof tot 370 legua's ten westen van de Kaapverdische eilanden, tussen 48 en 49 graden westerlengte. Portugal kon voortaan het onmetelijke (huidige) Brazilië claimen. De opvolger van in de inmiddels overleden paus Alexander IV, paus Julius II, bevestigde het gewijzigde verdrag van Tordesillas ([40]).

Spanje verkreeg zeggenschap over grote delen van de Nieuwe Wereld. De Spaanse Kroon erkende de afspraken met Columbus, die aanvankelijk gouverneur en onderkoning (viceroi) van de nieuw ontdekte gebieden werd. Columbus faalde als bestuurder en hij werd in 1499 uit zijn macht gezet en vervangen door Francisco de Bobadilla (1499-1502) en de beruchte frater Nicolás de Ovando y Cáceres (1502-1509). Na een succesvolle claim van Columbus' nazaten kwam in 1509 Columbus' zoon Diego aan de macht. Ook hij kwam echter in conflict met de Kroon en in 1518 kreeg een triumviraat van de orde der hiëronymieten het wereldlijk en religieus gezag in handen. Zij werden na een lobby door kolonisten, franciscanen, dominicanen en Bartolomé de Las Casas al snel weer weggestuurd.

Ook kwam in 1503 de Casa de Contratación tot stand. Dit werd het bestuurlijk en commercieel middelpunt van het Spaanse koloniale stelsel in de Nieuwe Wereld. Bisschop Juan Rodriguez de Fonseca, de persoonlijk kapelaan en vertrouweling van koningin Isabella functioneerde als minister van koloniale zaken. Hij werd pas vervangen na het aantreden van koning Karel I (de latere keizer Karel V) in 1516.

De katholieke kerk verkreeg bijzondere voorrechten in de Amerika's, maar niettemin verloor de paus gaandeweg zijn gezag. Evenals bij de verdrijving van de moren uit Spanje/Portugal werd de (in 1468 afgesproken) *Real Patronato* in 1508 ook in de Nieuwe Wereld van kracht. Deze behelsde dat er een katholiek monopolie voor Spanje en Amerika kwam, waarbij de Spaanse Kroon grote invloed over kerkelijke zaken verkreeg. De Kroon benoemde en ontsloeg kerkelijke gezagsdragers, controleerde de informatiestroom tussen Amerika en Rome en kon een veto uitspreken over pauselijke bullen. De wereldlijk leider verwierf de zeggenschap over het politiek-religieuze regime van de paus. Vooral de (concurrerende) orden der franciscanen (reeds in 1502 arriveerden zij op Hispaniola in gezelschap van gouverneur De Ovando), dominicanen (vanaf 1510) en korte tijd die der hiëronymieten zetten zich in voor de bescherming en bekering van de inheemse bevolking.

---

40 Benton 2010: 13, 22-3; Bergreen 2004: 20-1.

Net als op het Iberisch schiereiland voerde de Kroon een streng godsdienstbeleid in. Met de Reconquista van het Iberisch schiereiland kwam een einde aan een lange periode van religieuze cohabitatie. Islamieten en Sefardische joden aldaar werden gedwongen zich tot het christendom te bekeren of uit te wijken. Zij en hun directe nazaten waren niet welkom in de Nieuwe Wereld. Al in 1501 gaf de Kroon opdracht om niet-rooms-katholieken de toegang tot de Amerika's te ontzeggen:

> *'As we with great care have to carry out the conversion of the Indians to our Holy Catholic Faith: if you should find persons suspect in matters of the faith present during the said conversion, it should create an impediment. Do not consent or allow Muslims or Jews, heretics, or anyone reconciled to the Inquisition, or persons newly converted to our Faith to go there, unless they are black slaves … who were born in the power of Christians, our subjects and native inhabitants'* (in: K.P. Cook 2016: 56).

Uitvoerbaar was deze maatregel niet. Joden en moslims maakten reeds deel uit van de eerste ontdekkingsreizen vanwege hun taalkennis en ook nadien bereikten talloze joden en moslims als vaklieden of slaven Spaans en Portugees Amerika ([41]). In de debatten die volgenden was missionering van de inheemse bevolking het voornaamste onderwerp van gesprek. Tevens werd de Iberische religieuze intolerantie jegens joden, moslims en ongelovigen overgeplaatst naar de Nieuwe Wereld. Voor Afrikaanse slaven werd al in 1501 een uitzondering gemaakt. Naarmate lutheranisme en humanisme in Europa en Amerika opgang deden en de Contrareformatie zijn beslag kreeg, verscherpte de katholieke orthodoxie. Inheemse missionering was een rooms-katholieke aangelegenheid in een voor de buitenwereld zoveel mogelijk afgeschermde Nieuwe Wereld.

Uiteindelijk ontwikkelde zich een complexe katholieke bureaucratie in Spaans Amerika. Aanvankelijk werden encomendero's opgedragen om de onder hen vallende inheemse Amerikanen te missioneren, maar al snel trokken er ook missieorden naar de Caraïben die daarmee werden belast, terwijl in 1516 het instituut Protector de los Indios in het leven werd geroepen. Protector Bartolomé de Las Casas moest toezien op de werkzaamheden van de wereldlijke en religieuze bestuurders van de orde der hiëronymieten. De Inquisitie kwam in 1519 tot stand om op te treden tegen afwijkingen van de officiële katholieke leer en de Nederlandse paus Adrianus VI verleende de missieorden in 1522 door middel van de bull *Omnimoda* grote zelfstandigheid ten opzichte van de (apostolische) bisschoppen (Phelan 2011: 32) en toen vervolgens bisdommen in het leven werden geroepen, zoals dat van Coro in 1531, ontstond een voortdurende strijd omtrent de bevoegdheden van ordes, bisschoppen en encomiendero's.

We komen uitgebreid op terug op de diverse missioneringspogingen in het Caquetío-rijk, de conflicten binnen de katholieke bureaucratie en ook op de religieuze intolerantie tijdens de bespreking van Inquisitierechtszaak tegen de Benedenwindse faktoor Lazaro Bejarano.

---

41   Indrukwekkende studies naar joden en moslims in de Amerika's zijn Schwartz 2008; K.P. Cook 2016 en Wheat 2016.

Fra Antonio Montesino. Bron: Wilmer, Wikimedia Commons.

2.4 Het katholieke rijk en de encomienda

Het bestuur en de kolonisatie van de nieuw ontdekte eilanden moest worden georganiseerd. De uitkomst was het resultaat van onderhandelingen en compromissen tussen bestuurders en kolonisten overzee, dominicaanse en franciscaanse geestelijken en de Kroon. Dat de kerkelijke autoriteiten niet zomaar lippendiensten bewezen aan het wereldlijk gezag bleek toen individuele vertegenwoordigers van deze orden, zoals de dominicaan Antonio Montesinos en Bartolomé de Las Casas, de verwoesting van Indiaans Amerika aan de kaak stelden.

De geschiedenis van tribuut, repartimiento en encomienda is een complexe. Ervaringen met de heroverde gebieden in Spanje en de nieuw gekoloniseerde eilanden Madeira (1420), de Azoren (ca. 1432), de Canarische eilanden en de Kaapverdische eilanden (ca. 1460) werden op Hispaniola overgenomen, aangepast en weer verworpen toen het encomiendasysteem tot stand kwam. Het tributsysteem kwam al ter sprake. Inheemse gemeenschappen moesten een deel van de opbrengsten van hun inheemse tuinen, zogenaamde *conuco*'s (42), afstaan bij wijze van belasting en om in de voedselvoorziening van de kolonisten te voorzien. Na zijn tweede reis naar Hispaniola voerde Columbus een repartimientosysteem in, waarbij kolonisten toestemming kregen om landbouw te bedrijven en hout te kappen op aan hen toegekende terreinen. Afrikaanse slavenhandel moest een tweede bron van arbeid en inkomsten worden. Het plan mislukte omdat Columbus' tegenstanders er met succes voor pleitten dat indiaanse gemeenschappen deel moesten uitmaken van de gunning. Columbus' opvolger Francisco de Bobadilla (1500-1502) kreeg van de Spaanse Kroon toestemming om gronden aan kolonisten af te staan en hen de beschikking te geven over de arbeid van de Taíno gemeenschappen.

Weliswaar stelde vorstin Isabella in 1500 dat indianen niet – zoals Afrikanen – tot slaaf mochten worden gemaakt, maar toezicht op de maatregel ontbrak en haar uitspraak sorteerde weinig effect. Koningin Isabella verbood de indiaanse slavernij opnieuw. De *Real Provisión* (1503) bepaalde dat indiaanse dorpsgemeenschappen voortaan door de Kroon aan Spaanse kolonisten/vecino's werden toevertrouwd ('encomiendá'), terwijl de grond aan de Kroon bleef toebehoren. Het oogmerk van het beleid van de katholieke vorstin was niet de onderwerping of de bescherming tegen gedwongen slavernij, maar het verzekeren van het beschikken over voldoende inheemse arbeid en de missionering en kerstening van Indiaans Amerika. In

---

42 Het Papiaments woord voor landbouwgrond of kostgrond 'kunuku (Aruba: cunucu) heeft dus wellicht een Taíno oorsprong. Zie Van Buurt en Joubert, 1997: 111.

oktober 1503 verklaarde Isabella dat indianen die weerstand boden tegen evangelisatie en Spaanse overheersing alsnog slaaf konden worden gemaakt [43].

Gouverneur Ovando (1502-1509) breidde de repartimento zodanig uit dat kolonisten toestemming kregen om inheemse arbeid in te zetten in de mijnbouw. In 1503, toen de behoefte aan arbeid toenam besloot Ovando de macht van de inheemse caciques verder te af te breken. Tijdens een aantal bloedbaden werd het grootste deel van de caciques van Hispaniola gedood of gevangen genomen en alsnog gedood door ophanging. Uiteindelijk werd het toegestaan om groepen te verplaatsen en op verschillende plaatsen in te zetten in de mijnbouw. Inheemse sociale structuren waren vernietigd. Indiaanse dwangarbeid en slavernij waren definitief deel van de Spaanse overheersing [44].

In decreten uit 1510, 1511 en 1512 bepaalde koning Ferdinand – inmiddels weduwnaar en koning van zowel Castilië als Aragon – dat het door de stagnerende aanvoer van Afrikaanse slaven ontstane tekort aan inheemse arbeidskrachten voor het werk in de mijnen van Santo Domingo kon worden opgevangen door het tewerkstellen van indianen uit de nutteloze eilanden [45]. Curaçao, Aruba en Bonaire werden in 1514 en 1515 ontvolkt, waarover later meer bijzonderheden (3.2).

Tussen 1514 en 1573 lazen Spaanse kolonisten en veroveraars de zogenaamde *Requerimiento* aan de indianen voor. In de verklaring werd de inname van hun gebieden toegelicht vanuit een Europese en christelijke optiek, zoals dat ook al op de Canarische eilanden was gebeurd (Elliott 2002: 69). De verklaring was opgesteld door hof-jurist Palacios Rubios om de chaotisch verlopende Conquista enige legitimiteit te verlenen. Tegen de juridische achtergrond en onder de militaire dreiging van het met een (door de Bijbel) gerechtvaardigde oorlog, gaf het document uitleg van de christelijke leer en legde uit dat de pausen als opvolgers van Sint Petrus jurisdictie over de wereld hadden en dat de nieuw ontdekte gebieden waren toebedeeld aan het koningspaar Ferdinand en Isabella en hun erfgenamen. Vermeende kannibalen (daarmee werd vooral naar de bovenwindse Caraïben verwezen) en inheemse gemeenschappen die weigerden zich tot het christendom te bekeren en zich te onderwerpen aan het gezag van de katholieke Spaanse koning, mochten voortaan tot slaaf worden gemaakt. *Real Provision* en *Requerimiento* vormden tezamen een ideologie van de gerechtvaardigde oorlog. Overigens lazen conquistadores als Alonso de Ojeda de verklaring voor in het Spaans of Latijn en volgens de vertaler van Benzoni (1857: 55) was het niet meer dan het startschot voor een slavenoorlog. *'But this Hoieda (Alonzo Ojeda) viewed the untranslatable proclamation he was circulating, as a mere prelude to a slave-hunting war'*.

Tussen Europese wetten en Caraïbische werkelijkheid lag een Atlantische oceaan van verschil. De encomienda vertoonde overeenkomsten met slavernij en feodale horigheid in Europa. Een verschil was dat het feodale leenstelsel in Spanje ging om het toewijzen van gronden, terwijl in de encomienda de inheemse bevolkingen werden toegewezen. Indianen moesten gedurende zes tot acht maanden per jaar helpen bij het exploiteren van mijnen, plantages, de veeteelt, het duiken naar

---

43 Rouse 1992: 153-4, 178, 183; Deive 1995: 10; Elliott 2006: 39 e.v., 97.
44 Watts 1987: 95-101; Sauer 2008: 50. De matrifocale sociale organisatie van de Taíno's was sterk hiërarchisch en de massamoord op de caciques betekende letterlijk de onthoofding van hun sociale structuren. Zie Wilson 1997.
45 Boucher 1992: 15-6; Deive 1995: 74; Meier 1995: 108.

parels of wat dan ook. Een deel van het jaar bracht de dorpsgemeenschap door op de eigen gronden om zich te herstellen.

In ruil voor de arbeid van de indianen waren hun leenheren schatplichtig aan de Spaanse Kroon. En, zoals gezegd, verplicht tot missionering van de indianen. De encomienda was en bleef een vrijbrief die de begunstigde faktoor of administrator machtigde de indiaanse bevolking naar eigen goeddunken te exploiteren. Toezicht van officiële zijde op de handel en wandel van de factoren (encomendero's) bleef in gebreke. Inheemse productiewijzen gingen ten onder doordat indiaanse arbeid werd ingezet in de mijnbouw. De *conuco's* verwilderden; hongersnoden en massale sterfte waren het gevolg.

Met de instelling van de encomiendo, kwam ook het verzet daartegen tot stand. Al in 1511 protesteerden dominicaanse priesters op Hispaniola onder leiding van Antonio Montesinos tegen de behandeling van de indianen. Montesinos stelde de vraag met welk recht de Europeanen de inheemse Amerikaan tot slavernij en horigheid bracht. Een aantal Spaanse encomendero's werd de toegang tot de kerk ontzegd. Na ingrijpen van Koning Ferdinand kwam een einde aan Montesinos' opruiende preken, maar inmiddels teruggekeerd in Spanje, lukte het Bartolomé de Las Casas een audiëntie met de Koning te verkrijgen. Als uitkomst van dat gesprek werd een commissie van juristen en theologen onder leiding van bisschop Juan Rodriguez de Fonseca ingesteld die zich moest richten op de rechten van indianen. In 1512 werden de Wetten van Burgos en in 1513 na overleg in de stad Valladolid – daar was het katholieke koningspaar woonachtig – de aanscherping daarvan van kracht. Deze stelden regels vast over het samenleven van Spanjaarden en inheemse Amerikanen. Deze laatste werden tot onderdanen van de Spaanse Kroon verklaard en ten dele onder bescherming van de geestelijkheid geplaatst. Encomendero's konden geen recht spreken over de aan hen toegewezen indianen en er kwam een reglement over de voeding en behandeling van de indianen ([46]). Een goed bedoelde, maar grotendeels vergeefse poging tot rechtsbescherming tegen de encomendero's.

> *'The Laws of Burgos ... declared the indigenous people living under Spanish rule to be free of vassals of the Crown. However, they were expected to live in the closest possible community with the European settlements and be governed by a priest and a lay official who would encourage them to adopt a Christian way of life, regular work and orderly life society'* (Pietschmann 1999).

Na Montesinos' pleidooi bracht Bartolomé de Las Casas de encomienda opnieuw in opspraak. Hij was in 1484 geboren en was als jongeling getuige in Sevilla van de glorieuze intocht van Columbus na diens eerste reis. Las Casas studeerde kerkrecht aan de universiteit van Salamanca, Spanje en legde in 1508 de priestergelofte af in Rome. In hetzelfde jaar reisde hij met zijn vader af naar de Nieuwe Wereld, waar hij in 1511 deelnam aan de exploratie (lees: Conquista) van Cuba onder leiding van Diego Velazques de Cellear en er zelf als encomendero over beleende landerijen en onvrije inheemse arbeid kwam te beschikken. Later reisde hij af naar Hispaniola en in 1514 keerde hij zich, mede onder invloed van Montesinos' preken af van het encomiendasys-

---

46   Simpson 1950: 29-38; Meier 1995: 110-1; Elliott 2006: 68; Andrien: 2009: 59; Eire 2016: 474-5.

teem. Daarop ving hij zijn aanklacht tegen de wandaden van zijn landgenoten aan en zijn pleidooi om de indianen onder bestuur en toezicht van de kerk te plaatsen. Hij reisde in 1515 af naar Spanje om koning Ferdinand op de hoogte te brengen van de misstanden op Hispaniola en Cuba ([47]).

In januari 1516 overleed koning Ferdinand en de franciscaanse kardinaal Francisco Jiménez de Cisneros nam het bestuur over tot het aantreden van de koning Karel in 1518/1519. Regent Cisneros hervormde het bestuur van Indië. Bisschop Fonseca moest plaats maken als hoofd van de Casa de Contratación. Diego Columbus, die in 1509 in de voetsporen van zijn vader was aangetreden als Tweede Admiraal (vanaf 1511 Virrei: onderkoning) van Hispaniola, de tot dan toe ontdekte eilanden en Tierra Firme, was in conflict met de Kroon. Diego eiste de erfelijke rechten toegekend aan zijn vader op, maar verloor zijn claim en zijn functie in 1518 bij het aantreden van koning Karel. In 1521 keerde hij gedurende twee jaar terug als gouverneur, geplaatst naast rechter Rodrigo de Figueroa (Van der Velden 2011: 39-40). In de tussenliggende jaren plaatste regent Cisneros het bestuur van Hispaniola in handen van een triumviraat van priesters van de orde der hiëronymieten, terwijl Las Casas formeel tot beschermer van de indianen werd benoemd. Het encomiendasysteem lag onder vuur. Bestuurders en geestelijken in Spanje en Hispaniola zochten manieren om de Wetten van Burgos invulling te geven en kolonisten naar uitwegen om hun encomienda te behouden. De tweestrijd had directe gevolgen voor de Benedenwindse Caquetío's die inmiddels gedeporteerd waren naar Hispaniola en daar een beleend leven leiden. Zij trokken aan het langste eind want de afschaffing van de encomienda werd steeds weer vooruitgeschoven.

Bartolomé de Las Casas en Francisco de Vitoria zetten het verzet tegen de verwoesting van West-Indië voort. In 1537 publiceerde paus Paulus III de bul *Sublimis Deus*, waarin hij vaststelde dat de indianen daadwerkelijk rationele mensen waren, een ziel hadden die bekeerd kon worden en dat zij dus niet tot slaaf gemaakt mochten worden. Kolonisten die dat toch deden zouden worden geëxcommuniceerd. Omdat de bul niet was goedgekeurd door koning Karel trokken de kolonisten zich weinig aan van het document ([48]). In 1539 verzorgde de dominicaanse geleerde De Vitoria aan de universiteit van Salamanca een reeks colleges waarin hij op juridische gronden de rechtvaardiging van de onderwerping van Amerika en de oorspronkelijke Amerikanen aan de kaak stelde. De Vitoria was van mening dat binnen een nog op te stellen internationale rechtsorde ook indianen rechten en plichten moesten toevallen: namelijk plichten tot het toelaten van de Europeanen tot hun gebieden en het aannemen van het christendom. Daartegenover stond dat het recht op een christelijke behandeling door de Europeanen ([49]).

De protesten van De Vitoria en een intensieve lobby van Las Casas waren niet tevergeefs. In 1542 kondigde keizer Karel V de *Nuevas Leyes* af, een alternatief voor de stukgelopen Wetten van Burgos. Terwijl de Wetten van Burgos waren opgesteld met de Caraïbische eilanden in gedachten, waren de Nieuwe Wetten vooral gericht

---

47 Van de vele biografieën over Las Casas gebruikte ik vooral Castro 2007 en Clayton 2011. Voor de invloed van Columbus' feitelijk christelijk messianistische beleving van de ontdekking van Amerika op Las Casas, zie bijvoorbeeld Todorov 1999: 9-14.
48 Meier 1995: 122; Faldani 1992: 62; Van Deusen 2015: 19.
49 Lewis 1987: 44; Lemaire 1986: 64-7; Schwartz 2008: 123.

op het onder controle brengen van de encomendero's in Mexico (Nieuw Spanje) en Peru. De nieuwe regelgeving bevestigde andermaal dat alle indianen onderdanen van de koning van Spanje waren en niet tot slaaf mochten worden gemaakt of mochten worden mishandeld. Veldwerk werd verboden voor kinderen jonger dan dertien jaar. Artikel 35 bepaalde dat encomienda's na het overlijden van de vergunninghouder zouden terugvallen aan de Kroon ([50]). Een antwoord dus op *Sublimus Deus*, maar minder urgent en zonder de dreiging met excommunicatie voor slavenhouders. De encomienda werd weliswaar afgebouwd, maar niet afgeschaft en de uitvoeringswetgeving schoot zwaar tekort. Er volgde bijvoorbeeld geen proclamatie van emancipatie van reeds tot slaaf gemaakte inheemsen en er ontstond een touwtrekkerij omtrent encomienda's die voor meerdere generaties of *en perpetuo* waren uitgegeven. De Spaanse Kroon zelf was evenmin erg doortastend, want in de Filippijnen werd de encomienda na 1565 zelfs nog geïntroduceerd naar voorbeeld het omstreden Amerikaanse kolonisatiemodel. Tegenwerking van de zijde van de gedupeerde encomendero's leidde ertoe dat nog in 1636 de consessie werd gedaan dat deze – althans de nog uitstaande beleningen – aan een derde erfgenaam en dus vierde generatie kon worden overgedragen. Het duurde tot 1716 voor het encomiendasysteem in het gehele Spaanse rijk was afgeschaft ([51]). Voor de Taíno's van de grote Caraïben – Hispaniola, Puerto Rico, Cuba – kwamen de Nieuwe Wetten te laat; voor de Caquetío's in de encomienda van Bejarano waren ze te buigzaam. We komen hierop terug in 3.2.3 en 4.6.2.

Beroemd werd Bartolomé de Las Casas' *Brevísima relacion de la destruccion de Las Indias* (Kort Relaas van de verwoesting van de West-Indische Eilanden) als aanklacht tegen de expansie van Europa in de Nieuwe Wereld en de inheemse onderwerping door middel van de encomienda. Meer uitgebreid dan in de disputen van Montesinos en De Vitoria werd de vraag naar het menszijn van de indiaan gesteld. Om daarover uitsluitsel te verkrijgen en om de juridische consequenties in kaart te brengen, ving in Valladolid in 1550 een polemiek aan tussen Las Casas en Juan Ginés Sepúlveda, humanist maar ook verdediger van de Spaanse Conquista. Men was het er over eens dat de indiaan tot de mensheid behoorde, maar welke plaats de indiaan daarbinnen innam stond ter discussie. Feitelijke inzet van het debat was de rol van de schepping en Bijbel versus het natuurrecht bij het bepalen van de plaats van de inheemse Amerikaan in het Europese mensbeeld. Terwijl Sepúlveda stond voor de Renaissance en de herlezing van de klassieke Griekse filosofie, hield Las Casas uiteindelijk vast aan de Bijbel en het scheppingsverhaal.

Sepúlveda betoogde dat de indiaan van nature slaaf was. Hij baseerde zich op Aristoteles' (384-322 BC) *Politica*, het werk van kerkvader Augustinus (354-430) die stelde dat niet-christelijke volken hun autonomie verloren zodra christelijke volken hun heerschappij opeisten en op de geschriften van de officiële kroniekschrijver van het Spaanse hof, Gonzalo Fernández de Oviedo (1478-1557). Deze laatste beschreef de Amerika's vanuit Europese ogen in zijn *Historia General y Natural de las Indias* en *De las antiguas gentes de las Indias Occidentales o Antillas*. Idolatrie, polygamie, tabaksgebruik,

---

50 Simpson 1950: 145-58 ; Elliott 2006: 40; 132-3; Kunst 1981: 34-7; Deive 1995: 10, 75, Sued Badillo 1995: 67; Meier 1995: 122-3. Voor de gevolgen van de Nieuwe Wetten voor tot slaaf gemaakte indianen die naar Europa waren overgebracht, inclusief Bonaireaanse Caquetío's, zie Van Deusen 2015.

51 Phelan 1967: 96-7; Zie Clayton 2011: 148-50 voor pogingen van encomendero's in Peru in 1554-1556 om de encomienda onbeperkt overerfbaar te maken.

Félix Parra (Mexico, 1845-1919) – Fray Bartolomé de las Casas. Bron: Museo Nacional de Arte, Wikimedia Commons.

maar ook de balspelen van de Taíno's bepaalden het beeld van een primitieve inheemse cultuur in een wonderlijke natuurlijke omgeving.

Aristoteles en Oviedo verdedigden de slavernij door volkeren aan te merken als barbaars: dergelijke naties zijn onvolgroeid in hun rationele, linguïstische en technologische ontwikkeling. Slavernij was voor hen zowel voordelig als rechtvaardig. Voor het bestrijden van barbaren was oorlog rechtmatig en onderwerping rechtvaardig. Sepúlveda erkende gelijktijdig de eenheid en de ongelijkheid van de menselijke soort. Hij brak daarmee met de plinische representaties van inheemse Amerikanen zoals die van Vespucci, maar ook met de humanistische pleidooien zoals die van Erasmus van Rotterdam tégen de gerechtvaardigde oorlog.

Las Casas verwierp Sepúlveda's stelling dat de Indianen voorbestemd voor slavernij. Hij beriep zich op de Bijbel, het werk van Thomas Aquinas (1225-1274) en diens stellingname dat niet-christelijke volken in staat waren tot enige mate van zelfbestuur indien zij leefden overeenkomstig de natuurwetten (the Laws of Nature) of de natuurreligie (Natural Religion). Hiertoe dienden zij monotheïstisch te zijn waarbij de ene God werd aangewezen als Schepper, het incestverbod (liefst: monogamie) te kennen en een rechtssysteem te onderhouden. Ook het erkennen van privébezit werd in ogenschouw genomen.

Las Casas benadrukte de menselijke eenheid. Indianen mochten niet door Europeanen worden onderworpen op grond van hun onbekendheid met het christendom. Integendeel: Spanjaarden werden opgeroepen de onwetenden te onderrichten in de leer van Jezus Christus en de rooms-katholieke kerk. Indianen waren bovendien beter in staat om het christendom aan te nemen op basis van vrijwilligheid in plaats van door dwang. In zijn geschriften over de Caquetío-cultuur, die gedeeltelijk op eigen waarneming waren gebaseerd, portretteerde Las Casas de inheemse Amerikaan als onwetende, protochristen die het slachtoffer was van de Spaanse wreedheden en hebzucht. Niet slavernij, maar missionering was het beste alternatief voor de inheemse Amerikanen ([52]).

Gemeenschappelijk in het denken van de opponenten in het debat van Valladolid was het gaan hanteren van raciale termen. De inheemse bevolking van

---

52 Zie Lemaire 1986: 71-90; Pagden 1993: 56-68, 75; Todorov 1999: 146-67; Abulafia 2008: 285-92. Las Casas werkte deze gedachte uit in zijn *Apologético Historia Sumaria*, zie hieronder 4.1.

de Nieuwe Wereld behoorde tot de mensheid, maar de benaming Indiaan kreeg gaandeweg de status van een apart mensenras. Het plinische denken maakte plaats voor racisme als discours van de mensheid en als ideologie van de Atlantische expansie vanuit Europa (Hall 1994).

Al voor het debat aanving legde Karel V alle expedities in de Nieuwe Wereld stil tot er een uitspraak was over de rechtmatigheid van de Conquista. Het debat viel uit in het voordeel van Las Casas: Indianen mochten ook na het debat niet tot slaaf worden gemaakt en het 50 jaar oude gedachtegoed van Koningin Isabella overwon. Las Casas kreeg echter niet voor elkaar wat hij per direct wilde: verbetering van de levensomstandigheden van de inheemse Amerikaan door hen onder toezicht stellen in missiegemeenschappen. Wel kwam er een aantal nieuwe wettelijke maatregelen die de rechtspositie van de indianen regelden. In 1563 werden de indianen tot 'miserabile' (wettig minderjarigen) verklaard en zij verkregen (op papier) juridische rechten in de 'virreinatos' (onderkoninkrijken of viceroyalties) Nieuw Spanje en Peru. Las Casas wordt wel verweten aldus de voorwaarden voor de introductie van de Afrikaanse slavernij te hebben geschapen ([53]).

Uiteindelijk draaide de toeëigening van het Caraïbisch gebied ook voor de Spanjaarden op een mislukking uit. De exploitatie van de West-Indische eilanden bleek niet lonend. De goudwinning op Hispaniola en Puerto Rico zakte in Spaanse kolonisten trokken naar elders of waren niet voldoende in staat een overstap naar de landbouwexploitatie te maken. In 1569 verbood de Spaanse Kroon per *Real Cedula* de vestiging op de Caraïbische eilanden, een maatregel die overigens niet gold voor de beleende eilanden Curaçao, Aruba en Bonaire. De kolonisatie van de grote Caraïbische eilanden (in het bijzonder Cuba) werd aangemoedigd, terwijl de kleine eilanden werden verlaten. De meeste eilanden bleven grotendeels onbeheerd en onverdedigd en zij vormden in de 17e eeuw braakliggend terrein voor noordwest-Europese landen die het monopolie op de kolonisatie van de Nieuwe Wereld van Spanje wilden doorbreken. Engeland, Frankrijk, Nederland en ook Denemarken ontgonnen de mogelijkheden van de kaapvaart, de handel en uiteindelijk vooral de suikerteelt op de Caraïbische eilanden. Vooral de oostelijke eilanden werden door de noordwest-Europese mogendheden veroverd op de Spanjaarden. De bekendste eilanden waar Caraïben overleefden waren Dominica, Sint Lucia en Sint Vincent. Zij behoorden tot de vermaarde en vermeend oorlogszuchtige eiland-Caraïben die van oudsher de meer noordelijke Taíno's van hun vrouwen beroofden en zich na 1492 tot het einde van de 18e eeuw met succes tegen de Amerikaanse Conquista.

---

53 Bijvoorbeeld Emmer 2000: 22. Deze wetenschappelijke mythe behoeft nuance. Al in 1501 stond de Spaanse Kroon de komst van Afrikaanse slaven naar Hispaniola toe (zie par. 2.3) Feitelijk gaf het experiment van de hiëronymieten al in 1518-1519 een impuls aan de trans-Atlantische slavenhandel toen de Vlaming Lorenzo de Gorrevod een asiento voor de invoer van 5.000 Afrikaanse slaven verkreeg om de Taíno's te vervangen die door de hiëronymieten uit de encomienda waren verlost. Het asiento-systeem voor de Afrikaanse slavenhandel kwam reeds voor 1520 tot stand. De Welsers kregen in 1528 toestemming om 4.000 Afrikaanse slaven naar Tierra Firme over te brengen (zie 3.3.3). In 1547 publiceerde Las Casas een polemiek waarin hij zich keerde tegen de vrijheidsberoving en de trans-Atlantische slavenhandel. Afrikaanse slavenhandel, zo besefte Las Casas zich was gebaseerd op ongerechtvaardigde oorlogsvoering in Afrika en dus niet acceptabel. Zie Knight 1990: 62-3; Elliott 2006: 99; Schwartz 2008: 162; Weaver 2014: 223; Clayton 2011: 135 e.v..

Op het continent gingen de grote rijken ten onder, maar er bleven inheemse samenlevingen bestaan die aan een lang proces van mestizering zouden blootstaan. Onder meer in de provincie Falcón-Zulia, op Tierra Firme, overleefden Caquetío samenlevingen. Hun culturen en samenlevingsverbanden werden weliswaar grotendeels verwoest door de Spanjaarden, maar niettemin reconstrueerde Oliver (1989: 254 e.v.) hun geschiedenis tot het begin van de negentiende eeuw. Op de (voormalige) Caquetío-kusteilanden Aruba, Curaçao en het kusteiland Trinidad leefden tot ver in de koloniale tijd inheemse volkeren. De indiaanse geschiedenis van het schiereiland Guajira loopt door tot de huidige tijd [54]. De Wayuu staan op de Benedenwindse eilanden steeds meer in de belangstelling als mogelijk eigentijdse voorouders of verloren gewaande verwanten uit (pre-)historische tijden [55].

---

54 Zie Wilbert 1972; Ardilla 1996; Perrin 1997; Oliver 1989: 254 e.v.; Forte 2005.
55 Bijv. Oliver 1989: 186-203; Perrin 1997; R. Debrot ca. 2004; Guerra Curvelo, 2015. Een recente en diepgravende historische studie is Bassi 2017: 85-113.

3

Kort relaas van de ontdekking, verwoesting en belening van *las Islas adyacentes*

Sinds ongeveer het jaar 950 van de Europese jaartelling leefden Caquetío's op de Benedenwindse eilanden. Zij waren er waarschijnlijk de tweede inheemse populatie. Voor hen leefden geringe aantallen archaïsche jagers en verzamelaars op de eilanden. Zij verdwenen kort na de komst van de Caquetío's uit beeld: mogelijk werden zij verdreven, mogelijk werden zij opgenomen door de nieuwkomers.

De Caquetío bevolking van de Benedenwindse eilanden rond 1500 in het Spaanse koloniale rijk ingelijfd en in 1514-1515 werd de eilanden ontvolkt. Caquetío's werden merendeels als dwangarbeider naar Hispaniola verscheept. Waarschijnlijk stierf een aantal van hen onderweg of later in de goudmijnen van de Spaanse kolonisten, ofwel tijdens de verwoestende pokkenepidemie van 1518. Naderhand trokken nieuwe indianen vanuit de Vaste Wal naar Aruba, terwijl vanuit Hispaniola indianen door leenheer Juan de Ampiés naar Curaçao werden overgebracht. De indiaanse bevolking werd onder encomienda geplaatst. Deze horigheid maakte een definitief einde aan de autonomie van de Caquetío-gemeenschap op de eilanden. Hun verwanten op Tierra Firme was geen gunstiger lot beschoren. Na een mislukte missioneringspoging door Bartolomé de Las Casas, resulteerde de belening van de kuststrook van de Vaste Wal aan het bankiershuis Welsers in de bloedige Conquista van het Caquetío-rijk.

3.1 Inheemse Benedenwinders in Europese ogen

3.1.1 Reconstructie II: De Ojeda versus Vespucci

Talrijke auteurs braken hun hoofd over de vraag wanneer de eerste Europese landing op de Benedenwinden plaatsvond, welke twee eilanden daarbij waren betrokken en aan welke Europeaan deze gebeurtenis kan worden toegeschreven. Alonso de Ojeda en Amerigo Vespucci zijn sinds lange tijd de grote kanshebbers. Naar wordt aangenomen bezochten zij Bonaire en Curaçao en hebben noch Vespucci noch De Ojeda voet op Arubaanse bodem gezet. Ook de vraag op welke datum de eilanden zijn bezocht of waargenomen is onbeantwoord. De eerste bronverwijzing is gedateerd op 3 juli 1512. Hierover direct meer.

Alonso de Ojeda, 1446-1515/6, Monumento Plaza Indio Mara, Maracaibo, Venezuela. Bron: Rjcastillo (eigen werk), Wikimedia Commons.

Indio Mara, Plakkaat momument als eerbetoon aan de inheemse bevolking, Monumento Plaza Indio Mara, Maracaibo, Venezuela. Bron: Rjcastillo (eigen werk), Wikimedia Commons.

Alonso de Ojeda bezocht als één van de eerste Europeanen de Nieuwe Wereld, want hij nam als leider van één van de karvelen deel aan Columbus' tweede reis. Gesteund door de invloedrijke bisschop Juan Rodrigo (ook: Rodriguez) de Fonseca organiseerde De Ojeda direct na terugkeer in Europa een expeditie naar Trinidad om er parels te vissen. In het rijk van Isabella en Ferdinand heerste optimisme omdat de Moren definitief van het Iberisch schiereiland waren verdreven en ook wegens Columbus' berichten over de parelvisserij nabij Trinidad. Het Spaanse vorstenpaar was klaar voor de Conquista van de Nieuwe Wereld. Bisschop De Fonseca stond aan het hoofd van de Spaanse bureaucratie en hij was een belangrijk adviseur van het koningspaar. Vanaf 1503 gaf hij leiding aan de Casa de la Contratación. De Fonseca wilde de dreigende alleenheerschappij van Columbus in de nieuw ontdekte gebieden inperken. Hiertoe gaf hij licenties (asiento's) uit aan individuele ontdekkingsreizigers, dit uiteraard zeer tegen de zin van Columbus. De Ojeda was één van de eersten die een dergelijke vergunning verkreeg. Toen Columbus in Hispaniola ook nog eens faalde als bestuurder, werd hij in 1499 ontheven uit zijn functie als Admiraal van Indië en ter verantwoor-

Amerigo Vespucci, 1454-1512, Galleria Uffizi, Florence. Bron: Wikimedia Commons.

ding naar Spanje overgebracht. De Ojeda speelde niet toevallig een belangrijke rol in de opstand op Hispaniola tegen het bestuur van Columbus ([56]).

De Ojeda's onderneming werd gefinancierd door de Florentijnse Compagnie in Sevilla die de onderneming van schepen voorzag. Daaraan namen ook deel de reeds genoemde Amerigo Vespucci en cartograaf Juan de la Cosa – eveneens voormalig reisgenoot van Columbus: hij was de eigenaar-kapitein van het schip de Santa Maria uit de beroemde vloot van drie. Er bestaan verschillende interpretaties omtrent het verloop van de reis naar Trinidad, Tierra Firme en de Benedenwindse eilanden.

Medio mei 1499 vertrok een konvooi van vier schepen vanuit Cádiz naar de Nieuwe Wereld. Het konvooi viel tijdens de oversteek over de oceaan uiteen. Routes en dateringen van de verschillende schepen – met name dat van De Ojeda en dat van Vespucci en De la Cosa – blijken in grote lijnen te reconstrueren. Het logboek van De Ojeda is verloren gegaan en over diens tussentijdse omzwervingen is weinig met zekerheid bekend, maar er wordt aangenomen dat de schepen bij Trinidad zijn herenigd. Indien De Ojeda de eer toekomt als eerste Bonaire, Curaçao en Aruba te hebben waargenomen, dan zal dit zijn gebeurd tijdens de omzwervingen van de herenigde vloot langs het kustgebied van het schiereiland Paria, nabij Trinidad, in en voorbij het Meer van Maracaibo en verder noordwaarts richting Midden-Amerika. Tijdens deze onderneming ontdekte De Ojeda's vloot de parelvelden bij de eilanden Margarita en Cubagua en verder westelijk indiaanse dorpen die bestonden uit huizen op palen in het water. De door Vespucci aangehaalde gelijkenis met Venetië vormt de oorsprong van de naam Venezuela. Op de bezoeken aan de eilanden Bonaire en Curaçao komen we terug in de volgende sectie.

Zoals gezegd, deze versie van de Europese ontdekking van de Benedenwinden is omstreden. Van oudsher wordt deze aan expeditieleider De Ojeda toegeschreven ([57]). In 1504 werd een proces gevoerd tegen De Ojeda. Haviser (1991: 166) leidde uit de processtukken af dat De Ojeda vanuit Trinidad direct naar Hispaniola was gevaren, waardoor hij volgens Haviser noch Aruba, noch Bonaire en Curaçao kan hebben ontdekt. Voor Hartog (1993: 334), die eerder de ontdekking wel aan De Ojeda toeschreef, is dit reden om alsnog te stellen dat van een waarneming of bezoek door De Ojeda geen

---

56 Columbus 1500 in: Cohen 1991: 198 e.v.; Vespucci 1985: 85; Parry 1990: 58-63; Berggreen 2011: 267-73. Hartog 1957: 15-27.
57 Bijvoorbeeld. Goslinga, Van Noort en Sjak Shie 1972: 39-40.

sprake kan zijn. Hij meent dat Amerigo Vespucci leider was van de groep Spanjaarden die volgens hem waarschijnlijk op 5 en 7 (of 8) september 1499 Bonaire waarnam en passeerde en vervolgens op Curaçao wel aan land ging. Ook deze reconstructie heeft haken en ogen. Er zijn geen aanwijzingen dat de vloot van De Ojeda na de hereniging in Trinidad opnieuw uitelkaar ging. Voor wat betreft de bezoeken aan de eilanden is het overigens ook mogelijk dat de Spanjaarden niet Bonaire en Curaçao, maar achtereenvolgens Curaçao en Aruba aandeden. Deze twee eilanden zijn beter (dan Bonaire) zichtbaar voor schepen die niet op volle zee, maar dicht bij de continentale kust kruisen. Zelfs is het denkbaar dat men eerst het eiland Aruba bezocht en daarna Paraguaná, niet beseffende dat de laatste een schiereiland is ([58]).

Er van uitgaande dat de Europeanen Bonaire en Curaçao bezochten, redeneert Mansur (1991: 134) dat ook Aruba tijdens deze reis is waargenomen, namelijk toen De Ojeda Cabo San Roman, de noordkaap van Paraguaná, passeerde en vanuit die positie Aruba kon zien liggen. Volgens Mansur gebeurde dat op 9 augustus. Oliver (1989: 256) stelt dat Cabo Roman pas 20 dagen later, op 29 augustus, door De Ojeda werd gepasseerd. Hartog (1957: 24-32; 1993: 32-3) meent dat Bonaire en Curaçao op 5 en 7 september werden bezocht. Goslinga (1979: 10) berekende dat Vespucci beide eilanden eind juli of begin augustus aandeed. Mansur en Oliver baseren zich op twintigste-eeuwse vertalingen en auteurs die zich op hun beurt beroepen op Las Casas' *Historia General*. Volgens auteurs als Reid (2009: 117-20) is Las Casas' werk voor een dergelijke reconstructie echter onvoldoende betrouwbaar.

Hetzelfde geldt voor de geschriften van Vespucci, maar uiteindelijk lijkt deze zelf uitsluitsel te geven in het De Ojeda-Vespucci debat. In de zesde brief over zijn reizen in de Nieuwe Wereld vertelt hij dat de vloot na het besproken bezoek aan (waarschijnlijk) Bonaire en Curaçao en Midden-Amerika doorvaart naar Hispaniola, waar expeditieleider De Ojeda wordt aangehouden en beschuldigd door Columbus en diens plaatsvervanger Francisco Roldán van illegale brasilkap ([59]). Men voer dus nog samen onder aanvoering van De Ojeda, die zich daarom ontdekker mocht noemen.

Een document, aangehaald in verband met de latere deportaties, geeft inderdaad de eer aan De Ojeda. Reeds in 1512 werd De Ojeda aangehaald als ontdekker. Deive (1995: 99) stelt:

> 'El 3 de julio de 1512, la reino Doña Juana reitera la licensia otorgada por Fernando en diciembre del año anterior para hacer guerra y cautivar a los caribes de las Antillas Menores. Entre las islas que menciona figuran por primera vez Aruba y Curazao, las cuales, junto con Bonaire, integran el grupo conocido en ese entonces como islas de los Gigantes, descubiertas por Ojeda en 1499.'

Recentelijk wordt expeditieleider De Ojeda daarom aangewezen als ontdekker, met in zijn gezelschap onder meer Amerigo Vespucci en Juan de la Cosa ([60]). Omdat geen enkele bron doorslaggevend bewijs levert, staan vragen naar data en zelfs om welke

---

58 Bijvoorbeeld Fernández de Naverette 1992: 168; Van Dortmondt 1999.
59 Vespucci 1992: 85, 192-3, noot 41.
60 Bijvoorbeeld Daal en Schouten 1988: 27; Versteeg 1991b: 21; Dalhuisen 2009: 35.

Houtsnede voorstelling van inheems kannibalisme uit uitgave vanVespucci's Brief aan Soderini. Strasbourg, 1509 Johann Grüniger, uitgever. Artiest onbekend. Bron: Wikimedia Commons.

eilanden het precies gaat, nog altijd open, zo besluit ook Dresscher (2009: 2-3). Het was Vespucci's verslag dat geschiedenis maakte.

3.1.2 Mythe II: Epicurus, Plinius en de Giganten

De ontdekking van Amerika moest niet alleen in geografische en politieke kaders worden verwerkt. Ook moesten de inwoners van de nieuwe wereld in het geldende middeleeuwse wereldbeeld worden ingepast. Al in zijn eerste beschrijvingen van de Amerikanen benadrukte Columbus hun eenvoud en nederigheid, maar ook schreef hij al op 23 november 1492 voor het eerst over inheems kannibalisme en vermeldde hij, al dan niet bewust, de vijandigheid tussen de vredelievende Arawakken en de als kannibalistisch bekendstaande Caraïben. Dokter Changa (1991), scheepsarts tijdens Columbus' tweede reis, deed in een beroemd geworden brief aan de stad Sevilla verslag van de vrouwenroof en de kannibalistische praktijken van de Caraïben, een ervaring die ook Amerigo Vespucci later beweerde te hebben meegemaakt.

Sensationele projecties van Europese denkbeelden wonnen het in populariteit van op eigen waarneming gebaseerde beschrijvingen, zoals ook frater Ramón Pané's *An Account of the Antiquities of the Indians* uit 1499, eveneens een resultaat van Columbus' tweede reis. ([61]). Deze eerste zendelingen-etnografie van inheems Amerika bevat een uitgebreide beschrijving van de rol van totemisme en het gebruik van zogenoemde zemis in de Taíno gemeenschappen van Hispaniola. Sinds Columbus, Changa en Pané laveert het Europese beeld van Indiaans Amerika tussen de polen van waardering

---

61 Ramón Pané 1999, oorspr. 1496, ook Rouse 1992: 148-9.

Amerigo Vespucci landt op het eiland der Giganten tijdens zijn tweede expeditie. Theodore de Bry (ca. 1592) Les Grands Voyages, Theodor de Bry. Bron: Wikimedia Commons.

en afkeer, van nostalgie en afschuw, van pre-romantiek en barbarisme. Een tweespalt was geboren: die tussen vredelievende Arawakken en kannibalistische Caraïben (⁶²).

Niet alleen de Bijbel en de geschriften van Azië-ganger Marco Polo boden een referentiekader aan voor de verwerking van de Amerika's. Talloze auteurs uit de Grieks-Romeinse oudheid en hun denkbeelden speelden een grote rol bij de beeldvorming rond inheems Amerika. Europese reizigers, theologen, kaartmakers en bestuurders vielen terug op de klassieke Grieks-Romeinse mythologie met reisverhalen van Homerus' Odysseus, Iason en de Argonauten en Aeneas, maar ook op de latere werken van filosofen als Plato en Aristoteles en op de beschrijvingen van geograaf-etnograaf (avant la lettre) Ptolomaeus (ca. 100-ca. 170 AD).

Ook de filosofie van Epicurus (341-270 BC) werd een referentiepunt voor beschrijvingen van de inheemse bewoners van de Nieuwe Wereld. Deze filosoof bepleitte een levenshouding van 'gematigd genot'. In zijn beroemd gebleven brief aan Menoeceus presenteerde hij een leer die voorstelde dat de individuele mens naar geluk streeft en waarbij een bescheiden balans van beheerst genot en noodzakelijk kwaad resulteert in een gemoedsrust die belangrijker en sterker is dan de filosofie kan schenken of dan goden waarborgen. Een seculier individualisme, dat tijdens de Renaissance herkenning en populariteit ondervond: de kunst van leven en geluk was niet louter het domein van rede en filosofie of van religie en kerk (⁶³).

Het werk van Plinius de Oudere (ca. 24-79 AD) was eveneens herontdekt. Deze schrijver leefde en stierf in Pompeï; hij vond de dood bij de vermaarde uitbarsting van de Vesuvius. Plinius beschreef in zijn 102-delige encyclopedie *Naturalis historia* de feitelijke en mythische kennis over de aarde, haar flora, fauna en bewoners (er bleven 37 delen bewaard). In boek 7 vertelt hij hoe de aarde naast de reeds bekende mensheid werd bewoond door cyclopen, kannibalen, amazones, griffioenen en andere half-menselijke wezens. Plinius' voorstelling van de wereld stond mede model voor de nieuw

---

62 Nog in 1979 stelde cultureel antropoloog William Arens (1998) de etnografische mythe van het kannibalisme ter discussie door de feitelijke basis van de deze mythe, dat wil zeggen de daadwerkelijke aard en omvang van kannibalisme in het Caraïbische gebied, Midden-Amerika, Afrika en Nieuw-Guinea te inventariseren. Arens stuitte op weerstand onder vooraanstaande antropologen als Edmund Leach en Marshal Sahlins. Kennelijk was het voor deze antropologen nog lastig om de beginselen van Oriëntalisme en Occidentalisme en occidentalisme op het eigen veldwerk toe te passen.
63 Elliott 1992: 32; 1998: 55, 59, Lemaire 2002: 271 en Schmidt 2004: 12-3, 54.

Epicurus, 341-270 B.C., Palazzo Massimo alle Terme. Foto: Marie-Lan Nguyen. Bron: Wikimedia Commons.

ontdekte gebieden aan de overzijde van de oceaan – Columbus zelf bezat een exemplaar van de *Naturalis historia* (Waever 2014: 38). Land- en zeekaarten, gravures en andere illustraties van oceaan en Nieuwe Wereld tonen (vaak allegorische) voorstellingen waarin plinische rassen een belangrijke rol spelen: zeemeerminnen en monsters, welhaast Grieks-Romeinse goden en cyclopen. Columbus verwees al tijdens zijn eerste reis in het scheepsjournaal van 12 november 1492 naar Plinius. Van de plinische rassen is dat der Giganten voor ons het meest van belang vanwege de vergelijking met de Benedenwindse Caquetío's door Amerigo Vespucci.

Amerigo Vespucci (1452-1522) was een telg uit een welgesteld Florentijns geslacht dat goede banden had met de machtige familie De Medici. Na een kortstondig diplomatiek verblijf in Parijs, trad Vespucci in Sevilla als bankier-manager in dienst bij het invloedrijke geslacht van De Medici. In die hoedanigheid raakte hij betrokken bij de financiering van Columbus' eerste reis. Na enkele jaren als handelaar en bankier te hebben gewerkt, verkoos hij om de wereld te gaan ontdekken en beschrijven en ving zijn reizend bestaan aan. Tussen 1497 en 1504 maakte Vespucci na eigen zeggen vier reizen, waarvan de eerste twee in Spaanse en de laatste twee in Portugese dienst. Tijdens zijn eerste reis in 1497-1498 bezocht hij de noordkust van het huidige Venezuela en (wederom: naar eigen zeggen) het bovenwindse (Ha-)Iti en tijdens de tweede, eveneens in Spanje gefinancierde reis onder leiding van Alonso de Ojeda en in gezelschap van Juan de La Cosa, verkende hij de noordelijke kuststrook van Brazilië, de Guyana's en opnieuw Venezuela, om via Hispaniola terug te keren naar Europa. Daarna volgden nog twee weinig succesvolle expedities in Portugese dienst.

Vespucci verkreeg in 1505 het Spaanse burgerschap en dankzij zijn publieke successen en vanwege zijn ervaring bij het zoeken naar de zuidelijke doortocht naar Azië tijdens zijn derde reis, werd hij in 1508 benoemd tot 'piloto major', een hoge positie bij de Casa de Contratación. Hij werd belast met de opleiding en instructie van leiders van expedities naar West en dus Oost [64]. Vespucci overleed in 1512 als een gevierd en welvarend man.

Zijn faam verwierf hij door zijn invloedrijke netwerk en de verspreiding van zijn brieven over zijn reizen naar wat hij – anders dan Columbus – niet aanduidde als eilanden voor de kust van Indië, China of Japan. Dankzij de opkomst van de boekdruk-

---

64 Vespucci 1992: 103-6, 107-12; Formisano 1992.

Plinius de Oudere, ca. 23-79 AD Bron: Cesare Cantù, Grande Illustrazione del Lombardo Veneto ossia storia delle città, dei borghi etc., Milano 1859, Vol. III. Bron: Wikimedia Commons.

kunst werden deze over geheel Europa verspreid door uitgaven in steden zoals Florence, Augsburg (Duitsland), Antwerpen en Parijs. In zijn zesde (en laatste) brief, gericht aan zijn Florentijnse voormalige studiegenoot Piedro Soderini en gedateerd 4 september 1504 in Lissabon beschreef Vespucci zijn vier expedities in de Nieuwe Wereld. De Benedenwindse lotgevallen werden dus pas 5 jaar dato op geschreven en het origineel van de brief is verloren gegaan, waardoor sindsdien gebruik wordt gemaakt van een Latijnse vertaling uit 1507. Volgens Hartog (1957: 18-9) is het mogelijk dat de brief niet eens door Vespucci zelf is geschreven maar een zuivere vervalsing is.

De kritiek op Vespucci gaat nog een stap verder. Formisano bespreekt de 'Vespucci question', namelijk of hij de vier beschreven reizen wel daadwerkelijk heeft gemaakt. De eerste reis bijvoorbeeld kan welhaast niet waar zijn gebeurd (of waarachtig beschreven) omdat Vespucci en zijn reisgenoten in dat geval eerder dan Columbus de vast wal van Zuid-Amerika hadden bereikt. Abulafia (2018: 241, 244-51) vermoedt dat het gaat om een bedenksel gebaseerd op latere eigen reizen en op die van Columbus, het verslag van dr. Changa en de middeleeuwse fictieve reis van de al even fictieve sir John Mandeville (ca. 1371) dat dankzij de boekdrukkunst weer in de belangstelling stond. Het verslag van Vespucci's eerste reis noemt Abulafia daarom 'a voyage of imagination'.

In de zesde brief maakte Vespucci gebruik van zijn eerdere geschriften en hij positioneerde zich ten opzichte van collega's en concurrenten zoals Columbus en De Ojeda. Opvallend is het gebruik van het wij-zij perspectief. Vespucci vermeed het noemen de namen van vlootcommandanten zoals De Ojeda en medeopvarenden zoals Juan De la Cosa en deed het voorkomen alsof hij persoonlijk deel uitmaakte van alle beschreven lotgevallen en gevaren, ook daar waar het niet waarschijnlijk dat dat het geval was. Het fiasco van zijn vierde reis werd zonder veel omhaal of toelichting toegeschreven aan de koppigheid van de vlootcommandant. Ook paste hij zijn toon aan alnaargelang de Spaanse of Florentijnse financiering van de expedities (Formisano 1992: xix-xl).

De betrouwbaarheid van Vespucci's geschriften als bron over feitelijke vroege Benedenwindse geschiedschrijving staat daarom ter discussie; het belang van zijn rol voor mythe- en beeldvorming daarentegen staat dat niet gezien de hardnekkigheid van de beeldvorming rond de Giganteneilanden. Om die reden bespreken we ook Vespucci's beschrijving van zijn eerste reis, de reis die hij waarschijnlijk nooit maakte.

Zoals zoveel reisverslagen en andere geschriften begint de zesde brief met een opdracht, in dit geval aan Piedro Soderini (p. 57). Soderini was een oud-studiegenoot die het inmiddels had gebracht tot Gonfalonier, dat wil zeggen leider van de burgerwacht en lid van het gerechtshof in Florence. Daarmee was Soderini één van de hoogste bestuurders van de republikeinse stadstaat. De opdracht was – zoals vaker – een doelbewuste keuze om in de gunst te komen van politieke machthebbers, financiers of bestuurlijke patronen.

Vespucci vertelt vervolgens over zijn loopbaan als handelaar-bankier en zijn keuze om zijn leven te wijden aan *'something more praiseworthy and enduring'* (p. 59), oftewel het in beeld brengen van de nieuw ontdekte en nog te ontdekken gebieden.

Het feitelijke reisverslag van de omstreden eerste reis begint met het vertrek uit Europa en de overtocht na een tussenstop op Canarische eilanden: *'in the Ocean Sea, at the end of the inhabited west'* (p. 59). Na een oversteek van 37 dagen arriveert de vloot in de nieuwe, maar nog onbekende wereld. Aanvankelijk treft het reisgezelschap schuwe, maar vriendelijke inheemse populaties aan. Men is naakt en (wegens het ontbreken van vaste etenstijden) barbaars maar vriendelijk, vredelievend en bereid tot handel in provisie voor de schepen en incidenteel zelfs kleine hoeveelheden goud of aanmerkelijke hoeveelheden parels. Na twee uitgebreide ontmoetingen met de inheemsen heeft Vespucci zijn voorlopig oordeel klaar. Zij waren christen, noch joods, noch islamitisch; ze brachten geen offers en hadden geen gebedshuizen: *'I judge their life to be Epicurean'* (p. 64, ook Abulafia 2008: 246), naar Epicurus de filosoof van het gematigd genot. Vespucci beschrijft de Arawakken in termen vergelijkbaar met die van Columbus, als – wat ik eerder noemde – protochristenen. De vergelijking met Epicurus, lijkt een oppositie met de later opgevoerde kannibalen en giganten, maar wellicht ook met het hedonistische leven in Europese hoven en opkomende steden: Epicurus bood een matigend tegengeluid tegen het hedonisme aldaar.

Volgens Vespucci waren de handel- en winstmogelijkheden beperkt (p. 67) en het convooi voer door, voorbij Paria en Margarita en daarmee trok men – ongetwijfeld van niets bewust – het Caquetío chiefdom binnen. Het beeld van de bevolking veranderde aanvankelijk niet. *'... we made many stops and conversed with many people....'*, maar daarin kwam verandering ; *'.... and after several days we found ourselves a harbor where we faced a great danger, yet it pleased the Holy Spirit to save us, and this is what occurred'*. Hierop volgt het relaas van de valstrik in het dorp op palen.

Men vaart de baai in alwaar 44 huizen op palen in het water zijn gebouwd. De bewoners lijken bevreesd door de Europeanen en trekken de bruggen op die toegang verschaffen tot de woningen. Ondertussen komen 22 kano's aanvaren die de verbaasde Europeanen 16 jonge meisjes aanbieden: vier per schip. Wat een daad van vriendschap lijkt, zo vervolgt Vespucci, blijkt een valstrik. Een menigte zwemt in de richting van de schepen met lansen onder het lichaam verscholen. Er volgt een verassingsaanval van met pijl en boog vanuit de kano's en de lansen van de zwemmers; de zestien meisjes ontvluchten. Het blijkt een ongelijke strijd. Er sneuvelen 16 tot 20 indianen, kano's worden tot zinken gebracht en er worden vijf gevangenen gemaakt: twee meisjes (die later ontsnappen) en drie mannen (waarvan er één ontsnapt). Vijf Europeanen raken gewond, maar geen van hen dodelijk. Na afloop inspecteert men de huizen, waarin men twee oudere vrouwen aantreft en weinig goederen van waarde. De Europeanen besluiten het dorp niet te verwoesten *'since it seemd to us something that would burden our consciences'* (p. 69).

De chronologische positionering van dit incident is opvallend omdat de gebeurtenis in de eerste brief van Vespucci uit 1500 werd beschreven ná de landing op het eiland van de Giganten. In het relaas van de eerste brief zou dit dus westelijk van het Meer van Maracaibo hebben plaatsgevonden (p. 13). Algemeen wordt aangenomen dat het dorp op palen was gelegen binnen de monding van het Meer van Maracaibo.

Een dag later wordt de reis westwaarts voortgezet en bemerkt men een verandering van etniciteit en cultuur: *'And the next day we resolved to leave that harbor and go father on. Sailing continually along the coast, we caught sight of another people living perhaps eighty leagues from these others and we found them quite different in language and customs* (p. 69).

Vespucci vervolgt met een beschrijving van de Europees-inheemse ontmoeting mogelijk met Caquetío's; mogelijk, want de locatie is niet bekend. Vespucci's mannen bezoeken een inheems dorp op een boogschot afstand van de zee, waar men vuren aantreft om te koken en een soort brood maakt van kleine vis. De dorpelingen hadden hun woningen uit vrees verlaten en Vespucci's mannen laten hun bezittingen ongemoeid. De volgende dag komt er alsnog contact tot stand. De hutten blijken geen permanente bewoning te zijn, maar tijdelijke verblijven voor tijdens de visvangst. De Europeanen worden uitgenodigd om de permanente dorpen landinwaarts bezoeken hetgeen gebeurt.

> *'This land is heavilly populated both with many people and countless rivers; few of the animals resemble ours, except for the lions, jaguars, deer, hogs, roe deer aand does, even these are somewhat different. They have neither horse, nor mules, nor (with all respects) asses, nor dogs, nor sheep nor any sort of cattle; yet the animals that they do have are so numerous, and are all wild, and they use none of them for work, that it would be possible to enumerate them. What to say of the birds, of there which there are so many and so many sorts and colors of plumage that is marvel to behold them. The land is very pleasant and fertile, filled with huge woods and forrests, and always green, for the leaves never fall. The fruits are so many that they are beyond counting and unlike any of ours.*
>
> *Many tribes came to see us, and marveled at our features and whiteness; and they asked whence we came, and we gave them to understand that we came from heaven, and that we were going to see the world, and they believed it. In this land we set up a baptismal fount, and baptized countless people; and in their language they called us carabi: which means 'men of great wisdom'* (p. 72-3).

De inheemse erkenning van Europese superioriteit in het begrip 'carabi' wordt geïntroduceerd en al snel opgevolgd door het ten tonele verschijnen van de kannibalen. Ook vernemen de Europeanen berichten over mensenroof:

> *'they reminded us that at certain times of the year a very cruel people who were their enemy came by sea to their land and by treachery and force killed many of them and ate them, and some of them were captured and and taken to their houses and their land'* (p. 74).

De vijand woonde zo'n 100 leagues noordelijk. De Europeanen vangen hun terugreis aan en gaan via het eiland Iti (lees: Haïti). Zij nemen zeven inheemsen mee die met hun kano's de schepen volgden. (Kennelijk was een lange Caraïbische oversteek niet ongebruikelijk. Zie Reid 2009: 100-110.) Eenmaal op Haiti volgt er een veldslag die eindigt in het voordeel van de Europeanen. Kruisbogen en vooral zwaarden gaven de doorslag.

De volgende dag is er een nieuwe, nog grotere veldslag waarbij de Europeanen vier smaldelen 'squadrons' in slagorde de strijd aanbinden. Er vallen talloze inheemse doden en gewonden, 250 inheemsen worden tot slaaf gemaakt en hun dorp wordt verwoest. Aan Europese zijde vallen een dode en 22 gewonden die allen overleven (p.76). Van de zeven Caquetío's raken er vijf gewond, maar zij keren terug naar hun land *'very happy and marvelling at our powers'* (p. 76). De Europeanen keren met 222 tot slaaf gemaakten na een reis van vijftien maanden terug naar Spanje, waar de slaven worden verkocht. Formisano ([65]) merkte op dat genoemde veldslag niet op Haiti heeft kunnen plaatsvinden, maar wellicht op de Bahama's, dat op de meest waarschijnlijke terugroute was gelegen.

Hiermee eindigt het relaas van de eerste reis, een reis waarover nog de nodige vragen openstaan. Het verslag mist vermijdt data en nauwkeurige locaties en – zoals steeds – de namen van reisgenoten. Vespucci beschreef niettemin als eerste het natuurlijke landschap, de flora en fauna, het ontbreken van veeteelt in de inheemse cultuur. Hij maakte ook melding van de opkomende mythe van goedmoedige Arawakken versus wrede Caraïben, een beeld dat in de beschrijving van de tweede reis ook wordt opgelegd aan de Benedenwindse Caquetío's.

Ook de tweede reisbeschrijving vangt aan met een korte samenvatting van de oversteek die aanving op 16 mei 1499 in Cádiz. Vanuit Ilha de Fogo (Vuureiland, lees: Kaap Verdië) zeilde men naar het westen, waarbij de Ojeda en Vespucci elkaar halverwege de oversteek uit het zicht verloren. Vespucci kwam aan land bij de meest oostelijke punt van het Mundo Novus: de kapen São Roque en San Augustin in het huidige Brazilië. Vervolgens voer hij westwaarts langs de Guyana's. Vespucci beschreef de rivieren Amazone, Orinoco, en Corantijn en groene wouden aldaar (Vespucci 1992: 77-8). Pas in werd de vloot herenigd: ergens tussen de Guyana's en Trinidad.

Nabij Trinidad doet zich een onverwachte ontmoeting met kannibalen voor. De Europeanen zetten de achtervolging in op een kano met daarin zo'n 70 personen, die merendeels over boord springen als zij worden ingehaald. Wel treffen de Europeanen vier geroofde en gecastreerde jongens aan, die vertelden dat ze zouden worden opgegeten goor de hun ontvoerders: kanibalen.

---

65 Formisano 1992: 191, noot 32; tevens 174, noot 30. Zie ook Weaver 2014: 50.

'... in the canoe they had left four boys not of their race, captives whom they had been transporting from another land, and whom they had castrated, for they were all without their virile member and the wound was fresh: we marvelled greatly at this. After they had been taken aboard the ships they told us through signs that they had been castrated to be be eaten; and then we knew that these were the fierce people known as Cannibals, who eat human flesh' (p. 79).

Historici betrapten Vespucci al eerder op geschiedvervalsing. Deze gebeurtenis vond namelijk plaats tijdens de tweede reis van Columbus ([66]).

De vloot reist opnieuw westwaarts en volgt de route die men eerder had afgelegd. Incidenteel ruilt men parels, die de inheemsen in grote hoeveelheden hadden. Ook ontvangen de Europeanen kleine hoeveelheden goud. Na een verblijf van 17 dagen in een baai – vermoedelijk in de regio Margarita – volgt men de kustlijn die ogenschijnlijk dichtbevolkt is. Men heeft veelvuldig contact met inheemsen die klagen over vijanden uit het westen die de door hen opgedoken parels tijdens oorlogen afnamen.

De Europeanen verlaten de zogenoemde *Lower Orinoco Interaction Sphere* en naderen het Caquetío chiefdom. De contacten met de inheemse bevolkingen worden moeizamer:

'... there we found many people with whom we could not, by force or by love, establish any converse: and when we went to land with the boats, they fiercely barred our landing, and when they thwarted us no longer, they fled into the forests, and did not wait for us' (p. 80-1).

Vervolgens doen de Europeanen voor het eerst de Benedenwindse eilanden aan. In deze zesde brief had Vespucci al een aantal (spectaculaire) gebeurtenissen beschreven, maar nu volgt de eerste uitgebreide etnologische beschrijving van naar wordt aangenomen de Caquetío's van Bonaire.

'Recognizing how barbarous they were, we departed; and sailing on, we caught sight of an island fifteen leagues out at sea from the mainland; and we decided to go there and see if it was inhabited. We found there the most bestial people, and the ugliest we had ever seen, and this is what they were like: they were exceedingly ugly in face and demeanor, and they all had their cheeks stuffed with a green grass, which they chewed like beasts, so that they could barely speak; and each of them bore two small dried gourds around the neck, one filled with that grass (lees: herbs, wellicht cocabladeren, L.A.) *which they kept in their mouth, and the other with a white flour which resembled powdered chalk: and every so often, having wetted with their mouth a certain spindle they carried, they put it in the gourd containing the flour, and then they would put it in their mouth on both sides of their cheeks, thus coating the weed they had in their mouth with the flour; and this they would do with great care. And astonished to see such a thing, we could not understand this secret, nor why they did it. This people, as soon as they saw us, approached us as familiarly as if we had long been their friends. Once we*

---

66   Formisano 1992: 191, noot 35; Changa 1991: 102 e.v..

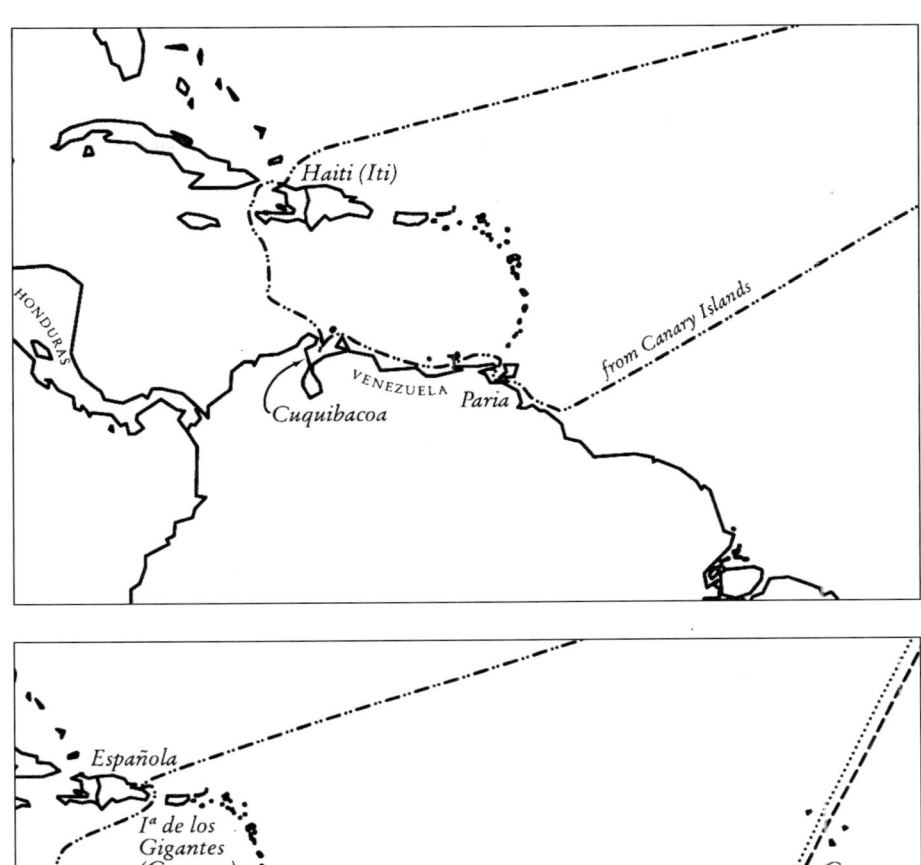

Reconstructie van de eerste en tweede reis van Vespucci door Luciano Formisano (ed.) 1992. Bron: Vespucci 1992: xiv.

> going along the beach with them and talking, we were eager to drink some fresh water, but they made a sign to us that they had none, whereupon they offered us some of their grass and flour; so we deduced from their gestures that this island was poor in water, and to quell their thirst they kept the grass in their mouth, and the flour for the same purpose.'

Ondanks hun beestachtige aard ('bestial people') leken de inheemse vriendelijk in hun optreden en de Europeanen blijven nog anderhalve dag op het eiland. Vespucci beschrijft de bestaanmiddelen van de (vermoedelijk) Bonaireanen.

> 'We went about the island for a day and a half without ever finding fresh water, and we saw that the water they drank was a dew which fell at night on certain leaves which looked like an ass's ears, and which would fill up with water, and this was the water they drank (it was excellent); and these leaves did not grow in many places. These people had no foods or roots like those of the mainland, and they lived off the fish they caught at the sea, which they had in great abundance, and they were excellent fishermen; and they presented us with many tortoises, and many large and very good fish. Their women did not hold grass in their mouths like the men, but all carried a gourd with water from which they would drink. They had no villages with either houses or huts; rather they dwelt under branches which protected them from the sun and not from the water, for I believe it rarely rained on that island. When they would fish on the sea, they all kept a very large leaf with them, so broad that they could stand beneath it in the shade, and they would fix the same leaf into the ground, and, as the sun turned, so they would turn the leaf, and in this way they were protected from the sun. The island contains many animals of various sorts, which drink swamp water' (p. 81-82).

Zonder overgang vervolgt Vespucci zijn relaas met het nog opmerkelijker bezoek aan (waarschijnlijk) Curaçao.

> 'And seeing they had nothing of value, we left, and came to another island and found it inhabited by a very large people. We went inland to see if we could find fresh water; and not thinking that the island was inhabited, since we had not seen people along the beach, we saw very large footprints in the sand, and judged that if their other limbs were proportional, they would be very large men. Continuing on, we came upon a path that headed inland, and nine of us decided, judging that the island, small as it was, could not have many people on it, to follow that path, and see what kind of people these were. And after we had traveled about a league, we saw five of their huts in a valley, which seemed abandoned; and we went up to them and found only five women – two old women and three girls – of such tall stature that we looked at them as at a wonder. And they saw us, they were taken with such fear that they did not have the courage to flee; and the two old women started addressing words of hospitality to us, bringing many things to eat, and talking us into a hut. And they were of taller stature than a small man, as big in body as was Francesco degli Albizzi, but better proportioned; so that they were all of a mind to take the three girls by force and carry them back to Castile as objects of wonder.'

De Europeaen blazen de aftocht, gevolgd door de eilandbevolking. Er vallen waarschuwingsschoten en Vespucci introduceert het predicaat Giganten.

'And while we were debating these matters, a full thirty-six men started to enter through the door of the hut, much bigger than the women, men so well built that they were a beautiful thing to behold; and these men threw us into such alarm that we would have much preferred to have been at the ships than to find ourselves with such people. The carried very big bows and arrows and large clubs with heads, and they spoke among themselves sounding as though they wanted to lay hands upon us. Seeing that we were in such danger, we debated various strategies among ourselves; some said it would be better to have at them there in the house, others said no, that it would be better to do so in the open field, and others proposed that we not set off hostilities until we understood their intentions; and we decided to leave the hut and head secretly for the path which led to the ships; and so we did, and, taking our path, we returned by it to the ships. But they followed behind us, at a stone's throw, talking amongst themselves: I believe they were as afraid of us as we were of them, because a few times we paused to rest and so did they, without coming closer to us; so that we reached the beach where the ships were waiting for us, and we boarded them. And when we were far from the shore, they jumped into the water and shot many arrows at us, but by then we had very little to fear of them. We fired two shots of mortar at them, more to scare them than to harm them, and at the report they all fled into the woods; and so we left them, and it seemed to us that we had survived a most dangerous day. Like the others they went about completely naked. I call this the island the Isle of Giants, because of their size' (zie ook Goslinga 1979: 9).

Anders dan in eerdere oppervlakkige observaties, beschrijft Vespucci het (imposante) fysieke voorkomen van de inheemse bevolking, het aride landschap, het gebruik van een waarschijnlijk verdovend middel en tipt hij de man-vrouw relaties aan, alsmede de dorpsvorming en de op visvangst gebaseerde economie, om alsnog te eindigen met een spannend slot: De vlucht van de nerveuze Europeanen voor de al even geïntimeerde Caquetío's van Curaçao.

De Europeanen vervolgen hun weg westelijk en noordelijk langs de vaste wal, in de richting van Midden-Amerika. Na meer dan een jaar onderweg te zijn geweest besluiten de Europeanen de terugreis aan te vangen. Er volgt een ontmoeting – mogelijk ter hoogte van Honduras – met een aanmerkelijk vriendelijker bevolking met wie men bevriend raakt en alwaar Vespucci opnieuw melding maakt van parelvisserij. Na een verblijf van 47 dagen vangt de terugreis daadwerkelijk aan. Een tussenstop op Hispaniola om voedsel voor tijdens de oversteek in te slaan resulteert in een flink oponthoud. De Ojeda wordt aangehouden wegens de illegale kap en smokkel van brasilhout (p. 84-5).

Vespucci's latere Portugese expedities waren minder succesvol. In de derde reis van 1501-1502 zakte men na een extreem zware (want te zuidelijke) Atlantische oversteek de Zuid-Amerikaanse kust af tot aan Patagonië, 50 graden zuiderlengte. Ronduit rampzalig verliep de vierde expeditie in de richting van de legendarische Molukken. Het grootste van de zes schepen verging voor de kust van Afrika, de vloot viel uit elkaar en uiteindelijk keerde slechts het schip van Vespucci zelf na ruim 13 maanden in Lissabon terug.

Omtrent de waarheidsgetrouwheid van Vespucci's brieven bestaat de nodige scepsis. De historiciteit van de eerste reis staat niet vast en de beschijvingen van de tweede reis in de eerste brief (1500, aan Lorenzo Pierfrancisco de Medici) en de zesde brief (aan Soderini) sluiten niet altijd op elkaar aan. Vespucci vermeed het om namen van expeditieleiders en hun verdiensten te vermelden en data en locaties bleven veelal onduidelijk – een techniek die ook Columbus hanteerde om zijn concurrenten niet in de kaart te spelen. In zijn verslagen vermeed Vespucci steeds weer om de ontdekte gebieden voor stellen als vooreilanden van Indië, China of Japan. Ook beschreef hij de inheemse bevolking vanuit dat perspectief, want verwijzingen naar Indië of Japan ontbreken. Vespucci bagatelliseerde de verdiensten van Columbus en De Ojeda als ontdekkers van eilanden voor de kust van Indië om zelf de geschiedenis in te kunnen gaan als ontdekker van het nieuwe continent.

Onder de inheemse contactbevolking tekent zich ook in zijn werk (net als in dat van Columbus) een tweespalt af tussen barbaarse kannibalen en vredelievende epicuristen. De fysische antropologie en etnografie van de Bonairiaanse en Curaçaose Caquetío's lijkt ontleend aan (of te appeleren op) het plinische denken. Barbarisme en bestialiteit domineren de beschrijving van inheems Bonaire en Curaçao, een beeld dat sterk afwijkt van Vespucci's eerdere epicuristische impressie van inheemse Amerikanen die gelijk hun Griekse tegenhanger zalig verpoosden in de metaforische Tuin van Epicurus. De aanduiding van de Europeanen als *carabi* 'wijze mannen' mogen we opvatten als vroege uiting van superioriteitswaan en eurocentrisme; een legitimatie van de Conquista van de nieuw ontdekte gebieden.

Kritiek op Vespucci's geschriften kwam al snel op gang. Bartolomé de Las Casas was één van diens felste opponenten. Hij behoorde tot het Colombus kamp en betichtte Vespucci al van geschiedvervalsing. wiens familieleden reeds opvarenden waren tijdens Columbus' tweede reis, Las Casas (1971: 61-5) stelt: *'This then, was the long premeditated plan of Amerigo Vespucci to have the world acknowledge him as the discoverer of the largest part of the Indies'.* Deze verdachtmaking bleef Vespucci achtervolgen. In de negentiende eeuw reconstrueerde Fernández de Navarette (in Vespucci 1992: 165-9) de reizen en routes van De Ojeda en Vespucci en stelt daarbij terloops vast dat beiden nog samen voeren toen zij de Giganteneilanden bezochten. Over Vespucci's zucht naar roem schrijft hij: *'He was established in Sevilla, but became tired of the mercantile life, and entered upon the study of cosmography and nautical subjects, with the desire of embracing a more glorious career.'* Over Vespucci's beschrijvingen is Fernández dan ook zeer kritisch. Hij verwijt hem grove onzorgvuldigheid, onder andere in de beschrijving van de ontmoeting op Curaçao.

> *'From this place (La Vela de Coro), they shaped a course to the island of Curaçao, which they called Isla de los Gigantes, where Amerigo supposed there was a race of uncommon stature. Perhaps he did not understand the expressions of horror with which the natives referred to the Caribs, and this sufficed to make Vespucci assert that he has seen Pontasiloas and Antaeus'* (p. 168).

Ook twintigste-eeuwse auteurs beschuldigden Vespucci van geschiedvervalsing. Boucher (1992: 218-9) wees op de rol van Vespucci in de verspreiding van de mythe van het Amerikaanse kannibalisme in Europa in het bijzonder door diens beschrijving van de inheemse Braziliaanse bevolking. Niettemin, zo stelt Boucher (1992: 21), schetst Verspuci een relatief positief beeld wegens het ontbreken van privebezit en de

Illustratie: Heracles and Antaeus, red-figured krater by Euphronios, 515-510 bc. Antaeus, gigant en halfgod, zoon van Poseidon en Gaia, die door Hercules door wurging werd gedood. By Euphronios & Euxitheos. Foto: Bibi Saint-Pol. Bron: Wikimedia Commons.

het gebrek aan schaamte onder de ongeklede inheemse mannen en vooral vrouwen. Pagden (1993: 23-4, ook 141, tevens Boucher 1992: 23) schreef Vespucci in dit verband zelfs een 'lugubere seksuele verbeelding' toe, terwijl Abulafia (2008: 241-61) spreekt van een 'tabloid journalism'. Hij stelt (p. 241) – geenszins ter verdediging van Vespucci – dat zijn brieven wellicht door uitgevers en vertalers ongevraagd zijn opgesierd met eigen bijdragen. Wellicht was Vespucci Amerika's eerste sensatiejournalist die gebruik maakte van de opkomende boekdrukkunst om zijn naam en faam over de oude wereld te verspreiden. Middels het predicaat Giganten kan hij hebben willen inspelen op het plinische denken van zijn Europese lezerspubliek. Indien de kritiek van Las Casas op Vespucci juist is, treffen we in deze auteur een vroege vorm van exotisme aan: het verbeelden van de onbekende Ander ten behoeve van het vermaak op basis van de voorkeuren van het beoogde lezerspubliek. Na Changa's brief en de logboeken van Columbus, speelden Vespucci's geschriften een belangrijke rol in de ontstaansgeschiedenis van het beeld van de wrede, kannibalistische Caraïbe-indiaan ([67]).

Vespucci's reuzenpredikaat leidde tot een hardnekkig misverstand rond de gestalte van de zestiende-eeuwse Benedenwinders. Nog in 1967-1970 onderzocht de Nederlands-Curaçaose arts en literator Chris Engels (1970, pseudoniem: Luc Tournier) de archaïsche graven op Aruba in de hoop het raadsel van de Giganten op te lossen. Volgens Engels was niet Vespucci, maar Las Casas onbetrouwbaar: *'Na de dood van Vespucci werd Bartholomee de las Casas de valse aantijger'*. Engels kreeg in de wetenschappelijke gemeenschap geen steun voor deze tegendraadse opvatting en met reuzen, zeemeerminnen of andere plinische wezens hadden de Caquetío's weinig gemeen. In werkelijkheid waren zij zelden groter dan 1.60 meter, zo is inmiddels uit archeologisch onderzoek gebleken.

Ofschoon Vespucci de (twee) Benedenwindse eilanden zo noemde vanwege de gestalte van de inheemse mannen en niet omdat zij daadwerkelijk plinische reuzen waren, bleven de eilanden lange tijd als die van de Giganten bekend. Deze benaming gold niet alleen onze eilanden. Ook de Bahama's werden als reuzeneilanden aangeduid, terwijl de indianen te Patagonië tot in de 17[e] eeuw eveneens als Giganten werden aangeduid.

---

67 Zie ook Goslinga 1979: 9; Lemaire 1986: 41; Alegria 1986: 38; Lechner 1990: 120; Faldani 1992: 55; Formisano 1992: xxviii e.v.; Helman, 1995: 133-4; Deive 1995: 39-42; Helman 1995:133-7; Madureira 1998: 124; Restall 2003: 105; Schmidt 2004: 12-4.

3.2 Reconstructie III: Roof, moord en deportatie

3.2.1 Roof, moord ...

We lieten het raadsel van de ontmoeting/ontdekking van de Benedenwindse eilanden voor wat het is: onopgelost. De rol van De Ojeda in de vroege contactperiode van de Benedenwindse eilanden is echter nog niet uitgespeeld. Indiaanse slavernij is zo oud als de ontmoeting tussen de twee werelden. Op de terugreis van zijn eerste bezoek aan de Amerika's scheepte Columbus vijf tolk-indianen in om in Spanje als bewijs van zijn ontdekking en om hen aldaar als trofee tentoon te stellen. Slavernij en deportatie werden ook het lot van de Caquetío's op de Benedenwindse eilanden. De alleenheerschappij van admiraal Columbus werd al snel ondergraven. Toezeggingen aan de ontdekkingsreiziger moesten wijken voor geopolitieke belangen en de vooruitzichten van macht en gewin.

Direct na terugkeer in Europa werden nieuwe expedities naar de nieuwe wereld georganiseerd. Columbus verloor zijn alleenheerschappij ([68]). Terwijl Pinzon opdracht kreeg om de zoektocht naar Azië te vervolgen door de Amerikaanse kust oostwaarts, richting de Guyana's en Brazilië te verkennen, verkreeg Cristóbal Guerra een vergunning om de door Columbus beschreven parelvelden nabij Trinidad te exploreren. Guerra bleek ook andere oogmerken te hebben. Hij week verder uit naar het westen dan toegestaan, namelijk tot aan de Benedenwindse eilanden. In 1501, tijdens één van zijn rooftochten bracht hij een onbekend aantal Bonaireanen om het leven en voerde hij een aantal van hen naar Europa om er te worden verkocht. Een Bonairiaans meisje werd tentoongesteld en vervolgens geschonken aan koningin Isabella. Volgens Nooyen gaf Isabella Guerra – net als in 1499 aan Columbus – opdracht de Bonaireanen naar hun eiland terug te brengen, maar of dat gebeurde is niet waarschijnlijk ([69]). Sauer (2008: 113) schreef in 1966:

> *"Cristóbal Guerra went at our orders to the land of Canarias [misprint for Ciriana], where the pearls of the Ocean Sea are ... and by his orders took and killed certain Indian men in the island of Bonayre and those who he took alive brought and sold by them in the cities of Seville and Xeres and Cordoba and other places", for which he was brought to account. Passing beyond the Pearl Coast and out of bound for his license, Cristóbal Guerra started slaving on the island of Bonaire thus first of record.'*

Kunsthistoricus dr. Adi Martes vond afschriften van koopaktes van Bonairiaanse Caquetío's in de Spaanse archieven (persoonlijke mededeling). Hartog (1961: 46,

---

68 Ramos (1961) spreekt van een planmatige aanpak van de verkenning van de nieuwe wereld en de zoektocht naar de doorgang naar Azië. Columbus zou tijdens zijn derde reis noordelijk in de richting van midden Amerika doorreizen – daar waar de Engelsen de Venetiaanse reiziger John Cabot (Giovanni of Zuan Caboto) de nieuwe wereld op eigen kosten liet exploreren. De Ojeda moest de regio Paraguana-Goajira verkennen en Guerra de omgeving van de pareleilanden tussen Margarita en Trinidad. Vicente Yáñez Pinzón zou de exploraties in oostelijke en zuidelijke richting vervolgen. Pinzón's expeditie leidde tot de Europese kennismaking met onder meer het Amazonegebied.

69 Nooyen 1979: 12; Goslinga 1979: 13, Nooyen 1985: 6; Haviser 1991: 168, Deive 1995: 111; Sauer 2008: 113. 1979: 120; ook Meulenberg, Van der Horst en Van Aerle 2010: 45.

Opgraving begraafplaats Malmok, 1989. Foto: National Archaeological Museum Aruba.

noot 3; 594) stelt echter op basis van een cédula uit 1501 dat de Bonaireaner eenmaal in Spanje in bezit kwamen van ene pater Fernandez die hen de vrijheid schonk en terugstuurde naar Bonaire.

Guerra ging zijn mandaat ver te buiten. Hij begaf zich verder westwaarts dan toegestaan en in kolonisatie of handel was hij niet geïnteresseerd; wel in slavenhandel. Guerra werd in Spanje vervolgd, maar niet veroordeeld. Hij keerde terug naar de Amerika's en kwam in 1504 om bij gevechten in de omgeving van het huidige Cartagena.

De Ojeda was een ervaren ontdekkingsreiziger die zich had onderscheiden als opvarende van Columbus' derde expeditie en die goede banden onderhield met aartsbisschop De Fonseca. Op 8 en 10 juni 1501 verwierf niet Guerra maar De Ojeda het alleenrecht over de exploitatie van de huidige Venezolaanse kuststreek – bekend staand als Coquibacoa –, de eilanden voor de kust: Curaçao, Aruba en Bonaire en waarschijnlijk ook de Mongues- en Aves-eilanden. De Ojeda moest een bestuur vormen zover mogelijk westelijk op de Tierra Firme om de Spaanse aanwezigheid veilig te stellen. Zijn benoemingsdecreten vermeldde las *Islas Adyacentes a la costa firme*, maar de eilanden waren niet met name genoemd. Het tot slaaf maken van inheemse werd hem nadrukkelijk verboden ([70]).

Het ontbeerde De Ojeda aan bestuurlijke kwaliteiten en intenties. Hij werd een omstreden man. Hij legde een uitvalspunt, genaamd Santa Cruz, aan op de punt van

---

70 Ramos 1961: 33-40, 44-6; Las Casas 1971: 163, 171; Encyclopedie N.A. 1985: 185; Cohen 1991: 190-193, 199-201. Voor een hagiografie over De Ojeda, zie Goilo (zonder jaar).

Guajira en daarvandaan dreef hij handel en -waarschijnlijk belangrijker nog – voerde hij zijn roofaanvallen en weldegelijk ook slavenjachten uit. De Ojeda bezocht Curaçao in 1502, tijdens zijn derde reis naar de Nieuwe Wereld, maar exploitatie bleef uit. Integendeel, Las Casas beschreef De Ojeda's rooftochten, slavenjachten en wandaden in het achterland van het huidige Cartagena in zijn *Historia General de las Indias* ([71]). De rooftochten verliepen rampzalig, ook voor de Spanjaarden en betekenden het einde van de eerste pogingen om de regio onder controle te krijgen.

> *'From the end of 1500 into 1502 the shores of Tierra Firme were ravaged by both Christobal Guerra and Hojeda. There after there is almost no mention of revenue, and attention was turned to discoveries farther west on Tierra Firme'*
> (Sauer 2008: 114).

Eenmaal terug in Spanje in 1504, werd ook De Ojeda voor het gerecht gedaagd om zich te verantwoorden over het mislukken van zijn onderneming en de wreedheden die hij had begaan. De Ojeda verloor zijn zaak en de rechtbank ontnam hem zijn aardse bezittingen en de rechten op de exploitatie van de regio. De Ojeda stierf in 1515 of 1516, straatarm, in een franciscaner-klooster in Hispaniola. Ten teken van zijn gedwongen eenvoud werd hij begraven onder de ingang van het klooster (Goslinga 1979: 13).

3.2.2 ... en deportatie

De eilanden werden onder de Audiencia Hispaniola geplaatst en berichten over de situatie aldaar worden schaars. Juan de la Cosa bezocht Curaçao in 1504 om er brasilhout te laden ([72]). Al in 1505 werden Afrikanen tot slaaf gemaakt naar Hispaniola gevoerd, maar het tekort aan arbeidskrachten was in 1508 zo groot dat koning Ferdinand – Isabella was op 26 november 1504 overleden – gouverneur Ovando toestemming gaf om ook indianen van de Tierra Firme en nabije de eilanden in te zetten. In 1508 kreeg Diego de Nicuesa (volgens Van der Velden samen met De Ojeda) toestemming om 400 vreedzame indianen, zogenoemde naborías, van Curaçao naar Hispaniola over te brengen. Deze ontvoering mislukte, tenminste deels: 'De inwoners van Curaçao verzetten zich fel en 46 soldaten van Nicuesa sterven' (Van der Velde: 2011: 38-9, 68). Mogelijk zijn de eilanden tussen 1508 en 1513 nog vaker aangedaan, maar daarvan ontbreken berichten.

In 1513 verscheen de zogenoemde Ptolemaeus-kaart van de Caraïbische regio. Bonaire en Curaçao werden daarop onmiskenbaar aangegeven, Bonaire als 'Y do Brasil' en Curaçao als eiland van de Giganten. Van enkele jaren later dateert de aanmerkelijk nauwkeuriger landkaart van Oliveira de Mallorca. Hierop staat Aruba eiland als 'Araba' (zonder 'u', met 'a') aangegeven, zij het wat verder oostelijk gelegen dan in werkelijkheid ([73]).

Tussen 1510 en 1512 kwamen decreten tot stand die vrijheidsberoving en deportatie in inheems-Amerika mogelijk maakten. Om de goudwinning in Hispaniola

---

71 Las Casas 1971, boek 1, hfst 19 pag. 126-9; boek 2, hfst. 57-60; 161-71. Ook Hartog: 1961: 47-8; Ramos 1961: 69-70; Parry 1990: 51; Deive 1995: 110-15.
72 Hartog 1961: 48; Goslinga 1979: 12.
73 Hartog 1957: 14; 1980: 17.

efficiënter van arbeid te voorzien, maakte koning Ferdinand het mogelijk dat rebellerende indianen van de eilanden door de Spanjaarden werden weggevoerd om te worden ingezet in de goud- en zilvermijnen en de landbouwbedrijven van de Spaanse kolonisten op Hispaniola [74].

Meer en meer gebieden verkregen het fatale predicaat 'inutil' De inheemse bevolking op de nabije eilanden Puerto Rico en Cuba nam snel in aantal af. Tussen 1509 en 1513 werden volgens berichten ruim 40.000 Lucayan Taíno's van de Bahama's geroofd, de totale depopulatie van de eilandengroep, maar de nood tot uitbreiding van de slavenjachten nam enkel toe. Deive (1995: 99) stelt dat het deportatiebeleid in 1512 de eerste bronvermelding voor Aruba opleverde Curaçao en Bonaire waren immers al bekend.

> *'El 3 de julio de 1512, la reino Doña Juana reitera la licencia otorgada por Fernando en deciembre del año anterior para hacer guerra y cuativar a los caribes de las Antillas Menores. Entre las isles que menciona figuran por primera vez Aruba y Curazao, las cuales, junto con Bonaire, integran el grupo conocido en ese entonces como isles de los Gigantes, descubiertas por Ojeda en 1499'.*

Door deze uitspraak kwamen de eilanden beschikbaar voor de slavenjacht. Toch lieten de rooftochten op zich wachten. De Spanjaarden zagen op tegen een missie, naar het schijnt omdat de 'Giganten' hen angst aanjoegen. Columbus' zoon en opvolger Diego schreef aan de Spaanse Kroon de nodige weerstand van de Giganten te verwachten. Mogelijk was men het Benedenwindse debacle van De Nicuesa in 1508 nog niet vergeten. Op Puerto Rico brak ondertussen heftig indiaans verzet uit, hetgeen de aandacht van de Spanjaarden opeiste en hen beducht maakte voor verdere inheemse tegenstand (Deive 1995: 99-101).

Op 30 juli 1513 werd alsnog besloten de onderneming te laten plaatsvinden. Juan de Ampiés werd belast met de voorbereiding daarvan. De Ampiés was een voormalige legerofficier afkomstig uit Aragon die in 1511 naar Hispaniola trok. Daar vervulde hij diverse bestuurlijke functies. Als faktor beheerde hij de koninklijke bezittingen op Hispaniola en hij was er lid – *regidor* – van het gemeentebestuur. Hij bezat huizen, een suikerplantage en een suikermolen en ook verwierf hij het handelsmonopolie in goederen en inheemse slaven op de roemruchte parelkust [75].

In januari 1514 werden de kolonisten (vecino's) opgeroepen om bij te dragen aan de kosten van de 'armada'. Ofschoon deze grote behoefte hadden aan arbeid, bestond voor de onderneming weinig animo. De burgerij reageerde tot twee maal toe terughoudend en er kon geen overvalsmacht worden samengesteld. Uiteindelijk besloten de autoriteiten om de onderneming met participatie van een beperkt aantal ondernemers

---

74 Deive 1995: 89; Meier 1995: 108 e.v.; Van der Velden 2011: 36-40, 68-9.
75 Wesch 1993: 35; MacDonald 2010: 73; Van der Velden 2011: 69 De Ampiés was gehuwd met Florencia de Avila van wie hij in 1528 scheidde (Hartog 1961: 56). Zij hadden drie kinderen: Maria Beatriz, echtgenote van Lazaro Bejarano, Inés (gehuwd met ene Sancho Aragües) en zoon Juan Antonio, el Mozo ('de Sjouwer') genoemd. Inés en Juan overleden reeds voor hun vader (García Valdés 2009: 173). Naar het schijnt, ontving hij al snel na zijn komst naar Hispaniola 200 indiaanse slaven. Mogelijk ging het hier om de 200 Benedenwindse Caquetío's die hij na de deportatie van 1513/1514 ontving wegens zijn aandeel in de organisatie daarvan.

(mercaderos) – waaronder dus De Ampiés – en grotendeels op eigen kosten en voor eigen baten uit te voeren. Nadat de Spaanse Kroon op 31 juli 1514 te kennen had gegeven te willen delen in de opbrengsten van de rooftocht, voer in augustus de eerste missie onder leiding van Diego Salazar af richting Curaçao.

De Curaçaose Caquetío's gaven zich niet zonder slag of stoot over. Aanvankelijk ontvingen zij de Spanjaarden op vreedzame wijze, maar zodra de opzet van de Spanjaarden duidelijk werd, kwamen zij in verzet. Verzet dat al snel werd gebroken. Nog in augustus vond de eerste deportatie van waarschijnlijk zo'n 200 Caquetío's naar Hispaniola en mogelijk de pareleilanden plaats. Dat laatste is opvallend omdat organisator De Ampiés het monopolie in de handel op de parelhandel in handen had. Wellicht had slavenhandelaar De Ampiés invloed gehad op de koninklijke toestemming tot de Benedenwindse deportatie. We citeren uit de meest uitgebreide reconstructie van deze gebeurtenissen, te weten die van Deive (1995: 104):

'La armada llegan a Curazao y los nativos la reciben en son de paz, pero al advertir los designos de los españoles, los atacan. En el combate, que no debe ser muy prolongado, sale herido en la cara el maestro Nicolas. Doblegada toda la resistencia, en agosto de 1514 se efectúa el primer envío de 200 indígenas a la Española. El 11 de septiembre, las autoridades de esta isla avisan al rey que Salazar procede "muchas más ánimas" y le piden la extensión del área de las islas inútiles a otras pequeñas situadas cerca de las Gigantes. Complacido con la presa, (rey) Fernando condesciende a ello.

De creer a Jácome de Castellón, uno de los mercaderas de la Española, el número de indios traídos a la isla en ese armada superó los 500, aunque las dos terceras partes murerion al poco tiempo. En cambio, Juan de Ampiés sostiene que se llevaron dos mille poco mas o menos, de los quales algunas pasaron a Tierra Firme, es decir, a la costa de las Perlas, como buceadores (parelduikers, LA). En el reparto corresponden al factor varios indios, quienes, al tratarlos en la casa, les parece 'gente de más razón y habilidad que otros', de distintas islas, todo el deseosa de ser cristiana.'

De expeditie van augustus 1514 kostte, als we Deive's geschiedschrijving volgen, waarschijnlijk een tweehonderdtal Caquetío's hun vrijheid ([76]). Volgens de berichten kwam een groot aantal van hen om het leven. Eénmaal op Hispaniola werden de resterende Caquetío's verkocht. *La Casa de Contratación de Santo Domingo* bood hen in familieverband te koop aan voor gemiddeld 100 pesos per persoon. Bij wijze van brandmerk voorzagen de kopers hun bezit van 'letras esculpida' die werden geplaatst in het gezicht van de tot slaaf gemaakte (Deive 1995: 104). Gaandeweg verzochten de Spanjaarden om het jachtgebied te mogen uitbreiden. Diverse slavenjachten vonden plaats op de Benedenwindse eilanden en de Vaste Wal. Volgens Oliver (1989: 258) en Beaujon (1982: 79) ontvoerde ook Martin de Baso Zabala een onbekend aantal indianen van de eilanden en de vaste wal, waaronder naaste verwanten van de legendarische

---

76 Volgens Rupert (2012: 21) werd bij de rooftocht van De Salazar de volledige Curaçaose bevolking van 1200 Caquetío's gedeporteerd. Zie ook Mansur z.j.: 211 e.v..

cacique Manaure. Nooyen (1979: 28) weet te vertellen dat De Ampiés nog in 1520 melding maakte van een recente roof van 12 Caquetío's van Curaçao.

De Ampiés ontving in de loop der tijd 200 ontvoerden als tegemoetkoming voor zijn bijdrage in de organisatie van de slavenroof. Mogelijk werden zij ingezet op De Ampiés' suikerplantage. Een aantal tot slaaf gemaakte indianen werd mogelijk niet naar Hispaniola overgebracht, maar direct via slavenhandelaar De Ampiés ingezet als duiker in de beruchte parelvelden van Cubagua.

Aangezien Aruba en Bonaire in 1512 met name werden genoemd als nutteloze eilanden, mogen we aannemen dat ook deze eilanden in 1514 of kort daarna zijn ontvolkt. Hoewel geen archeologisch of historisch bewijs is aangetroffen voor een gewelddadige deportatie van de eilandbevolking, twijfelt niemand eraan dat slavenhalers ook Aruba en Bonaire bezochten. Niettemin is het ook denkbaar dat de inwoners van deze eilanden zich terugtrokken op het vaste land. Documenten of archeologische bewijzen van gedwongen deportatie op deze eilanden zijn niet aangetroffen. Steeds keert de naam van De Ampiés terug. In 1517 verzocht hij om de indianen van Curaçao te mogen dopen en vier jaar later volgt een verzoek om de Indianen naar Curaçao te mogen terugbrengen. In 1524 richtte De Ampiés zich tot de koning met het verzoek om Curaçao, Aruba en Bonaire in leen te krijgen, hetgeen twee jaar later in 1526, werd ingewilligd.

Het totale aantal gedeporteerde Benedenwindse Caquetío's is onbekend. Veelal wordt De Ampiés' hierboven door Deive (1995: 237) aangehaalde bewering aangehouden dat het om 2.000 Caquetío's ging. Omdat er bovendien geen betrouwbare bevolkingscijfers van de eilanden bestaan en de omvang van de deportaties onbekend is, wagen we ons niet aan rekensommen. Mochten er al individuen aan de deportaties zijn ontsnapt, dan zal de roof van grote aantallen indianen dermate grote gaten geslagen hebben in de sociale, economische en demografische inheemse structuren dat herstel daarvan zelfs in de meest gunstige omstandigheden niet eenvoudig was. Tijd voor herstel van de inheemse cultuur werd de Caquetío-gemeenschappen bovendien niet gegund wegens de Spaanse kolonisatieplannen in de jaren 1520. Deportaties maakten vijftien jaar na de Europese 'encounter' een einde aan de inheemse autonomie.

3.2.3 Benedenwindse Caquetío's op een veranderend Hispaniola

Over het lot van de gedeporteerde Benedenwindse Caquetío's op Hispaniola bestaat geen zekerheid. We moeten ons daarom behelpen met algemene gegevens over het inheemse leven op Hispaniola. Die zijn onder meer beschikbaar dankzij de discussie die ontstond omtrent het encomiendasysteem en de toepassing van de Wetten van Burgos uit 1512.

Na de protesten en aanklachten van Montesinos en Las Casas en na het overlijden van koning Ferdinand in 1516, maakte regent kardinaal Jiménez de Cisneros gebruik van het machtsvacuüm om de handhaving van de Wetten van Burgos in Hispaniola te laten onderzoeken en eventueel af te dwingen. Er heerste echter verdeeldheid en politieke concurrentie in katholieke kringen. Het toekennen van de onderzoeksopdracht aan de franciscanen van Montesinos of de concurrerende dominicanen, leek vragen om problemen. Mede op advies van bisschop Adriaan Floriszoon Boeijens uit Utrecht, lid van de koninklijke entourage en de latere paus Adrianus VI of hof-jurist Palacios, belastte Cisneros – zelf een franciscaan – de orde der hiëronymieten met deze opdracht en met het wereldlijk en religieus bestuur van Hispaniola ([77]). Las Casas werd door kardinaal Cisneros benoemd tot *'procurador o protector universal de todos los indios'*. Als zodanig moest hij de hiëronymieten adviseren en namens de Kroon toezien op de goede behandeling van de inheemse bevolking overeenkomstig de Wetten van Burgos door de autoriteiten en de kolonisten. Een adviserende, toezichthoudende en (namens de indianen) woordvoerende rol dus, die naderhand ook elders in de Nieuwe Wereld werd geïnstitutionaliseerd ([78]). De gezagsverhouding tussen Las Casas en de hiëronymieten was onduidelijk, zoals al spoedig zou blijken. Las Casas zag hen als uitvoerders van zijn plan; de hiëronymieten hielden Las Casas op afstand om hun onafhankelijk gezag op Hispaniola te kunnen vestigen teneinde de missie niet bij voorbaat te laten mislukken.

De hiëronymieten kregen gedurfde instructies van kardinaal Cisneros mee: Er moest een onderzoek komen naar de leefomstandigheden van de indianen en alle overheidsambtenaren moesten hun encomienda inleveren, waarvoor zij gecompenseerd konden worden door het kunnen doen van grondaankopen. Cisneros gaf de hiëronymieten drie opties om het lot van de inheemse bevolking te verbeteren. De voorkeur ging uit naar het vormen van marktgerichte landbouwgemeenschappen voor dorpen en die tevens arbeid zouden leveren voor de mijnbouw.

1. De tot slaaf gemaakte indianen zouden worden gerealloceerd in inheemse gemeenschappen waar zij landbouwproducten voor de lokale markt zouden verbouwen. Omdat de indianen daartoe zelf niet in staat waren, zouden Spanjaarden het bestuur voeren. Indien geïmporteerde Cariben op Hispaniola dat aangaven, dan bestond zelfs de optie dat zij zouden terugkeren naar Tierra Firme, alwaar een bevolkingstekort was ontstaan. Hiermee verwees Cisnernos onomwonden naar deportaties welke kort daarvoor ook de Benedenwindse eilanden hadden geraakt.

2. De hiëronymieten zouden inheemse dorpsgemeenschappen (pueblos of reducciones) vormen met zo'n 300 huishoudens met daarin een kerk, een ziekenhuis, een stratenplan en vaste behuizing. Caciques zelf zouden het bestuur voeren, bijgestaan door een missiepriester en een financieel administrator. In ruil voor de invrijheidstelling moesten mannelijke Taíno's twee maanden per jaar in de mijnen werken,

---

77   Bron: *www.historiadennuevomundo. com/index.php/2011/10//la-reforma-ciserna-gobierno-de-los-jeronimos* (geraadpleegd 15-1-2017); M. Lucena Salomoral, *Instrucciones dadas de los padres de la Orden de Jerónimo*. www3.uah.es/cisneros/carpeta/images/pdfs/261.pdf (geraadpleegd 15-1-17). De Orde van Hiëronymus was een landbouworde en ze werd daarom geschikt bevonden voor het opzetten van inheemse landbouwgemeenschappen. Het triumviraat bestond uit Luis de Figueroa, Bernardino de Manzanedo en Idelfonso (ook: Alonso) de Santo Domingo. Waarschijnlijk was Las Casas zelf betrokken bij de selectie van het drietal en had hij verregaande invloed op hun instructies. Zie McNuff 1909: 55-73; Hanke 1949: 42 e.v.; Simpson 1950: 44. Castro 2007: 77; Clayton 2011: 60.

78   Las Casas was niet enige die de functie van Protector de los Indios kreeg toegekend. Bij de toekenning van het deel van Tierra Firme – ongeveer samenvallend met het huidige Venezuela – aan de Welsers in 1528 werd niemand minder dan frater Antonio Montesinos benoemd tot Protector de los Indios. Aan hem diende 10 procent van de opbrengsten van de exploitatie te worden afgedragen ten behoeve van godsdienstige werken (De Oviedo y Baños 1987: 15). In 1532 werd bisschop Bastidos zijn opvolger als Protector (Goslinga 1965: 194). Na de verovering van Mexico werd dezelfde titel toegekend aan bisschop Juan de Zumárraga (1527) en twee jaar later in Peru aan Hernando de Luque (1529). De functie werd in de loop van tijd enkele malen herzien en kwam pas ten einde in de 18e eeuw. Ook in de Spaanse Pacific werd deze functie in het leven geroepen (Phelan 2011; Wikipedia, *Protectoría de Indios*, geraadpleegd 15-1-17). Naar dit instituut is weinig onderzoek gedaan.

Kardinaal Francisco Jiménez de Cisneros, 1436-1517, municipio Palermo, Spanje. Foto: Nicolás Pérez. Bron: Wikimedia Commons.

waarvan de opbrengst deels ten goede kwam aan gemeenschap.

3. Pas indien deze beide opties onhaalbaar bleken, dan zou het encomiendasysteem van kracht blijven. De hiëronymieten dienden er in dat geval op toe te zien dat de Wetten van Burgos werden gerespecteerd: geen slavernij, geen vrouwen- en geen kinderarbeid, maar wel evangelisering, reglementering van de arbeidsomstandigheden en goede voeding ([79]).

Mogelijk schijnt verzochten de hiëronymieten in 1516 aan de eerder genoemde burger De Ampiés om onderzoek te doen naar de gevangenname van de Curaçaose (of Benedenwindse) indianen, maar dit kwam er niet van vanwege politieke complicaties ([80]). In april 1517 bespraken de paters hiëronymieten uiteindelijk met twaalf notabelen, de langst aanwezige burgers – waaronder als jongste Juan de Ampiés -, en geestelijken en ook met inheemse caciques, de mogelijkheid om indianen hun vrijheid terug te geven ([81]). Tijdens de ondervragingen bleek dat De Ampiés niet alleen een aandeel in de opbrengst van de onderneming had verworven, maar ook een handelsmonopolie in goederen en slaven op de befaamde Parelkust, de eilanden Margarita en Cubagua:

> *'Juan de Ampiés, de zevende getuige, is een buitengewoon welvarende man, die sinds 1511 of 1512 op Hispaniola woonachtig is. De encomendero beschikt over veel indianen en hij bezit het handelsmonopolie met de Parelkust, zowel voor goederen als voor slaven'* ([82]).

De meningen van de Spaanse notabelen waren verdeeld, maar zonder uitzondering (letterlijk) behoudzuchtig. Sommigen gaven aan dat het denkbaar en legitiem was dat indianen op termijn, na voldoende contact te hebben gehad met de Spanjaarden, in

---

79 Lucena Salomoral (zonder jaar) *Instrucciones dadas a los padres de la Orden de San Jerónimo, fray Luis de Figueroa, fray Bernadino de Manzanedo y fray Alonzo de Santo Domingo, para reformacíon de las Indias. 15. Septiembre 3. Manuscrito*. Bron: www3.uah.es/cisneros/carpeta/images/pdfs/261.pdf (geraadpleegd 15-1-17).

80 Van der Velden 2011: 69. Mogelijk komt deze bewering van De Ampies zelf in zijn brief uit 1517.

81 Hanke 1949: 42 e.v.; Simpson 1950: 45-8; Watts 1987: 110; Meier 1995: 113; Sauer 2008: 68-9, 204-10; Churampi Ramírez 2011: 87-8. De vragen van de hiëronymieten en de individuele antwoorden daarop staan uitgebreid vermeld in Wesch 1993: 33-5.

82 Wesch 1993: 35. *Juan de Ampiés, der siebte Zeuge is ein ausserordentlich wohlhabender Mann, der seit 1511 oder 1512 auf Hispaniola ansässig ist. Der encomendero hat besonderes viele Indianer in Kommende und besitst das Handelsmonopol mit der Perlenküste, sowohl für Waren als auch für Sklaven*. Zie ook Deive 1995: 136-7. Benzoni (2016: boek 1) beschreef de rooftochten door de Spanjaarden in het achterland van Cubagua, Cumana in 1541, tochten waaraan De Ampiés vermoedelijk had deelgenomen of van had geprofiteerd. Inheemse slaven werden niet alleen geroofd voor inzet in de parelvisserij, maar ook om te ruilen tegen levensbehoeften als meel, wijn, kaas en dergelijke.

vrijheid konden leven. Anderen achtten hen daartoe niet aan staat vanwege hun luiheid en het gebrek aan besef van economische waarde en arbeid. Zo zouden zij weigeren om goud te delven en gaven zij hun bezittingen zonder aanleiding weg. Ook Juan de Ampiés gaf zijn mening over de opvoedbaarheid of bekwaamheid tot zelfbestuur van de indianen. In de woorden van Wesch:

> *'Het is niet verwonderlijk dat hij het vermogen tot zelfstandig leven door de Indianen ronduit afwijst'* ([83]).

Slavenhandelaar en monopolist De Ampiés beschreef terloops de behandeling van onwillige indianen. In de woorden van Hanke (1949: 43):

> *'It was difficult to inculcate habits of honesty and sobriety, stated Juan de Ampiés, because when Spaniards beat them or cut of their ears as punishment, the guilty ones were not held in less repute by their fellows.'*

Volgens MacDonald (2010: 74, 76) deed De Ampies – net als de meeste andere ondervraagden – de inheemse bevolking af als lui, werkschuw, alcoholistisch en diefachtig. ... *'porque son ladrones por la mayor parte especialmente aquellos que más sean criado entre los españoles'.*

De door De Ampiés geroofde Benedenwindse Caquetío's en de optie om terug te keren naar de eilanden, kwamen mogelijk niet ter sprake. Tegenstanders grepen terug op een eerder experiment door gouverneur De Ovando rond 1508: de vrijmaking van enkele indianen was toen mislukt – althans in Spaanse ogen. Uiteindelijk was een meerderheid van de kolonisten van mening dat de indianen eenmaal in vrijheid gesteld, zouden terugvallen in hun oude gewoontes van luiheid, naaktheid en wildheid en zij voorzagen dat de afschaffing van het encomiendasysteem de kolonie economisch te gronde zou richten.

De hiëronymieten hadden weliswaar een heldere en verregaande opdracht van regent Cisneros meegekregen, maar het ontbrak hen aan juridische middelen en al snel ook aan politieke steun van de Kroon om deze ten uitvoer te brengen. Het triumviraat ondervond weerstand onder enerzijds kolonisten die de voorstellen als een bedreiging van de encomienda zagen en anderzijds een groep hervormingsgezinden die die het tempo van de hervorming te traag vonden. Daarnaast waren er de orden der franciscanen en dominicanen die hun kerkelijke machtspositie in gevaar gebracht zagen. De hiëronymieten besloten de afschaffing van de vrijheidsberoving niet direct door te drukken en aanvankelijk verkreeg slechts één indiaan de onvoorwaardelijke vrijheid.

Al snel, in het voorjaar van 1517, kwam het tot een openlijke breuk tussen de hiëronymieten en Las Casas, die de hiëronymieten beschuldigde van traagheid en besluiteloosheid. De hiëronymieten klaagden bij kardinaal Cisneros dat Las Casas hun gezag ondermijnde door onwaarheden te verkondigen en aan te zetten tot rebellie. Deze repliceerde de aantijgingen, maar zijn brieven kwamen niet aan in Spanje: onderschept door de hiëronymieten, volgens Las Casas. De Beschermer van de Indianen reisde af

---

83   *Es ist nicht weiter verwündlich das er den Indianer die Fähigkeit zum selbstbestimmten Leben und das recht auf Freiheit rundheraus abspricht.*

naar Spanje om een arrestatie te voorkomen en om te lobbyen tegen de hiëronymieten. Las Casas wilde een tegenmodel van missionering en kolonisering ontwikkelen ([84]). We komen hierop terug in paragraaf 4.1.

Het project van de hiëronymieten werd gedwarsboomd door kolonisten, dominicanen franciscanen en Las Casas. Geestelijken en de kolonisten wonnen het van de hiëronymieten. In augustus 1517 ontsloeg kardinaal-regent Jiménez de Cisneros het triumviraat van hun bestuurlijke taken, maar door het plotselinge ontslag van de regent door Koning Karel en diens overlijden op 8 november 1517 bleven de hiëronymieten tot in de loop van 1519 aan. Zij zetten hun opdracht tot het vormen van indiaanse gemeenschappen alsnog door. Eind 1517 confisqueerden zij alle indianen wier encomendero's zich niet op het eiland bevonden. Vermoedelijk was een deel van hen in beheer van Juan de Ampiés. De onteigende indianen werden geplaatst in dorpsgemeenschappen, met daarin kerken, scholen en ziekenhuizen en die onder leiding of toezicht stonden van Spaanse geestelijken en lokale caciques. Men zou er leven van traditionele landbouwproducten en de nog te introduceren veeteelt. Ook zou een deel van de volwassen mannen arbeid leveren voor de mijnbouw, maar tegen betaling ([85]). In januari 1519 rapporteerden de hiëronymieten dat er inmiddels 30 indiaanse pueblo's (ook wel: reducciones) tot stand waren gekomen met 400 tot 500 inwoners per dorp, waar traditionele producten zoals maniok werd verbouwd, waarvan de overschotten werden verkocht aan Spaanse vecino's. Ook wordt gezegd dat er veel weglopers waren – daarmee verwees men naar de morronage en opstand onder leiding van cacique Enriquillo. Een beruchte pokkenepidemie kostte bovendien een derde van de indianen het leven. Wanhopig drongen de geestelijken aan op het zenden van Afrikaanse slaven om te voorzien in de vraag naar arbeid in de mijnbouw ([86]).

In de steek gelaten door Las Casas, encomendero's en kerkelijke orden en verstoken van politieke steun uit Spanje na de dood van Cisneros, reisde triumviraat-lid Bernardino de Manzanedo af naar Spanje om er zijn bezorgdheid te uiten. De Manzanedo schetste een somber beeld van de kolonie en het lot van de lokale en geïmporteerde indianen. Deze zouden, eenmaal in vrijheid gesteld, terugvallen op ledigheid en hun oude, heidense levensgewoonten. Anderzijds wachtte hen in de handen van de encomendero's een complete ondergang. Een oplossing zag men niet, want ieder model had nadelen. Mogelijk was de herinvoering van de encomienda, maar dan onder strakke naleving van de Wetten van Burgos nog het beste alternatief, zo opperde de hiëronymiet aansluitend op de derde en laatste opie uit Cisernos' instructie. Nieuwe Spaanse kolonisten moesten daarbij de plaats innemen van de ontspoorde encomendero's en Afrikaanse slaven zouden het werk van de wegkwijnende indianen kunnen verlichten. Marronage en rebellie onder indianen en Afrikanen vormden een bedreiging voor de rust in de kolonie (Simpson 1950: 49-52, 182).

Ondertussen sloegen op Hispaniola ook de gele koorts en malaria toe in de *pueblos*. Een muggenplaag teisterde de velden. Binnen enkele maanden was het aantal indianen

---

84 McNuff 1909: 71-3; Hanke 1949: 40 e.v.; Simpson 1950: 44-5; Meier 1995: 114-5; Castro 2007: 67-8, 78; MacDonald 2010: 67-8; Clayton 2011: 61-3; Wesch 1993: 93.
85 In dit beleid speelde ook Juan de Ampiés een zekere rol, maar deze is nog niet goed vastgesteld. Zie Deive 1995: 168, 225.
86 Hanke 1949: 45 e.v.; Simpson 1950: 53-4; Wesch 1993: 40; Sauer 2008: 68-9, 204-6; MacDonald 2010: 85-7.

met twee derde verminderd. De epidemieën brachten een ommekeer in de kolonisatie en demografie van Hispaniola teweeg. De kolonisten hadden een verklaring voor deze epidemieën. Het was Gods oudtestamentische wraak op de eigenzinnige indianen die weigerden Zijn (katholiek-Spaanse) Koninkrijk te betreden'. In 1519 onvluchtte inderdaad een groep van 500 Taíno's onder leiding van cacique Enriquillo naar het berggebied, waar zij zich aansloten bij een groep Afrikaanse weglopers: 'cimarrones'. Dat jaar leefden er nog slechts een duizendtal Spanjaarden en een snel dalend aantal lokale Taíno's en gedeporteerde indianen op het eiland. De guerillastrijd van Enriquillo duurde tot 1533 ([87]).

Opvolger *juez de de residencia* Rodrigo de Figueroa (1518-1520) continueerde op instigatie van Spanje – waarschijnlijk Adrianus van Utrecht die namens koning Karel Spanje bestuurde – het experiment met de inheemse vrijheid ([88]). Hij besloot de indianen stapsgewijs vrij te maken en in 1521 volgde eenzelfde opdracht voor Puerto Rico. Nog in 1520 erkende echter ook De Figueroa dat het vrijheidsexperiment op een fiasco uitdraaide. Hij had twee indiaanse pueblo's zelfbestuur verleend, maar ledigheid was er troef, erkende De Figueroa. Ondanks zijn persoonlijke aanmoedigingen namen de dorpelingen het werk in de mijnen en op de velden niet ter hand. De Figueroa zag geen andere mogelijkheid dan de resterende dorpen op te geven en de indianen terug te zenden naar hun encomendero's ([89]). Wel werden de rooftochten aan banden gelegd. Protesten door De Figueroa en Las Casas daartegen en de behandeling van de indiaanse slaven ter plaatse resulteerden erin dat de Spaanse Kroon opdracht gaf om de indiaanse slavernij te beperken tot de woeste en tegenstrevende Caraïben. De Figueroa stelde vast dat nog slechts de Caraïben van de Virgin Islands en de Lesser Antilles (met uitzondering van Barbados, dat vermoedelijk al voor 1492 was ontvolkt) tot slaaf mochten worden gemaakt. Het decreet uit 1512 dat de deportaties aan de Venezolaanse kust en de eilanden toestond werd op 19 mei 1520 ingetrokken, gelijktijdig met het besluit om een deel van Tierra Firme beschikbaar te stellen voor de missieplannen van Las Casas, waarover meer in de volgende paragraaf, wanneer we zullen zien dat zelfs De Ampiés een claim legt op dit besluit ([90]). Hoe scherp op toezicht op de nieuwe regelgeving was, in onbekend. We weten wel dat slavenhandelaar Juan de Ampiés zich korte tijd later ging richten op inheemse slavenhandel door tussenkomst van inheemse caciques aan Tierra Firme (Deive 1995: 240 e.v.).

Terwijl de goudwinning op Hispaniola en Puerto Rico op zijn eind liep en het encomiendasysteem onder vuur lag, ontdekte Cortés nieuwe rijkdommen in Mexico, waar hij grote inheemse rijken onderwierp. De Spanjaarden verlegden hun aandacht naar het continent en de Caribische eilanden verloren hun hoofdrol in de toeëigening van Amerika door de Europeanen. Met De Figueroa's terugkeer naar Spanje – uitgejouwd door vecino's en geestelijken – kwam de geschiedenis van de inheemse bevolking van Hispaniola

---

87 Cook 1998: 8-9, 25, Watts 1999: 40, Rouse 1992: 158; Wesch 1993: 41; Weaver 2014: 136-8.
88 Bisschop Adrianus was mentor en vertrouweling van koning Karel. Hij stond aan de kant van Las Casas in diens pleidooi voor de rechten van inheemse Amerikanen. Nadat Karel tot keizer van het Heilige Roomse Rijk was aangewezen, volgde hij tussen 1520 en 1523 de ontslagen kardinaal Cisneros op als stadhouder/gouverneur over het verdeelde en opstandige Castilië. Hij werd paus in 1522 en overleed ruim een jaar later, in 1523 te Rome. Over Adrianus van Utrecht, zie Geurts 2017.
89 Hanke 1949: 45-47; Simpson 1950: 53-4. Een soortgelijk experiment op Cuba in de jaren 1526-1536 mislukte eveneens.
90 Rouse 1992: 157; Meier 1995: 114-7; Sauer 2008: 193-4; Reid 2009: 4; Clayton 2011: 63, 68.

Cacique Enriquillo voor het Museo de Hombre Dominicano, Santo Domingo, Dominicaanse Republiek. Foto: Ponytail88. Bron: Wikimedia Commons.

volgens veel auteurs definitief ten einde. Slechts kleine aantallen op de vlucht geslagen Taïnos en de Caraïben van Sint Vincent, Sint Lucia en Dominica ontkwamen aan de Spaanse deportaties ([91]). De resterende inheemse bevolking, inclusief de gedeporteerde Benedenwindse Caquetío's, verdwijnen gaandeweg uit het zicht van de historicus. Waarnemer Zuazo rapporteerde dat aanvoer van indianen uit de 'nutteloze eilanden' op een fiasco was uitgelopen. Van de 15.000 geroofde indianen van de Bahama's waren er 13.000 omgekomen en de rest was als slaaf tegen hoge bedragen verhandeld. Ook De Figueroa riep op om over te stappen op de aanvoer van Afrikaanse slaven (Simpson 1950: 48).

De decimering van de indiaanse populatie door Europese ziekten en de gedwongen tewerkstelling in de mijnen sloeg, naar we moeten aannemen, ook toe onder de gedeporteerde Caquetío's van de Benedenwindse eilanden en Tierra Firme, al ontsnapte een aantal van hen aan dit lot. Weliswaar bood de instructie van de hiëronymieten de mogelijkheid dat indianen zouden terugkeren naar Tierra Firme ten behoeve van de herbevolking van dat toen reeds leeggeroofde gebied, maar daarvan kwam niets terecht. Van een gering aantal Benedenwindse indianen, niet meer dan 10 procent van de geschatte 2000 rond 1515 gedeporteerde Caquetío's, treffen we verwijzingen aan wanneer encomendero Juan de Ampiés in 1526 de eilanden opnieuw bezoekt, dit maal niet om zich de bevolking toe te eigenen, maar de eilanden zelf.

De geschiedenis vergat de veel radicaler hiëronymieten en onthield de ongeduldige 'protector' Las Casas. Al in 1950 concludeerde Lesley Byrd Simpson:

> *'The amazing thing about the Jeronymite administration of the Indies is that it was not entirely unsuccessful; but whatever success it achieved must be ascribed to the good sense of the three friars and not to Las Casas' plan, … '*

Las Casas' geschriften en debatten kwamen reeds ter sprake en zijn missie-experiment op Tierra Firme is onderwerp van het volgende hoofdstuk.

---

91   Hanke 1949: 45-7; Watts 1987: 110; 1999: 38; Meier 1995: 112-15, Skozen 2002: 153; Dalhuisen et.al. 2009: 36; ook Lemaire 1986; Lewis 1983: 43 e.v.; De la Try Ellis 1981: 137; Rouse 1992: 156-8.

4

Caquetío's op de Eilanden en Tierra Firme

Het Caquetío-rijk zou ineenstorten. Curaçao en Aruba werden beleend aan encomendero en (slaven-)handelaar Juan de Ampiés en zijn nazaten, die Bonaire in 1526 aan de belening toevoegden. Op de Vaste Wal mislukte een kolonisatiepoging door niemand minder dan Bartolomé de Las Casas, waarna de belening aan het bankiersgeslacht van de Welsers resulteerde in de verwoesting van het Caquetío chiefdom van Tierra Firme. De belening draaide uit op een fiasco en werd in 1556 beëindigd. Een gevolg van een en ander was dat de regio tussen de ontoegankelijke Guyana's en het opbloeiende Cartagena lange tijd een achterblijver was in het Spaanse rijk in de Amerika's.

4.1 Las Casas' missie-kolonisatie

De indiaanse deportaties van de Benedenwindse eilanden en Tierra Firme, de decimering van de Taíno's in Hispaniola en het conflict van de hiëronymieten hadden een onverwachte en onbedoelde nasleep voor de inheemse bevolking aan de Vaste Wal. Door het uitsterven van de inheemse populatie in Hispaniola, vestigde Las Casas zijn aandacht en zijn hoop op Tierra Firme.

Na de breuk met de hiëronymieten in het voorjaar van 1517, zette Las Casas zijn zinnen op het ontwikkelen van een eigen model van inheemse missionering en Spaanse kolonisering waarin voor de encomienda en voor encomendero's geen ruimte was. Las Casas reisde af naar Europa waar hij in de kringen rond de aanstaande koning Karel een langdurige lobby aanving ([92]). Samen met dominicaanse en franciscaanse geestverwanten (waaronder de broer van de eerdergenoemde frater Antonio Montesinos), ontwikkelde hij een model waarin de kerk nog meer dan in het voorstel van de hiëronymieten, leiding gaf aan de indiaanse gemeenschappen. Vanuit Hispaniola spoorde de dominicaanse frater Pedro de Cordoba Las Casas aan met aanhoudende berichten over indiaanse slavenroof in de regio Paria (oost Venezuela) – daar waar De Ampiés in inheemse slaven handelde – en er ontspon zich een strijd tussen reformistische kloosterorden priesters en conquistadores-avonturiers.

Las Casas' kolonisatieplan bouwde voort op Cisneros' instructies aan de hiëronymieten, maar had een sterker bevoogdend karakter. Het plan kende drie beginselen.

---

92 Hanke 1949: 54-71; Castro 2007: 79-86, 152; Clayton 2011: 63 e.v..

1) De expansie- en exploitatiedrang van Spanjaarden werd aan banden gelegd doordat encomendero's niet langer claims konden leggen op te koloniseren gebieden. 2) Alleen geestelijken zouden toegang krijgen tot inheemse gemeenschappen, waardoor deze werden beschermd tegen encomienda en repartimento. 3) Door de immigratie van eerzame Spaanse landbouwkolonisten zou de rol van de door Las Casas verfoeide encomendero's vervallen. Nieuwe Spaans-indiaanse gemeenschappen zouden christelijke modelgemeenschappen vormen in de Nieuwe Wereld, waarin Spanjaarden en indianen naast en met elkaar een welhaast letterlijk Nieuwe Wereld opbouwden, vrij van de Amerikaanse plaag van de encomiendo, maar ook vrij van Europese plagen zoals protestantisme en humanisme, zoals opkomende verstedelijking en kapitalisme.

'Minder inheemse cultuur en autonomie en meer christendom en kerkelijke bevoogding', was de kern van Las Casas' christelijke utopie, zijn alternatief voor de restauratie van de Taíno gemeenschappen op Hispaniola door de hiëronymieten. Vroegchristelijke idealen moesten herrijzen in de Nieuwe Wereld:

> *'Sin esclavización llebar a los indios a un trabajo regular y a la fe christiana, guiados por religiosos (caserdotos y legos). Despertaba gran entusiasmo la visión de que en América hubiera la posibilidad de un renaisciento de la Iglesia según los ideales del christianismo primitivo'* (Meier 1995: 114).

Veel medewerking kreeg Las Casas niet. In Spanje werkte de nog altijd oppermachtige De Fonseca zijn lobby tegen vanuit de Casa de Contratación. Ofschoon Las Casas zich beijverde om een kuststreek van 1000 leagues (zeemijlen) van Guyana tot Belize te verkrijgen voor zijn zendingswerk, kreeg hij van (inmiddels keizer) Karel V op 19 mei 1520 slechts 300 leagues ter beschikking, uitstrekkend van het schiereiland Guajira tot aan het schiereiland Paria, voor Trinidad. Daaronder viel het Caquetío chiefdom, mogelijk inclusief de Benedenwindse eilanden.

In een omgeving waarin van de onderwerping en pacificatie van de inheemse bevolking nog geen sprake was en waar veelbelovende parelvelden waren gelegen, was een dergelijk experiment gedoemd om te mislukken. Las Casas' plannen struikelden nog voor ze aanvingen. Al in 1515 hadden franciscanen het missiedorp Nueva Toledo gesticht, oostelijk van het Caquetío chiefdom, in de regio Cumaná, Venezuela, 400 kilometer oostelijk van Caracas, ter hoogte van het vermaarde pareleiland Cubagua. Indianen verwoestten een dominicaans klooster in het nabije Chiribichi en bedreigden ook Nueva Toledo ([93]).

Met medeweten en goedkeuring van het hernieuwde gezag in Hispaniola voerde Gonzalo de Ocampos in 1521 een strafexpeditie uit tegen de opstandige indianen.

---

93 De Las Casas beschrijft de verwoesting van Chiribichi in hoofdstuk CCXLVI van zijn *Apologética Historia Sumaria* (1566), welke kan worden opgevat als zijn legitimatie van de missie-experimenten. La Casas stelt dat wreedheden en slavenhandel door De Ojeda tot de indiaanse opstand hadden geleid. Net als zijn tijdgenoten verwees hij voortdurend naar klassieke werken van Aristoteles, Herodotus en vele anderen. Van Plinius nam hij wel de geografische, maar niet diens mens- en dier-beschrijvingen (antropologie) over. Zijn beschrijving van (onder meer Hispaniola) waarin hij achteraf een theologisch-filosofische en etnologische legitimatie van de inmiddels mislukte missie-experimenten verschaft. De inheemse bevolking was niet van nature slaaf, want men was aantoonbaar ontvankelijk voor beschaving en christendom. In tegenstelling tot Het Kort Relaas of Historia General ligt de nadruk op de beschrijving van inheems Amerika en haar bevolking en minder op de wreedheden...

Masacre de Gonzalez de Ocampo en Cumana. Theodore de Bry – Edición alemana de "Historia Antipodum". Bron: Wikipedia Commons.

Opstandigheid vormde dankzij de Requerimento nog altijd een voorwendsel voor slavernij en inderdaad volgde een reeks van slavenjachten in de aan Las Casas toegekende kuststrook. Diens diplomatieke vaardigheden en de gunning van Karel V bleken onvoldoende om de rust te herstellen. De inheemse bevolking reageerde met geweld en verwoestten de franciscaanse en dominicaanse missieposten van Nueva Toledo en Chiribiri en daarmee Las Casas' hoop op een nieuw begin van missionering en kolonisatie in de Nieuwe Wereld. De ontmoedigde Las Casas liet zich tot dominicaan wijden en hij trok zich tussen 1523 en 1531 terug uit het actieve leven, aanvankelijk in het dominicanerklooster te Hispaniola.

Na de ondergang van de inheemse gemeenschappen van de hiëronymieten was ook Las Casas' christelijk utopisch kolonisatiemodel stukgelopen. Tierra Firme en de eilanden voor de kust kwamen opnieuw beschikbaar voor plunder en kolonisatie ([94]). Het duurde niet lang tot dat het geval was en opnieuw verschijnt dan Juan de Ampiés in beeld.

...van de Spanjaarden (Benjamin 2009: 280). Het werk is mijns inziens Las Casas' antwoord op De Oviedo neerbuigende representatie van inheemse Amerikanen. Zie ook Carriscondo Esquive 2009; Churampi Ramírez 2011. Benzoni (1857: 45-50) beschreef de gebeurtenissen en het mislukken van Las Casas' missie-experiment in zijn *History of the New World* uit 1556. Zie Whitehead, 1988: 74-5, 1999; Meier 1995: 116; Castro 2007: 80-6; Clayton 2011: 68, 74-86.

94 Een tweede poging tot missiekolonisatie volgens hetzelfde model van Spaanse boeren en inheemse arbeid door Las Casas in Verapaz ('Ware Vrede') in Honduras tussen 1537 en 1560 mislukte eveneens, ditmaal omdat de overgebrachte Spaanse boeren al snel het verkeerde pad opgingen (Hanke, 1949: 80-1; Pagden 2003: 67-72; Elliott 2006: 185; Castro 2007: 123, 160; Clayton 2011: 106). In Brazilië trachtte de Jezuïet Nóbrega na 1549 tevergeefs de Tupí te kerstenen door hen te plaatsen in missiedorpen, zogenoemde aldeias (Lemaire 1986: 90; Benjamin 2009: 308-9). Voor de langere tijd meer succesvolle pogingen van de Jezuïeten om een christelijk Utopia in Peru en Paraguay te realiseren, zie Elliott: 2006: 186. Weaver (2014: 226-8) en Achterhuis (2016: 60) bespreken het succesvolle missie-experiment van bisschop Vasco de Quiroga in Mexico (1531-ca. 1580) en de invloed van Thomas More's Utopia daarop.

4.2 Juan de Ampiés, encomendero op beleende eilanden

De Spaanse belangstelling voor de Caraïbische archipel verslapte, maar na het mislukte missie-kolonisatie-experiment van Las Casas hernieuwde de Spaanse interesse in de Benedenwindse eilanden, als voorpost voor de toeëigening van Tierra Firme. De Oviedo y Baños (2004: 26-9) legde deze eerste poging om het Caquetío-chiefdom te onderwerpen vast in zijn *Historia de la Conquista y Población de la Provincia de Venezuela*, een werk dat sindsdien veelvuldig en vaak zonder veel bronnenkritiek is overgeschreven. De kolonisatie van het op dat moment bekende deel de noordkust van Zuid-Amerika verliep aanvankelijk niet door Conquista zoals die van Mexica, maar door het uitgeven van licenties tot het aangaan van allianties en handelsrelaties met de lokale bevolking, het stichten van handelsposten aan de kust en het verkennen van het binnenland door middel van expedities (Thornton 2012: 174 e.v.). Een Benedenwindse hoofdrol was weggelegd voor handelaar in inheemse slaven ten behoeve van de parelvisserij te Cubagua en Margarita, Juan Martínez de Ampiés, tevens medeorganisator van de Benedenwindse deportaties enkele jaren eerder.

De bemoeienissen van De Ampiés resulteerden in nieuwe contacten met en de komst van het christendom naar Curaçao en Aruba. Rond 1521 bezocht De Ampiés' gezant een priester genaamd Gonzalo de Sevilla Aruba alwaar hij maar liefst acht maanden onder de indianen werkzaam was. Kennelijk was het eiland na de deportaties van 1515 opnieuw bevolkt. De Sevilla trof op Aruba en Curaçao ongeveer 150 indianen aan, die waarschijnlijk afkomstig waren van de regio Coro.

> *'Enviado de Ampiés a esta misión en las islas fue Gonzalo de Sevilla. A él le tocó dirigir las labores de poblamiento y de asentamiento. Llegó alli alrededor de 1521 y estuvo en Curazao durante año y medio. Pasó a Aruba, y lo ocupó durante ocho meses. En ambas islas logró hacerle de muchos amigos y procedió a la cristianización de los indígenas. ... Entabló amistad con el cacique Baltasar, que se había hecho cristiano y se encontraba na Aruba'* [95].

Ook Oliver noemt de in het citaat vermelde cacique Balthasar. Hij werd door De Sevilla gekerstend en beiden onderhielden uitstekende relaties. Deive (1995: 241) vertelt over deze ontmoeting:

> *'De Curazao, Sevilla pasa a Aruba junto con varios indios de los traídos de Tierra Firme, quienes, poco después, tornan a sus hogares. Sin duda, esa movilidad es favorecida por el factor con miras a su política de atracción, pues al permitirles que vayan y vengan de un lado a otro libremente. Los indios podrán cerciorarse de la sinceridad de su proceder. .... Segúel memorial del factor, "había en este ellas hasta doscientas personas de todas edades.*
>
> *En Aruba, Sevilla pasa ocho meses "haziéndose amigo con ellos", o sea, conviviendo armónicamente con los indios que circulan de isla en isla. Entre ellos va a visitarle "un cacique de los estaban revelados en la costa de la Tierra Firme de Paraguaná."'*

---

95 Felice Cardot 1982: 13. Zie ook Arcaya 1920: 161; Deive: 1995: 241-2.

De Ampiés' verloor de eilanden die hij had helpen ontvolken kennelijk niet uit het oog. Een sleuteldocument in de historiografie van de Benedenwindse eilanden, is de brief van Juan de Ampiés aan keizer Karel V uit vermoedelijk 1525-1526, ten tijde van het bestuur van Diego Columbus. Hamelberg nam deze in 1897 op in het eerste jaarlijks verslag van Geschied-, Taal-, Land- en Volkenkundig Genootschap (1985) en via onder meer Arcaya (1920: 160), Hartog (1961: 51, 53), Nooyen (1979) en Rupert (2012: 22) drong de inhoud en ook de historische vertekening door in het moderne geschiedbeeld. Het is in deze uitgave opgenomen als bijlage.

Een samenvatting en een korte opmerking over de brief: De Ampiés verklaart dat hem in 1513 toestemming was verleend indianen van de nutteloze eilanden, te weten *Aruba y Corazao y Buinare* naar Hispainola en Puerto Rico te eilanden over te brengen. Onder leiding van schipper Diego Salazar waren 2000 personen (*animas*) overgebracht, waarvan een klein deel daarvan naar Tierra Firme (mogelijk de pareleilanden). Eenmaal in Hispaniola, bemerkte De Ampiés dat deze indianen over meer rede en vermogens dan andere indianen uit deze streken. Zij wensten Christenen te worden. De hieronymieten en hun opvolger, Rodrigo de Figueroa besloten – op zijn advies – dat het niet langer toegestaan zou zijn om de eilanden te bezoeken. In 1520 was een algeheel verbod op de slavenjachten op de Caraïbische eilanden afgekondigd, maar niettemin werd Curaçao weldegelijk aangedaan en werden er nog eens 12 tot 15 indianen weggevoerd.

Om herhaling ter voorkoming van leek het De Figueroa het beste om de eilanden in naam van Uwe Majesteit in eeuwigdurende belening (*naborias perpetuas*) aan De Ampiés af te staan. De Ampiés verkreeg (in 1524) toestemming om de eilanden te herbevolken en hij zond aanvankelijk vijftien indianen terug naar Curaçao en daarna nog eens acht á tien, waaronder een timmerman en een metselaar. Zes Spanjaarden bleven er achter. Op kosten van De Ampiés werd een stenen gebouw opgetrokken dat indianen en Spanjaarden moest beschermen tegen aanvallen van de woeste Cariben van Tierra Firme. De Spanjaarden troffen Curaçao, Aruba en Bonaire 200 indianen aan, waarvan 150 op Aruba en Bonaire. Uiteindelijk verzoekt De Ampiés om hem het bestuur over de eilanden toe te wijzen.

De Ampiés vervolgt: Wegens de goede behandeling die de indianen namens de Majesteit van hem ontvingen, kwamen veelvuldig indianen van Tierra Firme naar Curaçao. Zelfs kwam een cacique genaamd Juan Baracoica en een familielid naar Curaçao om te ontdekken of ook hen een goede behandeling ten deel zou vallen. Dankzij dergelijke contacten, vernam De Ampiés dat er op Tierra Firme een leider Naure ó Anaure (Manuare, L.A.) was die als halfgod werd vereerd. De Ampiés zond daarop zes gekerstende indianen, per schip naar Coro, om te onderzoek of dit juist was. Een was hen was een gekerstende vrouw die in De Ampiés' eigen huishouden was opgegroeid (*una india que en mi casa se ha criado, muy buena christiana*).

Gonzalo de Sevilla, de gezant van De Ampiés voerde vredesbesprekingen met de Caciques en zelfs toen werden de Caquetío's niet met rust gelaten. Terwijl de besprekingen gaande waren, roofden andere Spanjaarden een groep indianen, onder wie de dochter van de grote cacique, maar dankzij de inspanningen van De Ampiés keerden deze indianen terug naar hun land en werden de daders gestraft. De Ampiés legt vervolgens uit dat hij aanbiedt om de eilanden te pacificeren, er een versterking te bouwen om aanvallen van Caraïben af te slaan en hij verzoekt de koning om Spaanse schepen te verbieden de eilanden en Tierra Firme te bezoeken.

Ook een opmerking over De Ampiés' 'carta'. De Ampiés trachtte de koning over te halen om hem de eilanden in het belang van de koning zelf in bestuur te geven. In werkelijkheid ondervond de monopolist hinder van de illegale slavenjachten en hij had daartegen op Hispaniola geageerd door deze aan banden te leggen, hetgeen had geresulteerd in de algehele stop op de slavenjachten in 1520. Daarmee presenteerde De Ampiés zich als gehoorzaam aan de wetten van Burgos en als instrument voor het beleid van de koning. Zijn inzet voor de verspreiding van het christendom onder de inheemse volken moest de koning ervan overtuigen dat de eilanden in zijn handen er het beste aan toe zouden zijn.

De Ampiés sprak daarmee zijn eerdere beweringen in de ondervragingen van de hieronymieten volstrekt tegen. Daar liet hij zich zien als belanghebbende en monopolist. Zelfbestuur was voor hen geen vooruitzicht, want de indianen hadden een slecht karakter. Zij waren hardleers en dan nog wel in het bijzonder de indianen die in Spaanse huishoudens waren opgegroeid. De voormalige monopolist De Ampiés profileerde zich anno 1525/6 in zijn brief aan de Kroon als vredelievend Indiero en pleitbezorger voor de katholieke missionering. Dit doelbewust en zelfgeschapen imago van De Ampiés werd een historische mythe in Benedenwindse historiografie.

De brief van De Ampiés sorteerde het gewenste effect. De Audiencia te Hispaniola was reeds in november 1524 akkoord gegaan met het voorstel van de invloedrijke faktor en De Ampiés kreeg toestemming om de eilanden eilanden te herbevolken en in 1526 werd de toewijzing van Curaçao, Aruba en Bonaire door de Spaanse Kroon bekrachtigd. In 1528 werd het Capitanía de Curazao ingesteld. Van De Ampiés kreeg daarbij de titel werd Gobernador toebedeeld (Van der Velden 2011: 70-2). Batista (1989: 22) haalt een citaat van de Corinaanse bisschop De Agreda aan uit 1576 aan waarin deze stelde dat de belening voor twee generaties was uitgegeven, terwijl Juan de Castellanos en meer recent Van der Velden (2011: 72) beweerden dat de belening *en perpetuo* was vastgesteld ([96]).

Het bezit van Curaçao leverde De Ampiés een nieuwe springplank op in de richting van de Tierra Firme, westelijk van de pareleilanden waarmee hij immers reeds handel dreef. De Ampiés stonden tenminste 200 indianen ter beschikking – zij waren kort na zijn aankomst in Hispaniola onder repartimiento gesteld. Mogelijk betrof een aantal Caquetío's die hij in 1513-4 had verkregen als tegenprestatie voor zijn rol in de organisatie van de deportatie van de Benedenwindse bevolking. Daarnaast bezat De Ampiés slaven die hij zelf geroofd, gekocht, of van andere encomendero's onder beheer had. De Ampiés organiseerde, zoals beschreven in zijn brief aan de koning, de remigratie van Benedenwindse Caquetío's. Van één meisje is zelfs de naam bekend: '*het Indiaanse meisje Teresa ging mee als tolk dus om eventuele taalmoeilijkheden op te lossen op Curaçao of Aruba*' ([97]). Vermoedelijk ging het in haar geval om het bezoek aan de grote Cacique. Hoeveel van hen eerder daadwerkelijk van deze eilanden waren geroofd zal wel onbekend blijven.

---

96 In: De la Try Ellis 1981: 131, couplet 2. Zie paragraaf 5.1.
97 Nooyen 1979: 29-31; tevens Haviser 1985: 175 en Deive 1995: 238-42.

Juan de Ampiés, Coro, Venezuela. Onderschrift: 'Don Juan de Ampiés a fundador de la que es hoy la nuestra histórica ciudad de Santa Ana de Coro, primada de Venezuela el 26 de Julio de 1527'. Foto: Luc Alofs, 2002.

Niet de ontwikkeling van Curaçao, Bonaire en Aruba, maar de handel in inheemse slaven, geitenhuiden en brasilhout vormde de kern van De Ampiés kolonisatieplan. De Ampiés hernieuwde zijn contacten met de Caquetío's op de Vaste Wal. Hij stuurde in 1527 zijn latere schoonzoon Lazaro Bejarano erheen. Onderhandelingen met de grote Manaure hadden resultaat. Deportaties en rooftochten om inheemse slaven te maken, waren in 1520 verboden, maar De Ampiés sloot een traktaat dat hem de aanvoer van indiaanse krijgsgevangenen verzekerde. De Ampiés zou geen indianen roven, maar handelen in krijgsgevangenen, waarvoor de term 'indiero pacifico' werd gereserveerd. De cacique stelde als voorwaarde dat De Ampiés de Caquetío's in bescherming nam tegen Spaanse indianenhalers. Thornton weet te vermelden dat de overeenkomst met De Ampiés voorkwam dat de Caquetío's tribuut aan de Spanjaarden moesten betalen, een situatie die tot maar liefst 1723 voortbestond ([98]).

Waarschijnlijk om de goede handelsbetrekkingen te bezegelen werden een dochter van de cacique en De Ampiés' zoon Juan Antonio in de echt verbonden. Van dit huwelijk is niets bekend, mogelijk wegens het vroege overlijden van Juan Antonio. Om de handel te vergemakkelijken stichtte De Ampiés op 26 juli 1527 op de plaats van of nabij een indiaanse nederzetting de stad Santa Anna de Coro. Ook bouwde hij er een kerkje, een gebeurtenis die wordt aangewezen als de stichting van het bisdom Venezuela. Het bisdom kwam officieel in 1531 tot stand met de publicatie van de bul *Excellentia Praeminentia* van paus Clementius II. Dit beleid riep echter nieuwe vragen op omtrent de gezagsverhouding tussen de bisdommen en de eerder opgedragen missioneringsplicht van de encomendero's en de in 1522 door paus Adrianus VI toegekende autonome bevoegdheden aan de missieorden in de Nieuwe Wereld. De fragmentatie in de katholieke bureaucratie en competentiestrijd nam toe, zoals zou blijken uit het getouwtrek over de zielszorg op Curaçao tussen Coriaanse bisschoppen en Benedenwindse beleners ([99]).

---

98 Thornton 2012: 175. Ik veronderstel dat in het relatief egalitaire Caquetío chiefdom een tribuutsysteem moeilijk was af te dwingen gezien het nog zwakke koloniale staatsapparaat dat de Spanjaarden ter beschikking stond.

99 Arcaya 1920: 157 e.v.; Goslinga 1979: 18; Felice Cardot 1982: 27 e.v.; Meier 1995: 26; Leive 1995: 276; Lampe 2001: 108; Phelan 2011: 32 e.v.. Het diocees behoorde tot de kerkprovincie Santo Domingo. De zetel verhuisde in 1636-1638 naar Caracas, kort na de inname van de Benedenwindse eilanden door de West-Indische Compagnie.

De handel in huiden en hout werd populairder naarmate de mijnbouw in Hispaniola uitgeput raakte en de parelveldenvan Cubagua minder opbrachten. De Ampiés bracht paarden, geiten en schapen naar de eilanden voor de veeteelt. Daarmee nam hij een voorschot op de opkomende trans-Atlantische huidenhandel. Tijdens één van zijn spaarzame bezoeken aan Curaçao stelde De Ampiés een administrateur, 'mayordomo', aan. Weliswaar exporteerde De Ampiés wol, zout, kaas en brasilhout en verwierf hij – samen met Juan Fernandez de Castro – ook nog eens een monopolie op de trans-Atlantische handel van brasilhout, maar de resultaten vielen tegen en De Ampiés raakte in financiële moeilijkheden.

De Ampiés' plannen waren de eerste van tal van mislukte welvaartsplannen op de Benedenwinden. Als hoofdoorzaak daarvan geldt de belening van het Venezolaanse kustgebied door Karel V aan het Duitse bankiershuis Welser. Karel V had grote schulden bij de Duitse bankier nadat deze hem had gesteund bij zijn uitverkiezing tot keizer van het Heilige Roomse Rijk in 1519. Om zijn schulden te verlichten, verleende Karel V in 1528 daarom het gouverneurschap over een groot deel van het huidige Venezuela. Coro en de omliggende gebieden gingen aldus voor De Ampiés verloren.

De Ampiés gaf de hoop niet direct op. Hoewel hij formeel de belening aan de Welsers onder protest erkende, bracht hij in 1529 toch nog een bezoek aan de Manaure, waarschijnlijk in de hoop zijn handelsplannen alsnog te kunnen doorzetten. De Ampiés werd daarop in april 1529 door de Welsers in Coro een week gevangen gehouden. Pas nadat hij verklaarde geen aanspraak meer te zullen maken op Coro en omgeving en er nimmer meer voet aan wal te zullen zetten, liet men hem vertrekken. Via Aruba, waar ook hij cacique Balthasar ontmoette, keerde De Ampiés terug naar Hispaniola. Inmiddels bleek dat Aruba werd gebruikt voor de kap of overslag van brasilhout, want De Ampiés vervolgde zijn terugreis naar Hispaniola met een scheepslading brasilhout ([100]).

De Ampiés keerde inderdaad niet meer naar de eilanden terug. Zijn opzet was mislukt. De Ampiés' verzoek aan de Spaanse Kroon om niet de Welsers, maar hem de rechten op de Vaste Wal te verlenen werd niet gehonoreerd. De (sluik-)handel in indiaanse slaven-, huiden- en brasilhout met de Vaste Wal kon hij uit zijn hoofd zetten. Ook de rechtmatigheid van zijn uitzetting door de Welsers vocht De Ampiés tevergeefs aan ([101]). De beoogde handelspartners op de Vaste Wal werden het slachtoffer van het schrikbewind van de Duitse bankiers, hun gelukszoekers en Europese epidemieën.

Zwijsen ([102]) weet een bericht van De Ampiés te citeren waarin deze vertelt dat hij aan Curaçao 'reeds duizenden dukaten had besteed, maar er nog geen halve cent (maravide) van had teruggezien.' Wellicht verklaart het Benedenwindse fiasco de schulden die de eens

---

100 Felice Cardot 1982: 31-2, 34; Deive 1999: 288-9. Nooyen (1979: 33) meldt over dit bezoek: 'Half april 1529 verliet De Ampues Coro en deed zijn eigen belening Aruba aan. Als gezelschap had hij ook een priester bij zich, de mercadiër pater Merinjo, die op Aruba was gestationeerd. Op Aruba maakte De Ampues kennis met de cacique van Aruba, Balthasar, die onder invloed van Gonzalo de Sevilla katholiek was geworden. ... Don Balthasar van Aruba ontving De Ampues met alle eer en gastvrijheid en overlaadde hem met eetwaren en vruchten.' Nooyen verwijst naar frère Antonio Merino die volgens Felice Cardot (1982: 32) een reisgezel van De Ampiés was en niet – zoals Nooyen meent – kapelaan te Aruba.
101 Felice Cardot 1982: 33 e.v.; Deive 1995: 289.
102 Zwijsen 1999: 122 (oorspr. 1905). Zwijsen dateert de brief onterecht in 1513.

Coro, Venezuela, cacique Manaure Onderschrift: PASO MANAURE. Obra remodelada durante la administracion de Ildemaro Villasmil gobernador del estado Falcón con motivo de la celebracion de los 460 anos de fundada de ciudad de Coro. 26 de julio de 1987. Foto: Luc Alofs, 2002.

zo succesvolle kolonist Juan de Ampiés bij zijn overlijden op 8 februari 1533 naliet. Voor zover we kunnen overzien, vormden de Benedenwindse eilanden een verliesgevend gewest.

Mogelijk resulteerde de belening aan de Welsers en de dood van De Ampiés in de stopzetting van de benutting van de eilanden. In 1534 was de Spaanse Kroon in de veronderstelling dat de eilanden waren verlaten en stond de Kroon het aan de bisschop toe om de nog aanwezige indiaanse bevolking (op vrijwillige basis) over te brengen naar Tierra Firme om er emplooi te vinden in de parelvisserij. Voor zover bekend vond die deportatie niet plaats. Waarschijnlijk hervatten De Ampiés' erfgenamen de exploitatie in 1538 (García-Valdés 2009: 174).

4.3 Caquetío's, vecino's en de Welsers

De verhouding tussen De Ampiés en de Grote Manaure werd gekenmerkt door onderhandeling en geweldloosheid, maar waarschijnlijk ook door strategie en dreigement. Het tij keerde na de overdracht van de Tierra Firme aan de Welsers. Beruchter dan de Spaanse dadendrang op de Benedenwindse eilanden werd het optreden van de Welsers op Tierra Firme, het centrum van het Caquetío-rijk, waarvan Curaçao, Aruba en Bonaire deel uitmaakten. Namens de Welsers plunderden veelal Habsburgse (Duitse) conquistadores, gouverneurs, dan wel goudzoekers (dorista's ofwel El Dorado-zoekers) als Ambrosius Alfinger, Giorgio (Welser?), Jorge Spira, Philip von Hutten en Nicolas Federmann het Caquetío-rijk waartoe ook de Benedenwinse eilanden behoorden. In west-Venezuela, in de huidige provincie Falcón-Lara zocht Bartholomeus VI, zoon van de familie Welser naar El Dorado. Tevergeefs, want hij vond er geen goud, maar wel de dood [103].

De achtergrond van de toekenning van Tierra Firme is bekend. Het Duitse bankiershuis Welsers had financiële steun verleend aan koning Karel van Spanje ten behoe-

---

103 De Oviedo y Baños 1987; Whitehead 1988, 1999: 186-8; Deive 1995: 281-313.

ve van bij diens uitverkiezing tot keizer Karel V van het Heilige Roomse Rijk. In ruil daarvoor en vooral om zijn schulden te kunnen afbetalen, kende Karel V Tierra Firme toe aan de Welsers. Op 3 januari 1528 verkregen zij het recht zich Gouverneur of Kapitein-Generaal te noemen en Tierra Firme te veroveren en koloniseren. Zij mochten 50 Duitse mijnwerkers meenemen en in een periode van 4 jaar maar liefst 4.000 Afrikaanse slaven invoeren. In ruil voor dit alles moesten zij een vijfde deel van hun winsten aan Karel V afdragen en, ten behoeve van de missiewerken, een tiende deel aan protector de los Indios, dominicaan frater Antonio Montesinos te Hispaniola. Het gebied van de Welsers strekte zich uit van het schiereiland Guajira tot Cumana en de Orinoco-delta – ongeveer het huidige Venezuela – al verwierf Ambrosius Alfinger, de vertegenwoordiger van de Welsers, slechts daadwerkelijke controle over het westelijke deel van de provincie. Alfinger, vertegenwoordiger van de Welsers vestigde zich aanvankelijk in Santo Domingo, Hispaniola en in 1529 trok hij naar Coro dat grotendeels was verlaten: Caquetío's waren ofwel gedeporteerd door de Spanjaarden, ofwel gevlucht dan wel vermoord door de concurrerende Jirijara-indianen. De verderf brengende messen hadden hun werk gedaan. De Conquista van Tierra Firme nam nog de gehele zestiende eeuw in beslag.

Mede dankzij Las Casas en wat later de Italiaan Girolamo Benzoni (1556) werden de Welsers en hun zaakwaarnemers al snel berucht. Las Casas beschreef in zijn 'Kort Relaas' hoe de Welsers de Caquetío's uitmoordden. Ofschoon de beschrijvingen van Las Casas niet altijd op eigen waarnemingen zijn gebaseerd en niet altijd letterlijk mogen worden opgevat, ging de precolumbiaanse inheemse cultuur soms letterlijk in vlammen op. Overigens verwees hij in het volgende citaat naar we aannemen, naar een indiaanse maloca, zoals ook archeologen die ook op de Benedenwindse eilanden aantroffen:

> 'Eens ... liet de tirannieke Duitse bevelhebber een grote menigte opsluiten in <u>een groot huis van stro</u> en gaf hij bevel de mensen in stukken te hakken. Omdat zich boven in dit huis enkele balken bevonden, klommen velen van hen naar daar om zo te ontkomen aan de bloedbedropen handen en zwaarden van deze mensen, of liever: van deze beesten zonder gevoel. Maar hun satanische bevelhebber liet het huis in brand steken, en al degenen die nog over waren, verbrandden levend'
> (p. 125, onderstreping L.A.).

Niet De Ampiés, maar de Welsers legden zich toe op de slavenhandel. Mannen werden als slaven ingezet in de expedities landinwaarts, op zoek naar El Dorado, en als exportartikel voor de Caraïbische eilanden; indiaanse dorpen werden verlaten om aan de Welsers te ontkomen. Volgens Las Casas betrof het geen handel in krijgsgevangenen, maar gerichte slavenroof. We citeren nogmaals uit het 'Kort Relaas':

> 'Als bewijs voor hun harteloos en bloedig optreden wil ik alleen nog tot besluit het volgende vermelden: sedert het tijdstip dat zij (de Welsers, L.A.) het land betraden, stuurden zij, tot op de dag van vandaag, zestien jaar lang dus, schepen vol indianen naar Santa Martha, Hispaniola, Jamaica en San Juan, om hen daar als slaaf te verkopen: bij elkaar meer dan een miljoen indianen. En nu, in het jaar 1542, is daaraan nog altijd geen einde gekomen. De Koninklijke Raad op

Bartholomeus Welser (1484 -1561), artiest onbekend. Bron: Wikimedia Commons.

> *Hispaniola weet van deze handel, die op de hele kust van het vasteland bedreven wordt; zij ziet die echter niet enkel door de vingers maar begunstigt deze zelfs, terwijl zij die toch gemakkelijk zou kunnen verhinderen'* (p. 128).

Het politieke en economische fundament van de Caquetío-samenleving werd gaandeweg verwoest. In de ontmoeting tussen de Europese en indiaanse wereld werden ook op Tierra Firme fatale ziektes overgebracht op de indiaanse bevolking. In 1530-1531 rapporteerde conquistador Nicolaus Federmann over een 'killer desease' die een slachting onder de inheemse bevolking in het huidige Venezuela aanrichtte, vergelijkbaar met de pokkenuitbraken in het middeleeuwse Europa. Tot aan het gebied rond Coro zou enkele jaren reeds eerder een besmettelijke Europese ziekte hebben huisgehouden, die vanuit de Andes zou zijn verspreid (N.D. Cook 1998: 83, 85, 141). Het is denkbaar dat deze ziekte ook de resterende Caquetío's decimeerde. Archeologische of historische bewijsvoering voor een massale epidemie op de Benedenwindse eilanden is niet voorhanden.

In 1532 resulteerden de wreedheden van de Welsers in de Caquetío-opstand onder leiding van cacique de Cabure, bekend onder de christelijke naam Don Marcos Bacoa. Beaujon (1982: 135) doet verslag van de opstand.

> *'En 1532, surge en la serranía coriana, un movimiento político de ejecución guerrera, exclusivamente indígena, acaudillada por el Cacique de Cabure, Don Marcos Bacoa, quien informe con la política pacifista de su sobrino de Liao, Don Martín Manaure, y enfurecido por los atropellos infringidos a su raza por los intrusos gobernadores alemanes, se levantó en armas, 'armas de los indios': macanas, flechas y astucia, con el fin de 'humanizar el gobierno regido por agentos de los Welser y restaurar el régimen aborígen, ya que la violación del pacto Ampiés – Manaure implicaba la guerra para imponer por la fuerza lo que era imposible conseguir la paz.*

Durante dos años, Marcos Bacoa, sustuvo una guerra de guerillas en la serranía coriana, siendo de señalar que el Cacique Bocoa fue precursor de le estrategia bélica en Venezuela, pero al fin es derrotado, hecho prisioneros sus doscientos indios y despojada de todos sus bienes, hasta que el Obispo Rodrigo de Bastidas escribe a la Reyna de España, informándole de la prisión y confiscación de los bienes de Bacoa y de sus indios, suplicándole al mismo tiempo mande poner en libertad al dicho Don Marcos con toda su gente y hacienda. Yo lo he tenido por bien – dice la Reyna – y así envió a mandar al dicho gobernador que le perdone, viniendo a servir y darnos la obediencia que es obligado y que le ponga al servicio que a vos pareciere y no lo encomienda a nadie; vos por mi servicio tenéis cuidado de favorecer a él y a sus indios para que sean bien tratados'.

Beaujon concludeert:

'Este movimiento de Marcos Bacoa, fue una reacción de protesta a los atropellos de los gobernanes teutones, nacionalista por la defensa del territorio y revolucionario por estrategia de guerra de guerrillas, para defender su tierra y su libertad.'

Niet alleen de cacique Bacoa en Las Casas keerden zich tegen de wandaden van de Welsers. De burgerij van Coro stond in 1532 op tegen hun regime. Het stadje Coro (en later ook Maracaibo) verwierf een zekere mate van zelfstandigheid. De Spaanse kolonisatiepolitiek was georganiseerd rond de stadjes die in de Nieuwe Wereld werden gesticht. Mannelijke kolonisten in en rond Coro verkregen de status van 'vecino' (lettelijk: buren, feitelijk: burger-kolonisten). Gezamenlijk kozen zij de bestuursraad van het stadje en de naaste omgeving. Deze raad, de cabildo, wees zogenoemde alcaldes aan, die verantwoordelijk waren voor het dagelijks bestuur, zoals het bewaken van de openbare orde, de financiën en het contact met de metropool. De Welsers bedreigden de handel met de Caquetío's, maar begingen ook wreedheden tegen de vecino's van Coro en Maracaibo. De leveringen van landbouw- en ook veeteeltproducten door de Caquetío's aan de burgers werden bedreigd door de het optreden van de Welsers. Vanaf 1538 resulteerde hun protest in een aantal juridische procedures tegen de Welsers. Een deel van de vecino's wilde de indianen beschermen tegen de Welsers door hen als het ware preventief onder 'repartimiento' te stellen, dat wil zeggen hen bij wijze van encomiendo toe te wijzen aan de burgers/kolonisten ([104]). Ook de katholieke kerk bemoeide zich met de kwestie. In tegenstelling tot andere delen van Tierra Firme werden de indianen van de kuststreek niet aan Spaanse burgers toegewezen. De Spaanse bisschoppen zetten zich in voor de vrijwaring van de Caquetío's voor het repartimiento-systeem in het huidige Falcón-Zulia, zoals dat elders in de provincie bestond. In 1540 werd bisschop Bastides tot gouverneur (ook: kapitein-generaal) benoemd, maar aan de wandaden van de Welsers kwam nog geen einde.

Expedities van Duitse conquistadores zoals Ambrosius Alfinger, Nicolas Federmann en Felipe Hutten leidden tot decimering van de inheemse bevolking in grote delen van het Caquetío-rijk. Zij verdreven de inheemse bevolking van de uitgestrekte 'llanos' (laaglanden) naar de hogergelegen gebieden, 'so that they alone could have the most

---

104 Beaujon 1982: 136-7; Deive 1995: 320-1; Vogel 1997: 39 e.v..

level and fruitful land' en met Coro onderhielden zij alleen banden ten behoeve van de zoutwinning (Thornton 2012: 127). In pogingen steeds verder in het binnenland door te dringen om er El Dorado te vinden, begingen zij ongekende misdaden tegen de menselijkheid die uitvoerig en door Las Casas werden beschreven. Het westelijk deel van Tierra Firme bleef niet gespaard. In 1540 trok Barthelomeus VI Welser, zoon van de beleende bankier Welser naar Tierra Firme om er deel te nemen aan een expeditie in het westen van Venezuela. Samen met Felipe Hutten vertrok hij vanuit Coro zuidwaarts op zoek naar El Dorado. De tocht kenmerkte zich door onderlinge intriges en uiteindelijk werd zoon Welser in 1546 geëxecuteerd door expeditielid en de toekomstige gouverneur van Venezuela, Juan de Carvahal (1545-1546). Deze laatste werd in 1547 wegens begane wreedheden, waaronder de terechtstelling van Welser, zelf ter dood veroordeeld en opgehangen (Deive 1995: 343-5).

In 1556 publiceerde ook de Italiaanse soldaat Benzoni (1857: 76) over de wandaden van de Welsers en hun vertegenwoordigers in het Caquetío-rijk en omstreken -aangeduid als de provincie Venezuela.

> *'The Spaniards erected on the seashore of the main land the following towns: Nombre de Dios, L'Antica, Carthagena, Santa Martha, Capola Vela* (sindsdien als Cabo de la Vela steeds in één adem genoemd met Coro, L.A.) *Valenzuola, a very rich province, which the Emperor, in the year 1528, ceded to Velzare Alemani, and the first governor whom they send was Ambrosio Alfinquer, who made may forays among those people, committing great cruelties in his anxiety for gold: but he was finally killed by the Indians. They then sent another, named Giorgio, of their own family. One night, however, the Spaniards who were with him, tracherously killed him, mangled him, and then dragged his body most ignominiously out of the house and all about the piazza, finally threw it into a wood, where at dawn it was buried. The malefactors were soon after, by order of the Emperor, most severely punished, as the crime deserved.'*

Na het koloniale debacle onder de Alonso de Ojeda, draaide de kolonisatie van Tierra Firme ten tweede male op een mislukking uit. Pietschmann (1999: 59) stelt vast dat onder het Duitse bestuur geen nieuwe steden en koloniale centra tot stand kwamen en dat de illegale slavenhandel hoogtij vierde. Succesvolle bankiers bleken slechte kolonisatoren en nog slechtere conquistadores. De belening stagneerde de opkomst van de koloniale economie.

> *'Their early American experience taught them that they had no choice but to follow local 'custom', which in America was already clearly defined: it amounted to plunder. And the Welsers were quick to conform'.*

De uitkomst van het verzet tegen de Welsers was dat het contract – de capitulación – met de Welsers tussen 1541 en 1556 ongedaan werd gemaakt ([105]). Dankzij de pleidooien van de katholieke kerk verkregen de Caquetío's van Falcón speciale bescherming van de Kroon: eerst als 'vrij indiaan' en later (uiterlijk in 1579) als Indios de Real Corona (Oliver 1989: 261-3). Volgens Oliver waren de staat en de kerk in deze kwestie geen concurrerende regimes, maar bundelden zij hun krachten tegen de wandaden van de Europeanen in de Nieuwe Wereld. Het kapiteinschap van de Welsers kwam te vervallen en Venezuela keerde terug onder de jurisdictie van het Capitanía General de Santo Domingo.

De wandaden van de Welsers en hun afgezanten zijn aldus uitvoerig gedocumenteerd in de werken van Las Casas, Benzoni en de protesten van de burgerij en geestelijkheid vanuit Coro ([106]). De koninklijke bescherming redde wellicht het leven van de resterende Caquetío's, maar niet het voortbestaan van hun inheemse samenlevingsverbanden. Het politieke en culturele achterland van de Benedenwindse Caquetío's was grotendeels verwoest. De Welsers hadden het aantal Caquetío's in Falcón en op Paraguaná gedecimeerd. Omstreeks 1525 werd hun aantal op 10.000 tot 15.000 geschat en rond 1782 was dit aantal zelfs na een aantal generaties van mogelijke bevolkingsaanwas nog slechts ongeveer 7.000 (Oliver 1989: 261-8).

In de kuststreek brak een rustiger periode aan, maar de verwoesting van de cultuur van het voorland van de Arubaanse Caquetío's was al ver gevorderd. Ofschoon de Benedenwindse Caquetío's door de beleningen aan De Ampiés en de Welsers waren afgescheiden van hun verwanten, beschikken we over aanwijzingen dat ook in de zestiende eeuw de Benedenwindse Caquetío's nauwe banden onderhielden met de Caquetío's van Tierra Firme. Uit 1564 stamt het bericht dat de beide gemeenschappen aan elkaar verwant waren en contacten onderhielden. De Benedenwindse gemeenschap behoorde tot de beleende eilanden van Lazaro Bejarano; de andere onder het dioces van de bisschop van Coro. Van een autonome inheemse geschiedenis was geen sprake meer. Conquista en kolonialisme hadden hun beslag gekregen.

> *'Las islas de Curazao, Aruba y Bonaire estaban poblada de indios caquetíos 'de la misma lengua y nación que los de la ciudad de Coro, cabeza del dicho Obispado'; y los indígenas de Tierra Firme y de Coro mantienen tratos y paz con los de las islas, y estaban más cerca de la iglesia de Coro que ningun otra'* (Felice Cardot 1982: 52).

---

105 Reconstructie: Over de einddatum van het bestuur door de Welsers bestaat geen eenduidigheid. Volgens Pietschmann (1999: 59) duurde het bestuur van de Welsers tot 1541. Haviser (1991: 174) en in zijn navolging Rupert (2012: 23) noemen 1556. Mogelijk zijn beide data onjuist. Ook 1546 wordt regelmatig genoemd, bijvoorbeeld door Oliver 1989: 260.

106 Mogelijk, zo stellen Goslinga (1979: 17) en Haviser (1991: 174) dreven de wandaden van de Welsers en hun afgezanten de Caquetío's van de vaste wal ertoe om hun heenkomen te zoeken op Curaçao, Aruba en Bonaire. Ook: Meulenberg, Van der Horst en Van Aerle 2010: 44. Voor deze hypothese bestaat echter geen bewijs.

Mapa de Venezuela, Amsterdam Joannes Janssonius,1635. Curaçao is inmiddels in 1634 door de West-Indische Compagnie bezet; Aruba en Bonaire volgen in 1636. By Joannes Janssonius Excudi. Bron: Wikimedia Commons.

4.4 Bejarano: Atlantisch wingewest

Na het overlijden van De Ampiés in 1533, namen zijn nog levende dochter Maria en haar echtgenoot Lazaro Bejarano (waarschijnlijk Sevilla 1501-Hispaniola 1575) de vermoedelijk verlieslijdende, mogelijk zelfs verlaten of onbenutte Benedenwindse encomienda over. In 1537 droeg erfgenaam Maria de belening over aan haar echtgenoot en een jaar later trok het echtpaar naar Curaçao, waar tot dat moment faktoor Pedro de San Martin tijdelijk het bewind had gevoerd. Indianen hadden gewerkt in de landbouw, veeteelt en visserij [107].

Ampiés' overlijden kwam in een periode dat het economisch tij op Hispaniola definitief was gekeerd. De goudwinning was ten onder gegaan door uitputting van de beperkte goudvelden en het wegvallen van inheemse en geïmporteerde indiaanse arbeid. De lucratieve parelvisserij nabij Cubagua en Margarita viel in het einde van de jaren 1530 stil doordat de parelvelden waren overbevist, terwijl het achterland in de regio Cumaná door slavenjachten deels waren ontvolkt (Benzoni 1857: 11-12). Voor de nazaten van De Ampiés was de indiaanse slavenhandel dus geen optie. Op Hispaniola (en ook Puerto Rico en Cuba) bleef een kleine Spaanse elite achter die zich richtte op nieuwe bestaansbronnen als de verbouw van suikerriet en tabak. Er werd vee geteeld voor de export van leer naar Europa [108]. Het was voor dit doel dat Bejarano zijn schoonvaders nalatenschap aanwendde.

In tegenstelling tot De Ampiés, die nooit lang op de Benedenwindse eilanden doorbracht, verbleef Bejarano enige tijd, waarschijnlijk van 1538 tot 1541, permanent of met regelmaat op Curaçao [109]. Meer dan De Ampiés maakte hij het bezit van Curaçao en Aruba daadwerkelijk te gelde. Bejarano maakte gebruik van de arbeid van

---

107 Volgens Socolov (2015: 58) en Van der Velden (2011: 74-5) konden vrouwen de encomiendo van hun echtgenoot of vader erven, maar daarvoor was wel toestemming van de Kroon vereist. Na een (nieuw) huwelijk werd de echtgenoot de gezien als de encomiendero. Er bestond dientengevolge een levendige vraag naar dergelijke vrouwelijke erfgenamen op de huwelijksmarkt.
108 Zie Moya Poins 1999; Hernández en López 2003: 75.
109 Volgens Van Alphen-Vicioso (1994: 211) verbleef Bejarano tot 1538 te Sevilla. In de 28° aanklacht in het inquisitieproces wordt vermeld dat hij drie jaar op Curaçao verbleef: 'que estuvo tres años en la isla de Curaçao, de donde es gobernador' (in: Felice Cardot 1982: 55).

zijn indiaanse slaven. Hoewel het encomiendasysteem na 1542 met afkondiging van de *Nuevas Leyes* (zie paragraaf 2.4) werd afgebouwd, leefden Caquetío's of hun nazaten in horigheid aan Bejarano, ook nadat de Nieuwe Wetten officieel van toepassing verklaard werden op de Giganteneilanden. Een bericht van de bisschop van Coro uit 1556 vermeldt dat er op dat moment 200 mensen – Europeanen en Caquetío's – op Curaçao leefden ([110]).

Bejarano exploiteerde de eilanden als persoonlijk wingewest: als rancho en incidenteel als smokkelhaven. Bejarano en zijn echtgenote Maria de Ampiés verlieten Curaçao in 1541 kort na het overlijden van hun dochter (Felice Cardot 1982: 44). Bejarano leefde nadien tot aan zijn dood in 1575 te Santo Domingo. Op 4 juli 1541 wees Bejarano zaakwaarnemers aan voor zowel Curaçao als Aruba. Manuel Mendoza (ook: Méndez) en Francisco de Rutia (ook: Rubia) zagen toe op het reilen en zeilen op beide eilanden ([111]). Bonaire bleef onvermeld. De Ampiés had waarschijnlijk reeds vee op de eilanden geplaatst en Bejarano exporteerde geitenvellen naar Hispaniola, vanwaar deze werden verhandeld naar Europa. Daarnaast ontdekte en exploiteerde hij een naar het schijnt redelijk winstgevende steengroeve ([112]). Mogelijk exploiteerde Bejarano de op Curaçao aanwezige natuurlijke zoutpannen, maar berichten van grootschalige zoutwinning zijn niet bekend.

> *'He began the exploitation of the quarries of the island, and his interest in enlarging his cattle: cows, horses, mules, pigs, goats and sheep, may be sign of his involvement in the regular trade of hide, 'tasajo': sun-dried or smoked beef and bacon for the provision of the smuggling vessels operating the line of trade between the island of Curaçao, Margarita and Cubagua, in the centre of slave-trade to serve as divers in the pearl fishery. Curaçao had also salt to trade with, and to make petit salé, a much desired West Indian product. By exploiting the market possibilities of live-stock in detriment of agriculture, Bejarano was following the traditional attitudes of Spain with the same devastating consequences.'*

Volgens Van Alphen-Vicioso knoopte hij in navolging van zijn schoonvader banden aan met kusteilanden Margarita en Cubagua, nog altijd de centra van de parelvisserij en de daaraan verbonden slavenhandel. Dat Bejarano net als zijn schoonvader, monopolist De Ampiés handelde in Afrikaanse slaven bleek uit gegevens over het jaar 1565, maar er zijn geen aanwijzingen dat Bejarano profijt trok uit de voorheen zo lucratieve slavenhandel rond de pareleilanden.

De aard en omvang van Bejarano's activiteiten staan ter discussie. Tijdens bezoeken van de Engelse piraat/kaapvaarder John Hawkins in 1565 en 1568 aan Curaçao werd melding gemaakt van een voorraad van 8.000 runderhuiden klaar voor transport naar Hispaniola en de aanwezigheid van tenminste 3.000 schapen. Hawkins' uiterst lucratieve Caraïbische reis en het bezoek aan Curaçao in 1565 is in diverse uitgaven beschreven:

---

110 Brada 1963: 8; Nooyen 1979: 34; Dalhuisen et. al. 2009: 36; Van der Velden 2011: 75-6.
111 Felice Cardot 1982: 46, 59; Hartog 1961: 65-6; 1968: 31; Van der Velden 2011: 75.
112 Felice Cardot 1982: 168; Martinus 2003: 168.

> '... the expedition then sailed to another island called Quiros Sall (Curaçao), where they say they found only two Spaniards, who had a large quantity of skins. They bought 1,500 skins of them, and the meat they required for their use They sailed thence to Rio Hacha' (Augier & Gordon 1962: 36).

De Engelse diplomaat Richard Hakluyt documenteerde en citeerde in zijn *Voyages and Discoveries* (1589-1600) het bezoek van Hawkins vanuit het perspectief van de Britse expansie in de Atlantische wereld:

> 'We came to an island called Curaçao. In this place we had traffic for hides, and found great refreshing both of beef, mutton and lambs, whereof there was plenty. The increase of catle in this island is marvellous, which from a dozen of each sort brought tither by the governor, in 25 years he had a hundred thousand at the least, and of other cattle was able to kill without spoil of the increase 1500 yearly, which he killeth for the skins, and of the flesh saveth only the tongues, the reset leaves the fowl of the devour' (Hakluyt 1985: 110-1).

Op basis van Spaanse bronnen in Santo Domingo weet Felice Cardot (1982: 61-72) meer over dit bezoek te vertellen dan zijn Anglofone voorgangers. Volgens hem was Bejarano zelf op het eiland om een zending goederen naar Hispaniola voor te bereiden. Er zouden dus meer dan twee Europeanen aanwezig zijn, waaronder tenminste een vecino van Jamaica genaamd Cristóbal de Lorena, en ene Antonio Barbudo die zich bezighield met transporten van en naar Hispaniola. Hawkins arriveerde met een sterk bewapende vloot en hij beweerde dat hij tijdens zijn reis was geïnformeerd over handelsmogelijkheden met Bejarano; diens encomienda was een aantrekkelijke mogelijke handelspartner. Na een verblijf van 10 dagen verliet Hawkins Curaçao met het nodige militaire machtsvertoon en vele honderden geitenhuiden. Via Aruba – waar men niet aan land ging – voer men door naar Cabo la Vela en Rio Hacha.

Bejarano klaagde dat hij voor een aantal zaken niet was betaald en het is de vraag hoe vrijwillig de transactie tussen Hawkins en Bejarano tot stand kwam. Rupert (2012: 17-8, 26-7) bestrijdt – met Hakluyt en Felice Cardot aan haar zijde – dat het louter om gedwongen sluikhandel en kaapvaart ging. Zij benadrukt dat Hawkins toestemming kreeg van diverse bestuurders om – in weerwil van het Spaanse handelsverbod – handel te drijven met de Spaanse kolonisten. Volgens Felice Cardot (1982: 69) verruilde Bejarano huiden voor linnen en zelfs zes Afrikaanse slaven met Hawkins.

> "Existe un recibo firmado por Bejarano y Núñez donde costa que se recibió del primero 978 cueros de la isla de "Turacao" (sic) "a razón de 10 reales de plata de cada cuero", por lo cual se pagó "seiz piezas de esclabos, dos hobres, dos muheres, dos muchachas y 344 varas de ruan".

Met deze ruilhandel was – voor zover bekend – de aanvang van de Afrikaanse slavernij op Benedenwindse eilanden een feit.

De sluikhandel leverde meer piratenbezoek op. In 1567, acht jaar voor Bejarano's overlijden, vielen Franse piraten Curaçao en aansluitend Coro aan. Dit maal werd melding gemaakt van ruim 40.000 schapen, alsmede vele koeien en ander vee ([113]). Spaanse maatregelen om de kaapvaart een halt toe te roepen bleken tevergeefs. Na de overval op Coro wees bisschop De Agreda, bepaald geen vriend van Bejarano, op het voortdurende gevaar van smokkelhandel via het geïsoleerde Curaçao. Verwijzend naar de gebeurtenissen van 1567 beschuldigde hij Bejarano van doelbewuste smokkelhandel en stelde hij voor om Curaçao te ontvolken. Over Bonaire en Aruba opnieuw geen berichten. Weer een jaar later, in 1568, bezocht Hawkins Curaçao ten tweede male, en werd op dat eiland provisie (vermoedelijk vlees) geladen voor men doorvoer naar de Tierra Firme (Rupert 2012: 26).

Vanwege zijn rol in de opkomende Engelse trans-Atlantische handel verwierf Hawkins in het jaar dat hij Curaçao bezocht zijn eigen wapen, waarin de Afrikaanse slavenhandel werd verbeeld. Hakluyt stelde deze triomf voor als een voorbode van de Engelse heerschappij in de plantage-economie en de slavenhandel. In werkelijkheid volgde Hawkins en andere Engelse en Franse kaapvaarders het patroon van Portugese handelaren die het Spaanse mercantilisme (vaak via Afrika) trachtten te omzeilen om zo te profiteren van de behoefte aan Europese goederen, Afrikaanse slaven en transportcapaciteit onder de kolonisten in Spaans Amerika (Wheat 2016: 104-141).

De vraag naar de omvang van de economische opbloei van Curaçao en Aruba onder Bejarano werd op twee wijzen beantwoord. Volgens Nooyen (1979: 46) bestond er een 'bloeiend bedrijf in veeteelt en huidenbewerking'. Martinus (2003: 172), die zich inspant om de mythe van de nutteloosheid van 'las islas inútiles' te weerleggen, daarentegen erkent dat de economische toestand op Curaçao aan het einde van de periode Bejarano weinig rooskleurig was:

'Hoewel arm en met weinig levenswaardige mogelijkheden, vormde Curaçao een springplank naar het vaste land en kon het, zoals inderdaad ook is gebeurd, een centrum worden voor de smokkelhandel'.

Curaçao was echter geen springplank, maar een persoonlijk wingewest van Bejarano; een uitbreiding van de veeteelt-economie die zich na de ondergang van de mijnbouw op Hispaniola had ontwikkeld en waarvan zijn schoonvader waarschijnlijk nog niet had geprofiteerd. Een bericht van frater Pedro de Aguado (in: Rupert 2012: 25-6) uit het einde van de jaren 1570 bevestigt dat Curaçao *'has done well with all types of livestock that are raised there, and in other husbandry aided by the indians'*. Bejarano exporteerde vee en huiden naar Europa hetgeen waarschijnlijk doorgaans via Hispaniola geschiedde of incidenteel via de smokkelhandel met Engelsen of Fransen. Het gegeven dat Curaçao buiten gezichtsafstand van Hispaniola lag, buiten het gezag van de provincie Caracas/Venezuela viel en bovendien banden ontbraken met het opkomende koloniale bestuurs- en handelscentrum Cartagena, droeg bij aan de bewegingsvrijheid van Bejarano. De Benedenwindse belening was inmiddels opgenomen in de Atlantische economie, althans Curaçao.

We weten dat Bonaire in 1526 aan de belening was toegevoegd, maar we kunnen slechts gissen over activiteiten in de veeteelt, houtkap of zoutwinning op dat eiland. Het geringe aantal inwonenden en het ontbreken van verwijzingen naar economische

---

113 Felice Cardot 1982: 72; Martinus 2003: 173.

'Arms granted to John Hawkins in 1565, for the massive profits he made in the slave trade. Sable on a poit wavy, a lion passant or, in chief three bezants, crest, a demi Moore in his proper colour, bound and captive, with annulets in his arms and ears'. By William Harvey – College of Arms, United Kingdom. Bron: Wikimedia Commons.

activiteiten op Aruba en Bonaire bevestigt dat die eilanden aanmerkelijk minder intensief werden geëxploiteerd. Dat komt ter sprake in paragraaf 4.6.

4.5 Humanisme, kerk en Inquisitie

Hoewel De Ampiés wordt aangemerkt als de grondlegger van het bisdom Coro, raakte hij daarover de controle kwijt door de belening aan de Welsers. Zowel het bisdom Coro als de Inquisitie te Hispaniola verweten zijn schoonzoon Bejarano humanistische idealen aan te hangen ten koste van de orthodoxe leer en het katholieke gezag. De religieuze zorg voor de indianen bleek een punt van onophoudelijk conflict.

Aanvankelijk was de missionering in handen geplaatst van de encomendero's en later de diverse missieorden. Dit gaf al ten tijde van Montesinos, De Las Casas en de bestuurders der hiëronymieten aanleiding tot conflicten tussen de partijen. In 1522 had paus Adrianus VI aan de orden vrijheid verleend om hun werkzaamheden onafhankelijk van de lokale bisschoppen uit te oefenen (Phelan 2011: 32), maar in het geval van De Ampiés en Bejarano liep het anders. Op last van paus Clemens VII had encomendero De Ampiés in 1527 het dorp Coro gesticht, maar de belening aan de Welsers sneed de banden met Tierra Firme door, zowel de zakelijke banden met cacique Manaure, als de religieuze banden met Coro. Spanje besloot alsnog dat de religieuze organisatie in de Nieuwe Wereld zoveel mogelijk gelijk moest lopen met het wereldlijk gezag. Bisdommen werden ingedeeld overeenkomstig het wereldlijk bestuur. Na 1531 behoorden de eilanden tot het bisdom Venezuela met de zetel in Coro. Rodrigo de Bastidas (1531-1541), zoon van de gelijknamige conquistador-avonturier werd er de eerste bisschop ([114]). In 1561 werd Coro min of meer bekrachtigd als diocees en kreeg

---

114 De berichten omtrent bisschop De Bastidas – onder stichter van Cartagena – zijn afwisselend afkeurend en waarderend. Volgens Goslinga (1979: 18-9) en Felice Cardot (1982: 313) kenmerkte het optreden van deze bisschop (en de meeste van zijn opvolgers) zich door absenteïsme en onverschilligheid. Voor een biografie van Bastidas, zie Goslinga 1965.

de dominicaanse bisschop Pedro de Agreda opdracht de missionering te intensiveren, ook onder de Benedenwindse indianen. Er ontstond een nieuwe dynamiek tussen het religieuze gezag te Coro en de belening van De Ampiés' opvolger, schoonzoon en humanist Lejaro Bejarano.

Koningin Isabella bracht de Spaanse Inquisitie naar de Amerika's. De Inquisitie was in 1478 opgericht om te waken over de zuiverheid van de katholieke leer in het Spaanse rijk in Europa. Ketterij moest worden bestreden, allereerst in de vorm van heidense volkscultuur. Op het Iberisch schiereiland bedreigde de aanwezigheid van bekeerde Sefardische joden (converso's) en moslims (morisco's) de eenheid van het katholieke rijk. Elders in Europa daagde opkomend humanisme (eerst in Italië, later ook in noordwest Europa) de orthodoxe leer en de kerkelijke hiërarchie uit. Na circa 1500 doorbraken het protestantisme van Luther en Calvijn en de afsplitsing van de Church of Engeland (1534) het monopolie van de rooms-katholieke leer en de rooms-katholieke kerk. Binnen Castilië ontwikkelde zich in het tweede kwart van de zestiende vanuit franciscaanse kringen de mystiek van de Alumbrados of Illuministen, dat eveneens door de Inquistie werd onderdrukt (Elliott 2002: 213-5).

Ook in Spaans Amerika moest de heterodoxie worden bestreden. Columbus' zoon Diego verzocht al in 1510 om de vestiging van de Inquisitie in de Nieuwe Wereld. Bartolomé de las Casas drong daar in 1516 ook op aan en in 1519 werd de Inquisitie in Hispaniola en Puerto Rico in het leven geroepen ([115]). Met de uitbreiding van de Spaanse macht in de Nieuwe Wereld kwamen er ook Inquisitie rechtbanken in Peru (1570) en Mexico (1571) tot stand. Terwijl de eerdere apostolische rechtbanken veelal bestonden uit priesters uit de bisdommen, werden de nieuwe Inquisitie-rechtbanken bemand door gespecialiseerde kerkrechters die werden ondersteund door orthodoxe theologen. Vanaf 1610 ressorteerde Nieuw Granada (Colombia, Venezuela en ook de Benedenwindse eilanden) onder het nieuw opgerichte tribunaal van de Inquisitie te Cartagena.

De Inquisitie was, net als in Europa de bewaker van het orthodoxe katholicisme. Alle vormen van afwijking van de officiële katholieke leer – heterodoxie – moesten worden bestreden. In de Nieuwe Wereld waren er tal van gevaren. Al vanaf 1501 werd het converso's, morisco's en andere vreemdelingen niet toegestaan zich in de Amerika's te vestigen, maar dat verbod bleek gemakkelijk te omzeilen. Andersdenkenden vormden ook in Spaans Amerika een gevaar voor de katholieke leer. De Inquisitie was beducht voor godslastering en de ontkenning van de sacramenten, terwijl men toezag op de goede levenswandel van de katholieken, waarbij de omgang tussen de rassen extra aandacht verkreeg. Vanaf 1548 moesten rassenwetten de 'limpieza de sangre' de scheiding van Spanjaarden met converso's, morisco's en inheemsen garanderen ([116]).

De Inquisitie keek voorts toe op de missieactiviteiten en levenswandel van Spaanse missiepriesters. De religieuze praktijk van de inheemse bevolking en de Afrikaanse slaven werd in de gaten gehouden. Hun bekering moest volledig zijn, traditioneel in de leer en gezuiverd van precolumbiaanse elementen. Indianen en Afrikanen stonden echter onder het toezicht van de missie-orden, de bisdommen en de encomendero's en

---

115 Castro 2007: 75; Schwartz 2008: passim. In 1542 kwam de centrale Inquisitie in Rome tot stand, waaronder ook die in de Amerika's ressorteerde.
116 Elliott 2002: 220-4; K.P. Cook 2016: 56-8.

Paleis van de Inquisitie te Cartagena, Columbia. Foto: Luc Alofs, 2016.

vielen daarom niet onder de jurisdictie van de Inquisitie. Het waren vooral Europeanen en mestiezen die voor de kerkelijke rechtbank moesten verschijnen.

De Inquisitie ontwikkelde zich tot een bureaucratische organisatie die het geestelijke en intellectuele leven in de Amerika's moest controleren. Terwijl Europa gebogen ging onder reformatie en verwereldlijking, moest Amerika een Spaans (dan wel Portugees) en katholiek continent worden, waarvoor cultureel relativisme en religieuze tolerantie geen plaats was ([117]).

In het midden van de zestiende eeuw kwam de Contrareformatie op gang, een katholieke reactie op de afsplisting van de lutheranen en calvinisten. Gedurende het pauselijk bestuur van paus Paulus III en het lang voortslepende Concilie van Trente (1545-1563) nam de kerk een steeds hardere houding aan ten opzichte van het protestantisme van Martin Luther en Johannes Calvijn en ook het christelijk humanisme, waaraan vooral de naam en de geschriften van Desiderius Erasmus (1469-1536) zijn verbonden. Voor ons is vooral deze laatste van belang.

Desiderius Erasmus had in *Enchiridion Militis Christiani* (Handboek voor de militante Christen, 1501) gepleit voor vertaling van de Bijbel en de individuele vrijheid om die naar eigen inzicht te interpreteren. Erasmus bepleitte religieus relativisme en verdraagzaamheid. In 1515 en 1518 publiceerde hij vertalingen van de Bijbel: een aanslag op het doctrinaire monopolie van de katholieke kerk. Hij had (onder druk) Martin Luther weliswaar veroordeeld, maar hij bleef in woord en geschrift kritisch over de katholieke kerk. Hoewel Erasmus' in Spanje aanvankelijk grote populariteit verwierf, kwam daaraan in de jaren 1520 een einde. De Spaanse Renaissance maakte plaats voor de orthodoxie van de Contrareformatie. Kritiek door protestanten en humanisten werd door de katholieke Inquisitie tot ketterij verklaard ([118]).

Ook het vrije woord, sterk in opkomst dankzij de opkomst van humanisme, reformatie en de boekdrukkunst, werd aan banden gelegd. In 1531 voerde de Spaanse

---

117 Parry 1990; Van Alphen-Vicioso 1994; Elliott 2006; 191, 205-6, 214; Rupert 2012: 45, 192-3. Het meest uitgebreide werk over de Inquisitie in de Amerika's is Schwartz 2008: 121-208.
118 Romein en Romein 1973; Van Alphen-Vicioso 1994: 209-11; Elliott 2002: 71, 161-3, 214-7, 243-4; Eire 2016: 205-13.

Kroon de censuur in, in 1554 verbood de Inquisitie het vertalen van de Bijbel en in 1559 kwam de Index tot stand: de lijst van door de rooms-katholieke kerk verboden boeken. Onder meer de werken en Bijbelvertalingen van Erasmus gingen in de ban. De conservatieve koning Philips II, de Inquisitie en de orde der jezuïeten werden de voornaamste pleitbezorgers van het orthodox katholicisme [119]. In de tweede helft van de 18e eeuw keerde de Inquisitie zich ook tegen het verlichtingsdenken, maar de activiteiten van de kerkelijke rechtbank liepen sterk terug. De Spaanse Inquisitie kwam pas in 1833 formeel ten einde. De Inquisitie bemoeide zich ook met de kerstening van de Caquetío's op Curaçao en Aruba: voor zover bekend één keer.

Lazaro Bejarano was actief humanist en een bekende figuur in zijn (meest waarschijnlijke) geboorteplaats Sevilla waar hij participeerde in het literaire leven. Tussen 1531 en 1534 nam hij deel aan literatuurconcoursen met gelegenheidspoëzie in de vorm van devote levensbeschrijvingen van de apostellen Johannes, Petrus en Paulus en van Maria Magdalena (García Valdés 2009: 175). Waarschijnlijk in 1538 verhuisde hij met zijn echtgenote Maria de Ampiés naar Hispaniola, waar hij al snel te boek stond als een gegoede vecino. Oviedo (1852: 206) – zelf bepaald geen humanist – noemde hem 'vecino desta nuesta ciudad, honrá y digno de crédito'. Mogelijk beïnvloed door Erasmus volgeling de priester Constantino Ponce León, bleef Bejerano publiceren. In zijn bekendste werk *Diálogo Apologético contra Ginés de Sepúlveda* koos hij de kant van Las Casas in het debat met Sepúlveda en hij kwam op voor de rechten van de indianen. Het boek is verloren gegaan, maar volgens latere bronnen was de *Diálogo Apologético* een weloverwogen en goed geschreven beschrijving van de indiaanse bevolking van onder meer het pareleiland Cubagua en noordwest Venezuela (García Valdés 2009: 181). Ook schreef hij gedichten en de satire *Purgatorio de amor* – waarschijnlijk handelend over het ontmoeten van de juiste personen (geliefden) op het verkeerde moment in het leven -, waarin hij vooraanstaande figuren van het koloniale eiland op de hak nam (García Valdés 2009: 185-6). Wie weet een *Lof der Zotheid* van Hispaniola. Van Bejarano's literaire werk zijn slechts 2 vijfregelige stanza's uit de *Purgatorio* en 3 epigrammen bewaard gebleven [120]. De rest is verloren gegaan, wellicht vernietigd na de veroordeling door de Inquisitie.

Frater Diego Ramirez was vanaf enig moment als priester werkzaam op Curaçao, maar in 1538 verweet Rodrigo de Bastidas, de bisschop van Coro, Bejarano dat hij te weinig aandacht besteedde aan de kerstening van de indianen op zijn 'eilanden', een klacht die hij een jaar later herhaalde. Bejarano, zelf meestentijds op Hispaniola woonachtig, liet in 1542 op Santa Barbara, aan het Spaanse Water, Curaçao, weliswaar een kerk bouwen, maar, zo stelde de bisschop, die kwam tot stand met overheidssteun en het (tevergeefse) verzoek om de door De Ampiés nagelaten schulden te mogen verrekenen met de kosten voor de kerkbouw. Volgens De Bastidas waren de kosten niet meer dan enkele dukaten geweest omdat Bejarano de kerk had laten bouwen door zijn eigen indianen. Ook weten we dat hij via de bisschop van Coro werd gemaand om de Caquetío's voldoende gelegenheid te geven om hun kostgronden te bewerken en dat ook zij een bescheiden deel van hun oogst aan de kerk dienden af te staan [121].

---

119 Zie Schwartz 2008: 24, 84, 145-7, 248-9.
120 Martin-Fragachan 1999: 298; García Valdés 2009: 185-6 ; Van der Velden 2011: 76.
121 Rupert 2003; 24; Martinus 2003: 168-9. Zie ook Mansur z.j. 241-51.

De Inquisitie in Santo Domingo legde humanist Bejarano het vuur na aan de schenen. Bejarano keerde zich in spotschriften af van de buitensporige verering van heiligen en relikwieën. Hij was aanhanger van Las Casas in diens debat met Sepúlveda, maar ook van Luther en humanist Erasmus. In hun voetsporen bepleitte hij het vertalen van de Bijbel in de lokale taal. Dat was vragen om problemen. Bejarano werd in 1558 samen met frater Diego Ramírez aangehouden en berecht door de Inquisitie ([122]).

Bejarano en Ramirez werden 29 beschuldigingen ten laste gelegd. Bejarano werd onder meer beschuldigd van het dwarsbomen van de missionering onder de Caquetío-indianen, het belachelijk maken van de clerus en de orthodoxe kerkelijke leer, het gebruik (willen) maken van de Bijbel in de volkstaal (aanklacht #21) en het uitdragen van een eigen humanistische doctrine en het lezen van de verboden werken van Erasmus (aanklacht #27). Bejarano werd in juni 1559 schuldig bevonden onder meer voor ketterij en veroordeeld tot het betalen voor een boete ten behoeve van de 'goede werken'. Hij mocht voortaan alleen nog de Bijbel lezen, maar hij mocht zijn belening behouden. Het gerecht veroordeelde Bejarano.

> *'Fue sentenciado "a abujar tres proposiciones que hacen sentido herético, sin otras escandalos y mal sonantes, trayendo la Sagreda Escritura en locuciones profanas", que no reprenda a predicadores, que durante su vida no lea otro libra sino la Bibla, y que pagie 150 pesos ora pa obras pías'* (Felice Cardot 1982: 56-7; zie ook García Valdés 2009: 180).

Frater Ramirez werd beschuldigd van verwaarlozing van zijn missietaak en een losbandige levenswandel. Hij had zich ingelaten met inheemse vrouwen en zodoende de rassenwetten van 1548 overtreden. Ook frater Ramirez werd veroordeeld. Hij kreeg een beroepsverbod en mocht gedurende zes maanden geen missen verzorgen en 6 jaar lang niet preken. Hij kreeg een levenslang publicatieverbod opgelegd en ook hij mocht voortaan alleen nog lezen in de (uiteraard onvertaalde) Bijbel (Martin-Fragachan 1999: 265).

> *'La Condenación de su compañero de juicio, Fray Diego Ramírez se llevó a cabo igualmente con extremo severidad. Parece que no solamente sus ideas, sino también su conducta, estaban en completo antagonismo con lo que debía ser, en aquellos tiempos de rigurosa ortodoxia, patrimonio de un religioso. Era es sin duda, un fraile alborotado, indisciplinado e ideológicamente peligroso'* (Felice Cardot: 1982: 57).

Ondanks de veroordeling houden berichten over de gespannen verhouding tussen Bejarano en zijn echtgenote Doña Maria en bisschop Pedro de Agreda aan. In 1561 kreeg het diocees Coro instructie om een nieuw evangelisatiebeleid op te zetten en opnieuw werd de Benedenwindse belening als deel van het diocees genoemd. De indiaanse inwoners van de drie eilanden hadden nauwe banden met de vaste wal. In 1564 klaagde de bisschop De Agreda in een uitgebreid verslag aan de Kroon opnieuw dat Bejarano tekortschoot. De beschuldigingen waren vrijwel dezelfde als 6 jaar eer-

---

122 Schwartz 2008: 146; Felice Cardot (1982: 55-60), Van Alphen-Vicioso (1994: 212), Rupert (2003: 24) en Martinus (2003: 169-70) doen verslag van de rechtszaak.

der. Ondanks de aanwezigheid van grote hoeveelheden vee en de rijkdom die daaruit voortvloeiden, droeg Bejarano de kerkbelasting (diezmos) niet of slechts onregelmatig af. Er waren te vaak geen vaste priesters op de eilanden aanwezig, hun levensstijl liet te wensen over en de missen van 'un portugués de apellido Aguilar' waren te kort. Hij verwaarloosde de zielszorg voor de indianen en ook verhinderde hij dat de indianen voldoende tijd in hun tuinen (cunucu's) konden werken om in hun levensonderhoud te kunnen voorzien (Felice Cardot 1982: 52-3). Bejarano had zijn opstelling kennelijk niet veranderd na zijn veroordeling door de Inquisitie.

In 1567 verzocht bisschop De Agreda de belening van de eilanden aan Bejarano te ontnemen omdat diens economische activiteiten aldaar een gevaar vormde voor de rust en stabiliteit. Franse zeerovers hadden Curaçao en Coro op 8 september overvallen. De piraten hadden op Curaçao ongestoord kunnen foerageren voordat zij doorreisden naar de Vaste Wal om er Coro te overvallen. De bisschop was ternauwernood ontsnapt. De Agreda stelde dat de belening voor twee generaties was uitgegeven, een bericht overigens dat door de literatuur zowel wordt ondersteund als ontkracht. De herhaalde beschuldigingen kwamen kennelijk de Spaanse Kroon ter ore, want deze reageerde met een Royal Charter van 3 februari 1569. De Koning wenste informatie te ontvangen over de vraag of het nodig was om Bejarano de belening te ontnemen en hem te vervangen door een luitenant. Ook dit maal was de roep van de bisschop om Bejarano de belening te ontnemen tevergeefs, want behield Bejarano zijn belening tot aan zijn dood in 1575. Hierover gaat paragaaf 4.6.2. Overeenkomstig de wens van de bisschop wees de Kroon de religieuze zorg over de de Islas de los Gigantes wel opnieuw toe aan het bisdom Coro/Venezuela ([123]).

4.6 Spaanse Benedenwinden na 1575
De Benedenwindse geschiedenis in de zestiende eeuw is een verhaal van de opkomst en ondergang van het encomiendasysteem in Spaans Amerika. Bij de vestiging van het Spaanse rijk in de Nieuwe Wereld verleende de kroon verregaande rechten aan conquistadores door hen gronden ter beschikking te stellen en de arbeid van inheemse Amerikanen en hen te belasten met de kerstening van deze laatsten. De onbeheersbare vrijheid van de encomendero's en vecino's werd al snel ingeperkt door de komst van rooms-katholieke orden zoals de franciscanen (1500) en dominicanen (1506) naar de regio. Zij hielden zich niet alleen bezig met de zielszorg van de vrije Europeanen, want al snel bemoeiden zij (Montesinos) zich ook met (het gebrek aan) missionering onder inheemse bevolking. Vanuit deze orden vond de opbouw van een kerkelijke organisatie plaats. Het kerkje dat De Ampiés in 1527 had gebouwd werd de kiem van het bisdom Coro/Caracas, dat zich bij herhaling bemoeide met en uitsprak over de godsdienstige situatie op de nabije eilanden Curaçao, Aruba en Bonaire. De Inquisitie zag al vanaf 1519 toe op zuiverheid van de orthodox-katholieke leer in de Amerika's en de kerkelijke rechtbank richtte de ogen ook op de Benedenwindse encomienda.

Het wereldlijk bestuur werd na ca. 1530-1540 hervormd, nadat de conquista van Montezuma's Aztekenrijk in Mexico en dat van de Inca's (Peru, Lima) was voltooid. De Spanjaarden verdeelden de ontdekte gebieden in de Nieuwe Wereld in een tweetal

---

123 Felice Cardot 1982: 71-2; Van Alphen-Vicioso 1994: 212.

onderkoninkrijken: virreinato's: Nieuw Spanje (Mexico) en Peru, feitelijk het achtste en negende onderkoninkrijk van de Spaanse monorchie. Het voormalige virreinato Hispaniola werd een Capitanía General behorend tot Nieuw Spanje. Met de afkondiging van de Nieuwe Wetten in 1542 kon worden doorgebouwd aan een administratief Spaans *Atlantic Empire* dat steeds minder afhankelijk werd van de grillen en de macht van conquistadores en encomendero's. Het intrekken van de belening aan de Welsers vormde de grondslag van de provincie Venezuela, dat viel onder de Audiencia Hispaniola ([124]). Met het vertrek van bisschop Alonso de Fuenmayor in 1556 kwam op Hispaniola een einde aan de dubbelfunctie van religieus en wereldlijk gezag van bisschop annex gouverneur.

Het is onbekend voor welke termijn de belening aan De Ampiés en zijn nazaten was toegekend. Volgens bisschop De Agreda (1576) ging het om twee generaties; Juan de Castellanos stelde dat belening *en perpetuo* was uitgegeven. Uitsluitsel over deze beweringen is niet aangetroffen en daaromtrent bestond kennelijk reeds in de zestiende eeuw onduidelijkheid. De situatie op de wellicht niet langer 'beleende eilanden' wordt minder inzichtelijk na de dood van Bejarano in 1575 en het uitblijven van verder kaperbezoek. Wel verschijnt Bonaire wat vaker in beeld, terwijl Aruba juist minder zichtbaar wordt. We vatten de schaarse gegevens over de exploitatie en bevolkingssituatie samen en reconstrueren vervolgens de uiteenlopende stellingen en vermoedens omtrent het einde van de belening aan De Ampiés en zijn nazaten.

4.6.1 Exploitatie

Volgens Felice Cardot telde Curaçao in 1620 niet minder dan 10.000 koeien, 14.000 schapen, 2.000 geiten, 6.000 paarden en muilezels en was er het nodige brasilhout. In 1634 zwierf er volgens De Laet veel minder vee rond: ongeveer 2000 koeien, 9.000 schapen en zo'n 1000 geiten en 800 paarden, minder dan de cijfers van veertien jaar eerder, maar nog altijd behoorlijke aantallen ([125]). Curaçao exporteerde huiden, kaas, wol en brasilhout en op Bonaire werden de zoutpannen geëxploiteerd, hout gekapt en er graasden schapen wier huiden voor de leerlooierij werden gebruik (Hartog 1957: 33). Of en eventueel hoe intensief Aruba werd benut staat niet vast. Van Grol (1980: 79-85) maakt van enige exploitatie van Aruba geen gewag. Er zwierf vee over het eiland, dat aldus dienst deed als rancho.

Het bevolkingsbeleid was vermoedelijk afgestemd op de exploitatie van de eilanden. Indianen werden toegelaten of aangetrokken indien de vraag naar arbeid dat vereiste. Op Curaçao bestonden gedurende de Spaanse periode enkele kleine indiaanse nederzettingen, zoals in San Heronimo, Savaan en mogelijk Santa Cruz ([126]). Oostelijk van het Schottegat lag in 1634 het dorp Santa Anna dat meer dan 100 hutten telde. Het indiaanse dorp Ascencion beschikte over een kerk (Van Buurt en Joubert 1997: 20). Of de bewoners van deze dorpen directe nakomers waren van de populatie beschreven door De Castellanos laat zich niet vaststellen. Waarschijnlijk werden zoveel indianen

---

124 Benjamin 2009: 170 e.v. De provincie Venezuela behoorde vanaf 1717 tot het nieuwe, derde virreinato New Granada – dat het huidige Colombia, Venezuela, Equador en Panama omvatte -, waarvan het *Capitanía General de Venezuela* in 1777 werd afgescheiden. Deze besloeg Venezuela, Guyana, (westelijk) Suriname, noordwestelijk Brazilië en noordelijk Peru.
125 Felice Cardot 1982: 59, noot 28; 390-1; ook Batista 1989: 22; De Laet in: Hamelberg 1979: 30-1.
126 Craan, persoonlijke mededeling, 17-2-17; ook Oliver 1997.

naar Bonaire en Aruba gehaald als nodig was voor de zoutwinning, het vangen van vee en het kappen van brasilhout. Er zijn vooralsnog geen historische of archeologische aanwijzingen dat zich aan het begin van de zeventiende eeuw op Aruba en Bonaire indiaanse dorpen bevonden ([127]).

De eilanden vielen nog altijd onder het diocees Coro. In 1619 liet bisschop van Venezuela, Don Gonzalo de Angulo onderzoeken hoe het met de (godsdienstige) situatie op de eilanden was gesteld. Het bleek dat de zielszorg was verwaarloosd en dat Aruba al tenminste tien jaar niet door geestelijken was bezocht. Het onderzoek leverde de oudst bekende bevolkingsaantallen op van totaal 220 inwoners; 'gente ladina y christiana'. Op Curaçao, Bonaire en Aruba woonden achtereenvolgens 160, 40 en 20 personen.

> *'La informacion la rindió el licenciado Martín Gómez, 'presbítero, cura doctrinero que asiste a dichas islas'. Sobre el número de habitantes declaró que Curazao, que es la mayor, tiene 'ochenta almas, chicas y granades, varones y hembras que hacen ciento sesenta'. En Bonaire, quarenta y en Aruba, veinte, lo que hace un total de doscientas vienti persones en las tres islas. La mayor parte es 'gente ladina y christiana'. La isla de Aruba tenía, para la epoca, alrededor de dies años sin adoctrinamiento, ya que un solo cura no es suficiente para hecerle frente a las tres islas por la distancia existente entre ellas'* (Felice Cardot 1982: 390).

Of deze aantallen louter naar Spanjaarden verwezen is onduidelijk. Het begrip 'ladino' – in het citaat 'gente ladina y christiana' – werd destijds in talloze betekenissen gehanteerd om met zekerheid te kunnen zegen of gekerstende indianen waren opgenomen in deze eerste Benedenwindse volkstelling. Vermoedelijk betrof de opgaves het aantal Europese en inheemse christenen ([128]). De harde cijfers ten spijt, reden om te twijfelen aan hun juistheid. Berichten over de bevolkingssituatie ten tijde van de overname door de West-Indische Compagnie in 1634 vertellen dat er 32 Spanjaarden en ongeveer 400 indianen op Curaçao leefden. Aanmerkelijk meer dus dan de in 1619 getelde tachtig inwoners. Een op bronnen gebaseerde verklaring voor dit verschil is niet voorhanden.

4.6.2 Reconstructie IV: Einde van Encomienda
In 1542 werd door de afkondiging van de NieuweWetten het encomiendasysteem afgeschaft, maar bestaande beleningen werden niet direct ingetrokken. De Nieuwe Wetten verboden de vorming van nieuwe encomienda's, maar schreven niet voor dat oude moesten worden ontbonden of dat inheemse vrijheden en rechten moesten worden

---

127   In 2004 was voor Aruba slechts één datering uit de periode 1455-1652 bekend, namelijk een paalgat te Tanki Flip. Mogelijk betreft dit een anomalie, want de overige 13 dateringen zijn van voor 1400 AD (Versteeg 1997b: 453; Dijkhoff 2004b: 187). Koloniale artefacten in Tanki Flip stammen van na 1830 (Bulgrin & Bartone 1997). Voor een discussie de empirische bewijsvoering voor inheemse continuïteit in de vroege Spaanse periode op Aruba, zie Dijkhoff & Linville 2004: 7. Havisers (1991: 171-5) conclusie dat op Bonaire een indiaanse gemeenschap bestond in de vroege Spaanse periode wordt onvoldoende door feiten gesteund. Pater Jansen noteerde in 1908 de niet onderbouwde overlevering dat omstreeks het jaar 1600 ongeveer 300 indianen op Aruba leefden.
128   In navolging van Nooyen (1979: 47) nemen Haviser (1985: 175) en Nooyen (1985: 11) aan dat de telling betrekking had op de aantallen gekerstende indianen.

hersteld. Artikel 35 bepaalde dat encomienda's na de dood van de leenhouder zouden terugvallen aan de Kroon, maar dit artikel moest door een succesvolle lobby van de encomendero's worden aangepast. Beleningstermijnen werden herhaaldelijk met een generatie verlengd en in de Spaanse Filippijnen werd de encomienda in de tweede helft van de zestiende eeuw zelfs nog ingevoerd. In 1549 werd het de encomendero's verboden om inheemse dwangarbeid te vervangen door het gedwongen laten betalen van tributen. Het encomiendasysteem verloor in de tweede helft van de eeuw aan betekenis om in de zeventiende eeuw definitief te worden afgeschaft (2.4). Over de situatie op de eilanden na het tijdperk Bejarano is weinig bekend. Hoewel diverse historische werken de Spaanse periode van de Benedenwinden uitvoerig beschrijven, bestaat geen eenduidigheid over de situatie op de eilanden na diens dood in 1575 tot aan de overname van de eilanden door de West-Indische Compagnie in 1634-1636.

De vraag rijst of en wanneer de belening aan de nakomelingen van Bejarano werd gestaakt en wie daarna het bestuur over de eilandengroep voerde. Goslinga (1979: 17) stelt dat de eilanden al direct na het vertrek van Bejarano van Curaçao in 1541 onder de supervisie van Santo Domingo kwamen te vallen ([129]). Deze lezing is onjuist omdat Bejarano immers bij zijn vertrek nog waarnemers aanwees. Rupert (2012: 23) veronderstelt dat de Benedenwinden na de beëindiging van de belening aan de Welsers (1528-1556) onder het bestuur van de Provincie Venezuela kwam te vallen. De feiten spreken die stelling tegen. In 1559 slaagde zelfs de Inquisitie er immers niet in om Bejarano diens belening te ontnemen. Juan Lopez de Velasco bevestigt in zijn *Geografía y description universal de las Indias* uit 1571-1574 dat Bejarano nog altijd beschikte over de eilanden: *'las islas de los Gigantes "son encomieda de un Lázaro Bejarano, vecino de Sevilla, que acaba en él la sucesión"* (in: García Valdés 2009: 187).

Hartog (1961: 65-6; 1968: 31) en Batista (1989: 22-4) menen dat de belening na de dood van Bejarano in 1575 verliep en de eilanden terugvielen aan het bestuur te Santo Domingo, maar deze claim wordt weersproken door Nooyens bericht dat weduwe Maria de belening voortzette – niet Bejarano, maar zij was de oorspronkelijke erfgename. Ook de klachten van bisschop De Agreda over de kerkelijke belastingen uit 1576 bevestigen dat de eilanden nog waren beleend: *'se dio primero al factor Juan de Ampiés … tuvo después el dicho gobierno su yerno Lázaro Bejarano, vecino de Sevilla ya difunto, porque se hizo la merced por solas dos vidas'*. Hij benadrukte dat de belening slechts voor twee generaties was uitgegeven. Nooyen (1979: 46) beweert dat de indianen op dat moment niet onder een encomendero vielen.

De encomienda belastte de leenhouders aanvankelijk niet alleen met het wereldlijk, maar ook met het religieus gezag en de missionering. Vanaf de stichting van het bisdom Coro veroorzaakte dit een competentiestrijd tussen de roomse bisschoppen en de humanistische belener Bejarano. We beschikken over verspreide gegevens over het religieus gezag op de eilanden in de laatste decennia van de 16^e eeuw. Arcaya (1920: 310) schreef met naam en toenaam dat de eilanden in 1580, dus kort na de dood van Bejarano, vielen onder het religieus gezag van de nieuwe bisschop van Coro/Venezuela,

---

129   Goslinga 1979: 17: *'Upon Bejarano's departure, the three Curaçao islands returned to the supervision of the Audiencia of Santo Domingo, and shortly afterwards, a royal cédula prohibiting settlements on the islands without previous permission helped to erase them from the official Spanish memory and to make them islas olvidades, forgotten islands.'* Deze veronderstelling wordt overgenomen door Haviser (191: 173-5) en in zijn navolging Meulenberg, Van der Horst en Van Aerle (2010).

de dominicaanse pater Juan Martínez de Manzanillo: *'Según las apuntaciones que antes hemos citado, de la Crónica eclesiástica de Venezuela, el señor Manzanillo se titulaba Obispo de Venezuela y de las islas de Curazao, Aruba y Bonaire'*. Gezien de formulering 'Venezuela én (sic!) de eilanden Curaçao, Aruba en Bonaire', kunnen we voorzichtig aannemen dat de belening inmiddels wellicht was gestaakt, maar dat de eilanden in wereldlijk opzicht niet aan de provincie Venezuela waren toegevoegd. Brada (1946: 6) en Nooyen (1962: 8) weten te vertellen dat bisschop Manzanillo tussen 1580 en 1592 de Benedenwindse eilanden daadwerkelijk bediende. Hij bezocht Aruba om er het Vormsel toe te dienen. Het feit dat de Benedenwindse eilanden in 1610 onder de nieuw opgerichte Inquisitie-rechtbank te Cartagena kwamen te vallen en Hispaniola onder de rechtbank van Mexico ressorteerde bevestigt dat de kerkelijk banden tussen Hispaniola en de Benedenwindse eilanden waren verbroken. De volkstellingen in 1619 vanuit Coro kwamen in de vorige subparagraaf reeds ter sprake.

Bij de overname van de eilanden door de West-Indische Compagnie droeg Don Lope López de Morla de titel justitia major die als administrateur over de exploitatie van de eilanden waakte. Wright (1934 dl I: 513, noot 2) kon niet vaststellen met welke orders hij op Curaçao verbleef. De eilandengroep werd bestuurd door een justitia major (ondergouverneur), een 'major domo' (administrateur) en een cacique die leiding gaf aan de indianen. Deze laatste was veelal een vooraanstaande indiaan. Ook op Aruba en Bonaire waren administrateurs aangesteld. Op Aruba leefde deze, mogelijk met enkele andere Spanjaarden naar wordt aangenomen aan de Commandeursbaai.

Ondanks intensief archiefonderzoek kon Wright destijds niet vaststellen met welke orders justitia major Don Lope Lopez de Morla op Curaçao verbleef. Evenmin was duidelijk van wie hij die orders verkreeg; van het gezag te Hispaniola, van de provincie Venezuela of wellicht toch nog van de nakomelingen van De Bejarano. Sindsdien is daarover onder onderzoekers geen overeenstemming bereikt. Relatief recent laat Van der Velden (2011: 77-8) de vraag naar de einddatum van de belening aan De Ampiés en zijn nakomelingen onbeantwoord.

Hamelberg (1979: 26, oorspronkelijk 1901) stelt dat Lopes de Morla direct ondergeschikt was aan de gouverneur van de Audiencia Santo Domingo en niet aan het gezag van de provincie Caracas/Venezuela ([130]). Felice Cardot (1982: 392) stelt dat het kapiteinschap noch onder Santo Domingo, noch onder Venezuela viel, maar nog altijd beleend was aan de nazaten van Ampiés:

> *'Y esta situación continuo en este forma hasta la ocupación holandesa en 1634. De tal manera que Curazao, con Aruba y Bonaire continuaron formando parte de la Corona Española, pero no dependiendo de la jurisdición de la gobernación de Venezuela, ni de ninguna otra ni continental, ni insular de América. Fue una encomienda un tanto independiente otorgada a Ampiés, que pasó a sus herederos. Sin embargo, por la vecindad con la provincia de Venezuela, su gobernador ejerció de hecho algo así como una especie de tutela, y trabajó infructuosamente por conquistarle, una vez ocupado por los holandeses.'*

---

130 In 1594 hervormde gouverneur Osorio van Venezuela het grondbezit in grote delen van het schiereiland Paraguana, waardoor hacienda's in grootte vergelijkbaar met het eiland Curaçao ontstonden. Daar leverden de resterende Caquetío's arbeid (Batista 1989: 24).

Felice Cardot en in zijn navolging Batista (1989: 22) en Römer (1997) sluiten aldus een voortdurende belening aan de nakomelingen van Bejarano tot aan de overname van de eilanden door de WIC niet uit, maar dragen daarvoor geen overtuigende bewijsstukken aan. Pas in 1626 werd het mogelijk om beleningen over te dragen naar een derde generatie en dat was in theorie te laat om de belening voor de nazaten van De Ampiés te continueren.

Hartog (1961) en Goslinga (1971) kwamen tot een andere conclusie. Hartog (1961: 116) reconstureerde de overname van Curaçao door de West-Indische Compagnie in 1634 op basis van Nederlandse en Spaanse bronnen. De verslagen van deze gebeurtenis door zowel Juan Mateo als Lope Lopes de Morla waren gericht aan de gouverneur van de provincie Venezuela, Francisco Nuñez Melian (1630-1637), die overigens in 1643-1644 tot zijn overlijden kapitein-generaal van Yucatan was. Nakomelingen van De Ampiés zijn kennelijk niet meer in beeld.

Goslinga (1971: 267) sluit zich bij Hartog aan: *'Until 1634 Curaçao and its adjacent islands Bonaire and Aruba were part of the province of Venezuala of which they had only been separated during the Welser grant'*. Kennelijk veronderstelt Goslinga dat de eilanden ook tijdens de belening aan De Ampiés tot de provincie Venezuela behoorden, terwijl deze provincie tot stand kwam na het intrekken van de gunning aan de Welsers.

Vooralsnog nemen we aan dat de belening van de eilanden na de dood van Bejarano of die van diens echtgenote Maria en na het protest van de bisschop in 1576 werd beëindigd, dus na het overlijden de tweede generatie. De eilanden werden nadien geëxploiteerd in de vorm van een kapiteinschap. De eilanden vielen in religieus opzicht onder het bisdom Coro/Venezuela en de inquisitierechtbank te Cartagena en bestuurlijk onder de gouverneur van de provincie Venezuela.

We naderen het einde van de Spaanse overheersing van de Benedenwindse eilanden. Reisverhalen schieten nauwelijks te hulp bij het vormen van een beeld van het inheemse leven op de eilanden. David Middleton (1706) beschreef de onfortuinlijke landing van een aantal schepelingen van kapitein Sir Micheal Geare op Aruba in 1601:

> *'Den 29 dito (juli) landen wij om vers water te halen op Aruba, alwaar 7 van de onse door de Indianen doot geslagen wierden. Wij lagen met ons schip een halve mijl van Land op 5 vadem water. Het land steekt aan deze zijde uijt naar het noorden en de andere zuid-oost ten zuijden; in het midden van het Eyland leggende van het zuyden is een Hoogen Berg.'*

Ondanks dat er dodelijke slachtoffers vielen, bleven de filibusters een week op het eiland (Hartog 1980: 35-6). Kennelijk waren er niet voldoende indianen of Spanjaarden om hen van het onverdedigde eiland te verdrijven.

Volgens Johannes de Laet – de eerste kroniekschrijver van de WIC – duurde de inbezitname van het eiland Curaçao door Van Walbeek drie weken. Zijn 250 soldaten ondervonden weinig weerstand en er viel slechts één dode. Op Curaçao leefden op dat moment 32 Spanjaarden en ongeveer 400 indianen, die toestemming kregen om te vertrekken. Ongeveer 75 van hen bleven volgens De Laet vrijwillig op het eiland als werkvolk voor de Compagnie.

Waarschijnlijk verlieten de opwonenden van Aruba het eiland kort voor de overname van door Van Walbeeck en zijn manschappen in 1636.

> '*Aruba ... is een leegh landt, dogh heeft twee kleyne berghen, welcke de eene sich verthoont als een suykerbrood, is omtrent vijf mijlen in 't om-gaen, ende is bewoondt bij weynigh Indianen en eenighe Spaengiaerden*' [131].

Bonaire had Aruba inmiddels in belang en bevolking overvleugeld. In 1632 hield Ambrosius Richshofer er vele honderden schapen die werden geteeld voor de leerlooierij op Curaçao. Tevens werd er hout gekapt (Hartog 1957: 33). Op het eiland leefde kort voor de Nederlandse overname een indiaanse gemeenschap, die daar was gebracht vanuit 'S. Domingo' (bedoeld wordt de reportatie onder De Ampiés) en onder leiding stond van een Spaanse gouverneur. Deze indianen waren overwegend christen.

> '*Daar (op Bonaire, L.A.) is veel vee op dit Eylant, als Stieren, Koeyen, Schapen en geyten; oock verckens ende peerden. De inwoonders zijn meest Indianen, die daer ghebracht zijn van S. Domingo, ende zijn Christenen, hebben onder haer een Spaanschen Gouverneur, ende eenige weinighe Spaengniaerden; deze woonen in de valleye ontrent het hooghe landt*' (in Hartog: 1957: 31, zie ook Hamelberg 1979: 19 e.v.).

Van Grol beschouwde de rechtspositie van de op de eilanden aanwezige indianen als een vorm van lijfeigenschap, maar het is de vraag of die benaming recht doet aan de historische werkelijkheid. Recent stelden Dalhuis *et al.* (2009: 36) dat de indianen tussen 1525 en 1636 'in eeuwige onderhorigheid' voor de Spanjaarden werkzaam waren.

---

131 Hartog 1980: 34, 37; Hamelberg 1979: doc: 39.

5

Standbeeld en verbeelding

5.1 De Castellanos' treurzang

Het verhaal over de aan De Ampiés en Bejarano toevertrouwde eilanden is nog niet volledig verteld. In 1541 bezocht een avonturier, de latere priester-dichter Juan de Castellanos, de belening van Lazaro Bejarano, Curaçao en mogelijk Aruba, kort na de dood van diens nog jonge dochter en vlak voor de terugkeer van Bejarano en zijn echtgenote Maria naar Hispaniola. De Castellanos schreef in 113.609 regels van ieder 11 lettergrepen het langste gedicht uit de Spaanse literatuur. De '*Elegías de los claros varones de Indias y la historia del Nuevo Reino de Granada*' wordt wel gezien als het begin van de Spaanse literatuur in de Nieuwe Wereld en de literatuur van de Nederlandse Antillen ([132]). In 1588, 47 jaar na het bezoek, bijna dertig jaar na de veroordeling van Bejarano door de Inquisitie en dertien jaar na diens dood verscheen het eerste deel van de aan koning Philip II opgedragen Elegie. De Castellanos' invloed als schrijver op verloop van de Latijns-Amerikaanse geschiedenis bleef beperkt, want het tweede tot en met vierde deel zijn pas in de negentiende eeuw in omloop gebracht ([133]).

De Castellanos' kroniek wordt veelvuldig geraadpleegd door historici. Het is een uitzonderlijk tijdsdocument met veel beschrijvingen van landschappelijke, etnografische en historische beschrijvingen en uitzonderlijke gebeurtenissen. De Castellanos schetst geografische en staatkundige verhoudingen, wereldlijk bestuur en religieuze missionering, natuurlijke landschappen en nieuwe economische activiteiten; het gedrag en de interactie tussen Europeanen en de inheemse bevolking en de taal en cultuur van de laatsten. Veel beschrijvingen zijn gebaseerd op eigen waarneming en ongetwijfeld hield de auteur – inmiddels priester in Colombia – ook na zijn reizen de politieke ontwikkelingen in Spaans Amerika bij. We bekijken de Elegie vanuit drie verschillende invalshoeken, namelijk als etnografie van de Benedenwindse eilanden, als postume verdediging in de religieuze twisten rond humanist Lazaro Bejarano en als stellingname over missionering en kolonialisme in een veranderend Spaans Amerikaans rijk.

De Castellanos werd in 1522 geboren in Alanís, in de buurt van Sevilla, Spanje. Als avonturier vertrok hij in 1539 naar de Nieuwe Wereld. Na een kort verblijf in Puerto Rico, trok hij rond in de regio en al in 1540 en 1541 bezocht hij Hispaniola en ook

---

132 Bijvoorbeeld Debrot 1977: 287; Colón Zayas 1984: 13-4; Vilanova 2002; Ospina 2007; Habibe 2014.
133 Beroemder werd het driedelige epos La Araucana (1569-1590) door Alonso Ercilla y Zúñia, dat in 42.000 verzen een soortgelijke beschrijving van de Araucaanse samenleving en omgeving in Peru bevat (Goslinga 1956b; Lemaire 2013: 230-1).

de Benedenwindse eilanden, alwaar hij Lazaro Bejarano ontmoette, en het pareleiland Cubagua en – na een aardbeving aldaar – Margarita in het huidige Venezuela. Zijn leven als avonturier – cavalier, parelhandelaar en mijnbouwer – in Nieuw Grenada, Sierra Nevada en het Andesgebergte eindigde in 1550 toen hij zich tot priester liet wijden. In 1554 vestigde hij zich in Cartagena, maar in 1558 kreeg hij een functie in Riohacha in het bisdom Santa Martha en in 1561 in Tamalameque in het oosten van het huidige Columbia. Net als Bejarano kreeg ook De Castellanos problemen met de Inquisitie, door wie hij in 1562 werd veroordeeld wegens *infidencia y herejia:* ketterij (Vilanova 2002: 13). Waarschijnlijk voltooide hij in Tamalameque zijn Elegie, waaraan hij sinds 1544 werkte. In deel 1 beschrijft hij de Conquista; het tweede deel (1585) behandelt Venezuela en omstreken, inclusief de Benedenwindse eilanden. Het derde deel (1589) handelt over Cartagena en omgeving en het vierde (1592) gaat over Nieuw Granada. Het eerste deel van zijn Elegie verscheen in Madrid in 1589, het tweede en derde deel pas in 1847 en het laatste in 1886. Pas in 1930 verscheen de volledige Elegie in één uitgave. De Castellanos overleed in 1607 op 85-jarige leeftijd in Tunja, noordwestelijk van Bogota, Colombia ([134]).

De Castellanos heeft kennelijk het werk van Homerus en Vergilius als inspiratiebronnen gebruikt. Hij maakte veelvuldig gebruik van klassieke Griekse teksten en verwees met regelmaat naar mythologische figuren. De Castellanos vergeleek de reizen van Columbus met die van Odysseus, Hercules en de Argonauten. Ook was De Castellanos bekend met het werk van de Portugese dichter Luís Vaz de Camões (1524/5-1580) en diens literaire verwerking van de vroeg-koloniale expansie in Afrika en Azië in het epos 'Os Lusíadas' (1572, 1997). De Elegie en Os Lusíadas hebben hun epische structuur en hun omvang overeen alsook de verheerlijking van de Europese expansie en de verwijzingen naar de Griekse oudheid. Beide zijn renaissancistische ideologieën van Europese expansie en van Spaans dan wel Portugees kolonialisme.

Tal van auteurs bespraken de stijl van de Elegie. Alhoewel het werk vooral dankzij de datering en de omvang een bijzondere plaats in de Spaans Amerikaanse literatuur heeft veroverd, zijn veel critici het erover eens dat het geen bijzonder hoogstaande literatuur beteft. Pérez Botero wijst erop dat De Castellanos' stijl meer barok is dan zijn klassieke en contemporaine voorgangers ([135]). Cola Debrot (1977: 101) schreef

> *'Het epos bestaat uit 150.000* (feitelijk 113.609, L.A.) *elf-lettergrepige regels waarvan de welluidendheid slechts door de charme van de rijmen en enkele enjambementen* ([136]) *wordt genuanceerd en nergens door al te geprononceerde beeldspraak wordt gestoord. Het maakt de indruk van een onbekommerd voortvloeiende stroom langs steeds wisselende taferelen waarin bijzondere aspecten van de natuur en mensen tot leven worden geroepen.'*

In andere woorden: het verslag kabbelt maar door. Ospina (2007: 416) is wellicht de meest positieve moderne criticus. Hij prijst de eloquentie en subtiliteit van het

---

134 Over het leven en werk van De Castellanos, zie onder meer Goslinga 1956b, Felice Cardot 1982, Vilanova 2002, Ospina 2007 en García Valdés 2009: 169-70.
135 Botero 1975; De la Try Ellis 1981: 131; Villanova 2002: 36.
136 Er is sprake van 'enjambement' als het einde van de versregel niet samenvalt met de natuurlijke pauze in de zin.

omvangrijke werk: '… *Y el rumor infinito de las "Elegías" nos dirá para siempre que el único lenguaje posible de la alainza es el lenguage misterioso de la memoria y del canto.*' De drie Benedenwindse eilanden komen in zijn omvangrijke studie helaas niet aan bod.

De Elegie is voor ons vooral van belang omdat het na Vespucci's veel besproken en omstreden brief, het eerste verslag is van de toestand op de eilanden. Reeds vroeg in de Elegie bewijst De Castellanos eer aan de 'begiftigde' literator Bejarano: *el doto Bejarano*.

> '*Hay tan beunos poetas, que su obra*
> *pudiera dar balor a nuestra obra.*
> *…..*
> *Otros conocí yo tambíen vecinos,*
> *nacidos en el orbe castellano,*
> *que en la dificultad de mis caminos*
> *pudieran alentarme con su mano;*
> *y son por sierto de memoria dinos,*
> *Villasirga y el doto Bejarano;*
> *……*'
> (In: García Valdés 2009: 170)

In 19 coupletten in het tweede deel van zijn 'Elegías de los claros varones de Indias y la historia del Nuevo Reino de Granada' beschreef De Castellanos de toestand op naar eigen zeggen Curaçao, Aruba en Bonaire in het tijdvak Béjarano. De Castellanos bezocht zijn geestverwant Bejarano kort voor diens vertrek van Curaçao in 1541. Of hij Aruba en Bonaire daadwerkelijk bezocht staat niet vast, maar dat lijkt onwaarschijnlijk. Uit de Elegie neem ik de voornaamste coupletten over in de weergave en hertaling van De la Try Ellis (1981: 131-5; zie ook Goslinga 1956b; Hartog 1961: 62-4).

Juan de Castellanos. Portret van de auteur, Juan de Castellanos, aanwezig in de Bernardo Mendel Collectie, Madrid. By Impressor de su Magestad. Bron: Wikimedia Commons.

Couplet 1
Volviendo pues al término marino,
Digo que con algunas compañeros
Solia frequentar este camino
El factor Juan de Ampiés, de los promeros
Que de Santa Domingo fué vecino,
Donde yo conoci su herederos,
Y a Bejarano que, por se quien era,
Heredo por mujer a su heredera.

De schrijver, terugkerend tot zijn verhaal over de zee, deelt mee, dat hij een zekere Juan Ampiés, die de zee veel heeft bevaren, en geboortig is van Santo Domingo, op Curaçao heeft leren kennen en vindt daarin aanleiding iets over deze eilanden te vertellen (De la Try Ellis vertaalt ten onrechte dat Castellanos De Ampiés had ontmoet en dat deze op Hispaniola was geboren. L.A.).

Couplet 2
Curazao y Aruba, que frontero
'Desta costa son islas situadas,
Al Juan de Ampiés, factor ó tresorero,
En perpetuo gobierno fueron dadas,
Las cuales por aqueste caballero
Primeramente fueron conquistadas;
Y pues son tan cercanas desete gente,
Quiero trataros dellas brevemente.

Het bestuur over Curaçao en Aruba werd "in eeuwige regering" aan Juan de Ampiés opgedragen aangezien hij beide eilanden veroverde.

Couplet 3
De la costa del mar que represento,
Hasta tres leguas esterán distances:
Las gentes que las tienen por asiento
Son mucho mas que otras elegantes,
Y tanto que por otro nombramiento
Les llamaban las Islas de Gigantes,
Por ser en general de su cosecha
Gente de grandes miembros y bien hecha.

Curaçao en Aruba liggen drie uur gaans uit de kust van Colombia; de mensen die er wonen zijn veel groter dan andere en wel zo zeer dat men de eilanden die der reuzen noemt; toch zijn ze welgevormd.

Couplet 4
No tienen para qué formar querelles
De natura por malas proporciones:
Son las mujeres por estremo bellas,
Gentiles hombres todos los varones;
Por consiguiente son ellos y ellas
De nobles y apacibles condiciones;
Tienen para la guerra gentil brio,
Y su lenguage es el caquetio.

Zij zijn niet oorlogszuchtig. De vrouwen zijn schoon en de mannen knap; ze zijn van edele en vreedzame aard; als het erop aankomt, dapper in de strijd en hun taal is die van de Caquetío.

Couplet 8
Por Juan de Ampiés, después por Bejarano
Se les daban cristianos documentos,
Y cada cual con celo de cristiano
Deseaba poner buenos cimientos;
Mas no siempre tenian á la mano
Quien les administrase los sacramentos;
Mas este si faltaba se suplia
Con algun lego que los instruia.

Door de bemiddeling van Juan de Ampiés en later door Bejarano ontvingen zij Christelijke lering en ieder was met de ijver bezield om een goed Christen te worden. Maar er waren niet altijd priesters bij de hand om de sacramenten toe te dienen. Dit werd dan gevraagd aan een leek die hen onderrichtte.

Couplet 9
Uno conoci yo, pero no viejo,
Y aunque se me mostraba no ser basto,
Aquella soledad y el aparejo
Lo hacian vivir con muy poco casto;
Y siendo proveido de consejo,
Se le hizo de mal pesadumbre:
De consta con cuan grande pesadumbre
Se suele desechar mala costumbre.

De schrijver heeft een priester van deze eilanden, een man die nog niet zo oud was, gekend, en ofschoon deze verre van onbeschaafd was, droegen de eenzaamheid en de omgeving ertoe bij, dat hij 'maar weinig kuis' leefde. Te goede geraden heeft hij zich echter van het slechte pad afgekeerd.

STANDBEELD EN VERBEELDING

Couplet 12
Hay alli de ganados buen rebaño
De todos castas, mas de tal grandeza,
Que si yo por ventura no me engaño
Escede á la comun naturaleza:
Del cual los indios recebian daño
A causa de tener gran estrecheza;
Mas bien sabe de hacer manada angosta
El indio, cuando á ello se regosta.

Er zijn op Curaçao en Aruba heel goede kudden van allerlei ras, maar groter dan die wij kennen. De indianen hadden last van die kudden omdat er zo weinig ruimte op die eilanden was. Ze hadden er echter verstand van er tamme kudden van te maken.

Couplet 13
Sucedió pues en este tal gobierno
Lázaro Bejarano, que a digo
Que como sucesor y como yerno
Fué destos dichos indios gran abrigo
Su musa digna fué de nombre eterno,
Lo cual no digo por le ser amigo,
Sino porque sus gracias y sus sales
No se yo si podrán hallar iguales.

Lázaro Bejarano volgde Juan de Ampiés op als bestuurder nadat hij met diens dochter was gehuwd; hij was een grote steun voor de indianen. Zijn naam zal in eeuwige herinnering blijven omdat zijn bekwaamheden en verstand geen gelijke hadden.

Couplet 19
Era con gran razón merecedora
De fiesta tan cabal y generosa,
Porque demás de ser esta señora
En aviso cabal y virtuosa,
Entre las otras era como aurora
En todas bueanes buencs perte de hermosa.
Con este concluyamos, y aqui pare
Lo de Aruba, Curazao y Buinare.

En de vrouw donna Maria werd (bij ontvangsten in Rio Hacha en Hispaniola, L.A.) geprezen als zijnde de mooiste van allen. En hiermee sluit dan het gedeelte dat gaat over Aruba, Curaçao en Bonaire.

5.2 Mythe III: De Elegie, feiten en mythen

> *'By the middle of the sixteenth century, the discrepancies between the image and the reality could no longer be systematically ignored. Too many awkward facts were beginning to obtrude'* (Elliott 1992: 28).

De Castellanos bezocht de Nieuwe Wereld toen de eerste fase van de kennismaking en bezetting overging in een tijd van consolidering van het Spaanse bestuur in de Amerika's. Er was een generatie verstreken tussen de eerste confrontatie van de Amerikaanse en Europese werelden en De Castellanos' oversteek. Er was een assimilatieproces tussen beide werelden op gang gekomen en in Europa werd er steeds meer bekend over de Nieuwe Wereld. In dit tijdsgewricht was er minder ruimte voor plinische monsters en al te grove onwaarheden. Wel boden het geschreven woord en de boekdrukkunst gelegenheid voor literaire vrijheid en eigen interpretaties van de eerste driekwart eeuw van conqueeste en kolonialisme, los van de opinie van Kroon, kerk of Inquisitie. De Castellanos presenteerde zijn Elegie met daarin etnografische, politieke en ideologische componenten.

5.2.1 De Elegie als etnografie

De Castellanos behoort met Dr. Changa (1493) en frater Ramón Pané (1498) tot de vroege etnografen van de Nieuwe Wereld, maar terwijl deze laatsten aan het begin van de contactperiode stonden, staat De Castellanos – net als de eerdergenoemde Camões – aan het eind van de eerste kennismaking van beide werelden. Hij bezocht de Caraïbische eilanden niet terwijl, maar nadat deze door conquistadores, slavenhalers en encomendero's waren veroverd en hun bevolkingen inmiddels waren onderworpen, ontworteld of overleden.

De Castellanos beschreef het ontstaan van een contactcultuur op de Benedenwindse eilanden. In de eerste twee coupletten vertelt hij over de geschiedenis en het bestuur op de eilanden. De Castellanos vertelt de lezer dat de eilanden Curaçao en Aruba 'in eeuwigdurende regering' aan De Ampiés waren afgestaan omdat hij deze had veroverd (couplet 2). Wellicht een verwijzing is naar De Ampiés' rol in de deportatie van 1513-1515 (couplet 1 en 2).

De Castellanos hanteert een universalistisch christelijk mensbeeld in couplet 3 en 4, waarin hij karakter en talenten van de inheemse bewoners beschrijft. Net als in de rest van de Elegie is dat overwegend in waarderende zin (Ospina 2007: 187-90). De Castellanos schrijft de indianen louter positieve eigenschappen toe en benoemt hun etniciteit en taal: Caquetío. Zij waren welgevormd en vreedzaam, doch als het nodig is dapper in de strijd. In couplet 5, 6 en 7 prijst hij hun behendigheden in jacht en met name het pijlschieten, terwijl hun vaardigheid om het verwilderde vee te temmen wordt aangeprezen in het twaalfde couplet. De Castellanos dicht hen een welhaast Epicuristische gemoedstoestand toe. In de coupletten 8 en verder bespreekt De Castellanos de vestiging van het christendom en de ontvankelijkheid van de Caquetío's daarvoor aan, maar de nadruk gaat uit naar de vruchtbare inpanningen van de encomendero's en hun geestelijken.

De Castellanos wijst de introductie van de veeteelt aan als een ingrijpende wijziging in de lokale economie. In couplet 12 benadrukt hij de succesvolle economische ontwikkeling van de eilanden dankzij het kolonisatiemodel van de encomienda en de inbreng van de Caquetío's in de veeteelt. Dit was echter niet mogelijk geweest zonder de leidende rol van encomendero Bejarano (over hem gaan couplet 13-17). Hoewel De Castellanos waarschijnlijk alleen Curaçao bezocht, noemde De Castellanos ook de belening van Aruba in couplet 2, en in de laatste coupletten (nrs. 18-19) laat hij de lezer weten dat ook *Buinare* in zijn verslag was beschreven. Deze vermelding bevestigt nogmaals dat dat eiland ook tot de belening is gaan behoren.

De Castellanos' beschrijving staat in het teken van het volgens hem succesvolle samengaan van de Spaanse en de inheemse wereld op Curaçao, Aruba en Bonaire. Decennia na het verhitte debat tussen Las Casas en Sepúlveda benadrukt hij in navolging van Las Casas het menselijk potentieel en de vatbaarheid van de inheemse bevolking voor het christendom. Kerstening geschiedde door reizende priesters. Leken, zogenaamde fiscalen, gingen voor in het gebed indien geen priester beschikbaar. Van weerstand van de inheemse bevolking tegen de kerstening is geen sprake.

Elementen van de Caquetío-cultuur, zoals de taal, vermengden zich met die van de Europese wereld, in het bijzonder het christendom en de veeteelt. Dankzij de vermelding van Bonaire is de Elegie de eerste etnografie van de gezamenlijke Benedenwindse eilanden tijdens de Spaanse periode van koloniale, dat wil zeggen economische en religieuze overheersing.

5.2.2 De Elegie als ontlastende verklaring

Spaanse bronnen zijn geen waarheidstrouwe weerspiegelingen van een voorbije tijd, maar documenten die de schrijver positioneren op het machtstoneel en het tijdsgewricht waarvan deze deel uitmaakte. Een tweede laag waarop we De Castellanos kunnen lezen is een kerkelijk-juridische. Naast zijn rol als etnograaf en chroniqueur van de Benedenwindse Caquetío's, werpt De Castellanos zich op als postume verdediger van Bejarano en frater Diego Ramirez tegen de aantijgingen door de bisschoppen Bastidas en De Agreda en hun veroordeling door de Inquisitie in 1559. Zoals gezegd: De Castellanos zelf was ook in de problemen geraakt met de Inquisitie.

Hij lijkt de religieuze aanklachten door bisschop en Inquisitie over het verwaarlozen van de kerstening onder de Caquetío's te willen weerleggen. De coupletten 8 tot en met 11 verwijzen naar de missioneringsplicht en de veroordeling van Lazaro Bejarano en frater Ramirez door de Inquisitie. De Castellanos benadrukt dat De Ampiés en Bejarano het christendom naar de eilanden brachten en legt uit dat het niet altijd mogelijk was om gewijde priesters op de eilanden te stationeren, maar dat in dat geval leken hun werk overnamen. Er was inderdaad een priester geweest die, alhoewel hij verre van onbeschaafd was, door eenzaamheid gedreven zijn kuisheidsgelofte had verzaakt. De man was echter tot inkeer gekomen en had zijn leven gebeterd. Het werk van de geestelijken op het eiland was zwaar en gevaarlijk en verdiende meer waardering van de lezer dan het onbegrip dat frater Ramirez had ondervonden van de Inquisitie. Dat laatste staat uiteraard niet met zoveel woorden vermeld.

In de laatst geciteerde coupletten vervolgt De Castellanos de verdediging van Bejarano. Hij had de eilanden tot welstand gebracht met de veeteelt, zijn vrouw bijgestaan na bij het verlies van hun dochter en hij was een grote steun voor de indianen. Op de terugreis via Rio Hacha naar Hispaniola was bij zijn komst op beide plaatsen feestelijk onthaald (couplet 17-18). Bejarano verdiende *eeuwige herinnering ... omdat zijn bekwaamheden en verstand geen gelijke hadden.* De Castellanos hekelt niet alleen de religieuze aanklacht tegen Bejarano, maar ook de oproep tot het ontnemen van zijn verworven rechten als encomendero.

Christelijk humanisten zoals Bejarano en De Castellanos zetten zich af van de orthodoxie, decadentie en bureacratie van de Roomse kerk. De rechtbanken van de Inquisitie bestreden inheems, precolumbiaans heidendom en Europees lutheranisme en humanisme. De Castellanos was ongetwijfeld op de hoogte van de veroordeling van Bejarano en frater Ramirez door de Inquisitie en bijna dertig jaar later weerlegde hij alle belangrijke aanklachten van bisschoppen en Inquisitie in zijn verslag van de toestand op de eilanden. Hij wierp zich postuum op als getuige à decharge: hij presenteerde een ontlastende verklaring tegen de aanklachten van de Inquisitie en de bisschoppen uit Coro en verwierp de veroordeling door de Inquisitie van de 'begiftigde encomendero'. En wellicht ook zijn eigen veroordeling. Bejarano en De Castellanos kregen in de twintigste eeuw bijval vanuit rooms-katholieke én humanistische hoek.

5.2.3 De Elegie als ideologie

Vanuit kerkrechtelijk perspectief koos De Castellanos de kant van humanist Bejarano, maar wat was zijn visie op Spaanse expansie en kolonialisme? Enerzijds kan men De Castellanos zien als exponent van het christelijk humanisme in de traditie van Las Casas en Bejarano. Anderzijds moet hij worden geïnterpreteerd als exponent van de gewelddadige Atlantische expansie vanuit Europa en als verdediger van het . Pérez Botero (1975: 35) die de De Castellanos' Elegie aan een literaire stijlanalyse onderwerpt, concludeert over diens ideologisch perspectief:

> 'Finalmente, …, Castellanos presenta la imagen del mundo definida por la acción expansiva de la conquista del hombre, con nuevos mares, nuevos ríos, nuevos montes, nuevos valles, nuevos alimentos, nuevas habitaciones, nuevos animales, expresado todo en un lenguaje nuevo. Las líneas de este nuevo universo están en continuo movimiento, Colón, Pedro de Heredia, Cortés y Jiménez de Quesada son los personajes representativos de este nuevo mundo. En él existe una lucha continua entre civilización y barbarie.'

Voor Pérez Botero (1975) en na hem Ospina (2007) is De Castellanos een verwonderd christen wiens bekende wereld steeds verder uitdijt en aan wie zich een enorme culturele en natuurlijke diversiteit aandient om te worden toegeëigend door het sinds de Reconquista herboren, katholieke Spaanse rijk. Tijdens vergelijkingen met Columbus' reizen en De Castellanos' eigen omzwervingen met de mythologische tochten van Hercules, de Argonauten en de Odyssee van Homerus en de middeleeuwse kruistochten, vertoont zich een nieuwe, idyllische wereld. Een ongerept Arcadië, geschonken aan Spanjaarden en christenen voor exploratie, ontwikkeling en beschaving, zoals God in Bijbelse tijden de aarde aan de mensheid toevertrouwde.

De door Pérez Botero genoemde continue strijd tussen civilisatie en barbarij was actueel in het Europa van de vijftiende en zestiende eeuw: verinnerlijkt in de strijd tussen goed en kwaad als gevolg van de opkomst van lutheranisme en humanisme en de pogingen van de Inquisitie en de contrareformatie om religieuze heterodoxie te bestrijden. Veruiterlijkt, in de middeleeuwse kruistochten om de opkomst van de Turken in Oost en Mediterraan Europa te stuiten en de verdrijving van de Moren uit Spanje in 1492. De Atlantische expansie van het Spaanse rijk combineerde verinnerlijkte (religieuze) en veruiterlijkte (militaire, economische) strijd tussen Spaanse civilisatie en inheemse barbarij.

De tweestrijd tussen civilisatie/christendom en barbarij is in de Benedenwindse verzen op verinnerlijkte wijze zichtbaar in de zondeval en het herstel van de gevallen priester (couplet 9), maar ook in de karakterologische voortreffelijkheid van encomendero en humanist Bejarano voor wat betreft zijn paternalistisch leiderschap over de kinderlijke Caquetío's, die inmiddels (in 1563) tot 'miserabiles' waren verklaard (couplet 13). Geen Vespucciaanse Giganten dus, maar edele en leergierige protochristenen (couplet 4-7). De verhouding tussen belener en beleenden is van die herder tot zijn schapen, van de priester tot zijn parochie. Ospina (2007: 27) gaat zelfs zover dat hij zijn omvangrijke studie over het werk van De Castellanos opdraagt aan de inheemse inwoners en aan de Europese nieuwkomers gezamenlijk:

> 'Este libro sobre Juan de Castellanos quiere ser un homenaje a los antiguos habitantes del territorio americano y también los ejércitos invasores que aquí dejaron su sangre y su vida.'

Tot zover de sympathie voor De Castellanos.

Een tegenovergestelde interpretatie van De Castellanos als vroege verdediger van opkomend kolonialisme, biedt Torres-Saillant (2006: 117). In navolging van Garcia Lopéz (1971) verklaart hij De Castellanos de ideologische grondlegger imperialisme en kolonialisme.

> '…, the poem 'Elegias de varones ilustre de Indias' by Juan de Castellanos provided arguabaly the clearest formulation gradation of human worth. … The longest poem written in the Spanish language, the Elegias matters less for its artistic achievement than for its richness as a historical document that, in addition to mapping the spread of the Spanish Empire in the sixteenth century, reveals the philosophy of history that informed the colonial regime and the view of humanity that served as justification to the plunder and the domination of the conquest.'

De Castellanos, zo betoogt Torres-Saillant (2006: 138), creëerde een kloof tussen een Europees Wij en de Ander in de koloniale wereld.

> 'The naming of of Western discourse of a large zone of intellectual alterity term "the post colonial world" implies a partition of the world in two distinct realms of the imperial imagination that led Juan de Castellanos over four centuries before to identify the 'hidden' world of the conquered Other as a bequest received as recompense by the conquering 'we''.

In de ogen van Torres-Saillant verdeelde De Castellanos de mensheid in onoverbrugbare kampen van overwinnaars en overwonnenen; in kolonisatoren en gekoloniseerden. Wellicht heeft hij hierin gelijk, maar tevens gaat hij voorbij aan de kernvragen waarmee De Castellanos zich in de zestiende eeuw bezighield, namelijk die over de rechtvaardige relatie tussen Amerikanen en Europeanen en die tussen de wereldlijke kolonisering en de religieuze missionering van de Nieuwe Wereld. Een nuancering is daarom op zijn plaats.

We zagen dat De Castellanos zijn werk schreef in een periode van afbraak van het encomiendasysteem. Deze stond na de afkondiging van de Nieuwe wetten in 1542 constant onder druk. Spanje wilde het encomiendasysteem vervangen door een koloniale bureaucratie en een bisschoppelijk stelsel van missionering. Encomendero's in het gehele trans-Atlantische rijk – Nieuw Spanje, Peru, en ook de Filippijnen – maakten zich sterk voor het behoud van het encomiendasysteem onder meer door het voortdurende karakter van de verleende rechten van de encomendero's te benadrukken. Herhaaldelijk zag Spanje zich genoodzaakt om encomiendo-rechten met een extra generatie te verlengen. Dat gold ook voor de Benedenwindse eilanden. De Castellanos benadrukt het voortdurende 'en perpetuo' karakter van de belening onder het encomiendasysteem. In couplet 2 lezen we al direct een afwijzing van bisschop De Agreda's oproep aan de koning om Bejarano de belening te ontnemen:

'Al Juan de Ampiés, faktor ó tresorero, en perpetuo gobierno fueron dadas. / Las cuales por aqueste caballero / Primeramente fueron conquistades.'

De Castellanos' werk bouwde weliswaar voort op de christelijk humanistische traditie die reeds zichtbaar was bij Columbus en Las Casas, maar De Castellanos was bovenal een behoudend missiepriester. De mensheid werd één gemeenschappelijke, goddelijke oorsprong toegekend, waardoor eenieder in staat was de zegeningen van het christendom te ontvangen. De Castellanos noemde de Benedenwindse Caquetío's in navolging van Vespucci weliswaar 'giganten', maar zij waren welgevormde, vredelievende en talentvolle mensen die zich openstelden voor de zegeningen van de Europese beschaving: het christendom en de veeteelt. Zij lieten zich daarin leiden door encomendero's als De Ampiés en Bejarano. Botero's kloof tussen civilisatie en barbarij wild en beschaafd was te overbruggen door kolonialisme en missionering. Daarmee toonde De Castellanos zich wellicht christenhumanist, maar de priester uit Alanís miste de anti-klericale insteek die Bejarano steeds weer in de problemen bracht.

De Castellanos was getuige van de afbreuk van het encomiendasysteem na de invoering van de Nieuwe Wetten in 1542 en de opbouw van de Spaanse koloniale bureaucratie. De Castellanos stelt de onderwerping van de inheemse Amerikanen aan de Europeanen niet ter discussie, maar wel zet hij zich in de Benedenwindse coupletten in voor de voortdurende kolonisatie volgens het model van de encomienda. Dat was – volgens De Castellanos – bij De Ampiés en Bejarano in goede handen. Anders dan bijvoorbeeld de paters hiëronymieten zette De Castellanos zich niet in voor het behoud van inheemse autonomie en de besturende rol van de inheemse caciques, maar juist voor het behoud van de encomienda die onder vuur lag, ook in Colombia waar De Castellanos zijn verblijf hield. De Castellanos verschilde van Las Casas. De laatste keerde zich tegen de encomienda en vestigde zijn hoop op de vorming van theocratische missiegemeenschappen, de eerste op het continueren van het encomiendasysteem. Aldus is de Elegie geen literaire verbeelding van een nieuwe wereld waar de katholieke kerk nieuwe kansen kreeg om het in Europa tanende religieuze monopolie te compenseren, maar een etnografisch, kerkrechtelijk en ideologisch pleidooi voor het behoud van het omstreden, maar steeds weer verlengde encomiendasysteem.

5.3 Mythe IV Historisch oordeel en literaire vrijheid

Gebeurtenissen uit de Spaanse periode moeten worden gereconstrueerd op grond van schaarse bronnen en op basis van deconstructie van interpretaties door eerdere onderzoekers. Dat geldt zowel voor grote ontdekkers en conquistadores als Columbus, De Ojeda en Vespucci als voor 'kleine conquistadores' en bestuurders als De Ampiés en Bejarano. Rond ieder van hen bestaan uitgebreide interpretatiegeschiedenissen. De Castellanos was de eerste verdediger van De Ampiés en vooral Bejarano en hij kreeg navolging. Veel historische werken benadrukken de menslievende reputatie van De Ampiés en Bejarano. In de in deze studie geraadpleegde Spaanstalige literatuur (Felice Cardot, Deive, Ospina, García Valdés) komen De Ampiés en Bejarano er doorgaans goed af. In de komende pagina's beperken we ons tot Nederlandse, Antilliaanse en Arubaanse auteurs. We ontdekken dat geschiedschrijvers verantwoordelijk zijn voor het hardnekkig doorgeven van mythologische voorstellingen.

Een voorbeeld: Amelunxen is één van de eerste twintigste-eeuwse Nederlandse geschiedschrijvers die De Ampiés in zijn *De geschiedenis van Curaçao* (1980: 13, oorspronkelijk 1929) in een positief daglicht stelde:

> *'Gelukkig voor hem had de keizer hem den post van faktoor over Curaçao opgedragen, waar hij heen trok, zeer waarschijnlijk vergezeld van een aantal Indianen, die hem vrijwillig volgden, daar zij in hem een weldoener zagen.'*

De brief van De Ampiés uit 1525/6 en het dertiende couplet van De Castellanos klinken na in de woorden van de Hollandse historicus. Dat slavenhandelaar De Ampiés de organisator was van de deportaties van 1514/1515 was de schrijver niet bekend, evenin als de ideologische positie van De Castellanos in het toenmalige encomienda-debat. Ameluxen (1980: 13) werd niet belemmerd door veel kennis van historische feiten of een kritische geschiedsopvatting.

> *'Ruim een eeuw bleef Spanje in het ongestoord bezit van Curaçao en veel zullen de Indianen van de Spanjaarden hebben geleerd. Zeer zeker zijn wel huwelijken gesloten tussen de Indiaansche vrouwen en de Spanjaarden. ... Al bestond er geen slavernij, toch bewezen de Indianen aan de Spanjaarden meerdere diensten, zoals het werken aan de zoutpannen, het houthakken en het aandrijven van vee en dergelijke meer.*
>
> *Meerdere dorpjes zijn in die eeuw gesticht, maar geen is tot een stad kunnen uitgroeien. Ook is de afstand bewaard gebleven tusschen de wilden en de blanken. Honderd jaar van samenleven op een beperkt terrein, vermocht niet te leiden tot samensmelting der rassen.'*

Historici schrijven elkaar over. Zo stelde Van Grol in 1934 geheel in de trant van Amelunxen De Ampiés voor als een altruïstisch kolonist die de bekering van de eerder geroofde indianen mocht compenseren met het recht op benutting van de eilanden:

'Als heer of leenman stelde hij zich ten doel er rooms-katholieke nederzettingen van te maken en koos tot kern hunner kolonisatie oud-eilanders, die naar Hispaniola ontvoerd waren, welke hij onder de verplichting hen te kerstenen, daartoe mocht gebruiken. Als tegenwicht tegen den kostbaren altruïstischen inzet van zijn onderneming voerde hij tevens vee van Europesche herkomst in (...), klaarblijkelijk ook uit Hispaniola, ... en waarvan hij er spoedig (1520) duizenden bezat' (Van Grol 1980: 76-7).

Indien Van Grol met deze samenvatting van De Ampiés' intenties correct is, dan kan De Ampiés met enige interpretatieve inspanning worden geplaatst in het koloniale Spaanse denken uit de dagen en jaren van de Wetten van Burgos uit 1512, waarin bij het stichten van Spaans-indiaanse encomienda's waar koloniaal gewin en godsdienstige bekering hand in hand gingen. En precies zo positioneerde De Ampiés zich in zijn schrijven aan de Spaanse Kroon.

Hartog overtuigd katholiek, maar niet schrijvend op basis van kerkelijke bronnen of levensbeschouwelijke overtuigingen, ving in de loop van de jaren vijftig aan met zijn magnus opus: de geschiedenis van ieder der eilanden van de Nederlandsse Antillen. Al in zjn eerste uitgave uit 1954, die over Aruba handelde, neemt hij een kritische houding over De Ampiés aan:

'Het is intussen hoogst twijfelachtig of hij uitsluitend door menslievende overwegingen ten opzichte van de Indiaanse bevolking geleid werd; veeleer is het waarschijnlijk dat hij naast zijn kolonisatie en houthandel ook wel degelijk de winstgevende handel in Indiaanse slaven op het oog had (1980: 31).'

Deze opvatting handhaafde Hartog gedurende zijn verdere werkzaamheden als historicus.

In aansluiting op Hartog, stelde Goslinga (1956a: 169-70) de Benedenwindse geschiedschrijving voor een opgave: Het zou nog moeilijk worden om de legende over De Ampiés' karakter en bedoelingen te corrigeren. Goslinga beschreef aan hoe De Ampiés door negentiende eeuwse Venezolaanse historici (Baralt, Fortoul, Lecuna, Arcaya, Parra Pérez, Javier Yanes, Acosta, Caro) deze historische mythe – de encomendero als indianenvriend – in het leven hadden geroepen, daarbij steeds terugvallend op historische bronnen als De Ampiés brief aan koning Karel 1 en de Elegie.

Desondanks spreken de op de Benedenwindse eilanden werkzame Nederlandse priester-historici zoals de paters Brada en Nooyen zich positief uit over De Ampiés. Brada (1963: 6-9) portretteert hem als goedwillend kolonist en als de brenger van het katholicisme op de (voormalige) Nederlandse Antillen:

'Er was goodwill en die goede bedoeling zou ook hebben voorgezeten bij een zekere Juan de Ampues, een kolonist uit Santo Domingo, die de Indianen uit Curaçao naar hun eiland wilde terugbrengen en daarvoor permissie kreeg. ...

Verdriet in zijn leven, tegenslag op de kust waar de Duitsers kwamen koloniseren, …, die hier steden zouden bouwen, doch die veel te streng optraden, maakte het leven van Ampues niet erg succesvol. … De Indianen weer terug op Curaçao kenden nu het Christendom, ofschoon niet altijd wel zeker van de mooiste zijde.

Hier op Curaçao waren de Indianen zacht en we zien hier geen verzet bij de Indianen. … Men leefde gelukkig, men leverde zelfs groenten aan de overkant, doch de komst van de Duitsers verbrak natuurlijk dat contact, men ging er niet heen om opgepikt te worden voor een zware expeditie het binnenland in, om Eldorado te vinden, om weer parels te vissen. Dan maar op het eiland gebleven.'

Ook priester-historicus Nooyen belicht de 'vredelievende' zijde van De Ampiés en de paters hiëronymieten die het bestuur voerden ten tijde van De Ampiés aanvraag en hun goedkeuring gaven van de belening van Curaçao en Aruba. Nooyen (1979: 29) schrijft:

'Hij zou dan beginnen met de Curaçao Indianen op S. Domingo weer naar hun eiland terug te brengen en hen tot eerzame burgers en goede onderdanen van de Koning van Spanje te maken. … In zijn brief wees hij de Koning erop, dat de Indianen van Curaçao zachtmoedige en intelligente mensen waren, die erg geneigd waren om het katholieke geloof te aanvaarden. …

De meeste Spaanse autoriteiten, ook de paters Hiëronymieten, die op Santo Domingo het bestuur in handen hadden van 1516 tot 1520, waardeerden de zachtmoedige houding van De Ampués. Ze vonden hem een symphatieke baas, ook tegenover de Indianen.'

Een flagrante onjuistheid want De Ampiés was een geducht tegenstander van de hiëronymieten en van veel sympathie leek geen sprake (4.2). De Ampiés verwierf zijn belening bovendien officieel pas na hun ontslag als bestuurders en hun vertrek van Hispaniola, dankzij de tussenkomst van Rodrigo de Figueroa.

Brada en Nooyen waren kennelijk bekend met historische gebeurtenissen zoals het priestertekort op de eilanden en de komst van de Welsers, maar zij namen hun bronnen te letterlijk wanneer het om historische mythen ging. Brada reproduceert zodoende het beeld van de vredelievende, dociele Caquetío. Nooyen gaat eraan voorbij dat De Ampiés in zijn verzoek voor het verwerven van de encomienda aan de autoriteiten (de Audiencia te Hispaniola en de Kroon in Spanje) geen feiten, maar precies die argumenten naar voren bracht die zijn verzoek van 1525/1526 ondersteunden door te onderbouwen met argumenten in de geest van de Wetten van Burgos. Dat zegt meer over het ideologisch klimaat van het moment en de argumentatievaardigheden van De Ampiés, dan over zijn werkelijke intenties. De feitelijke behandeling en het strafregime zoals De Ampiés in 1517 aan de hiëronymieten beschreef en zijn rol als handelaar in inheemse slaven op de parelkust (3.2.3) was de priester-auteurs duidelijk niet bekend.

Ook Nicolaas 'Cola' Debrot hield zich bezig met De Ampiés en Bejarano en het wordt gaandeweg duidelijker hoe belangrijk de 19 coupletten van De Castellanos zijn geweest voor de mythevorming rond De Ampiés en Bejarano. Debrot (Bonaire

1902-Amsterdam 1981) was arts, jurist, auteur, literatuurhistoricus, diplomaat, gevolmachtigd minister in Den Haag en gouverneur van de Nederlandse Antillen. In 1977 publiceerde hij over De Ampiés en Bejarano in *Verworvenheden en leemtes van de Antilliaanse literatuur*, één van de eerste overzichtswerken van de Antilliaanse literatuurgeschiedenis, dat verscheen in de veelgelezen bundel *Cultureel Mozaïek van de Nederlandse Antillen*. Op basis van het werk van Felice Cardot, dat ook voor deze studie zo belangrijk is, stelt Debrot vast dat De Castellanos en Bejarano een vriend-vijandverhouding hadden. Debrot (1977: 101) schrijft De Castellanos een 'geestelijke instelling' toe die behoorde bij *'de priesters die zich daarna met de zielszorg onder de slaven zouden belasten'*. Dat is mogelijk: De Castellanos werd na zijn wijding in 1550 missiepriester in het huidige Colombia. Debrot bedeelt Bejarano vervolgens met een individualistische mentaliteit: *'Hij vertegenwoordigde een individualisme dat pas drie eeuwen later, en dan ook nog slechts met mate, in de Antillen ingang zou vinden.'* Het staat niet niet vast over welke aanwijzingen Debrot beschikte om een dergelijke typering te onderbouwen, maar het lijkt een veilige aanname dat Debrot verwees naar Bejarano's steun voor Erasmus' pleidooi om de Bijbel te vertalen en de individuele lezer meer vrijheid van interpretatie te geven.

Het gebrek aan historiografische bewijsvoering en Debrots literaire vrijheid om zestiende eeuwse leemtes in te vullen, maakte het de auteur mogelijk om een historisch personage naar Bejarano's voorbeeld te modelleren in zijn laatste voltooide novelle: *De vervolgden*, één van zijn meest geprezen werken, dat hij afrondde in 1981, kort voor zijn overlijden op 2 december, en dat postuum verscheen in 1982. Het werk is sterk gebaseerd op Debrots studie van Felice Cardots *Curazao Hispanico* en diens lezing van De Castellanos' *Elegie*. Debrot situeert het verhaal in de periode dat De Ampiés en Bejarano het bestuur over de eilanden voerden. Debrot werkte met wisselende vertelperspectieven. Aanvankelijk en ook in de slotscène wordt het verhaal verteld vanuit het perspectief van de Caquetío's, maar tussendoor verschuift het perspectief tussen dat van de alwetende verteller en dat van de verlichte gouverneur. In artistiek opzicht overtrof *De vervolgden* De Castellanos' Elegie. Debrot schotelt de lezer prachtig literair proza voor. Volgens Oversteegen (1994: 322) had Debrot veel aan de tekst gepolijst en voor het resultaat ontving hij lof in de pers in de vorm van verwijzingen naar het werk van Latijns-Amerikaanse auteurs zoals de latere Nobelprijswinnaars Gabriël García Marquez (1982) en Mario Vargas Llosa (2010).

De novelle valt op door het ontbreken van expliciete oriëntatie op ruimte en tijd en de impliciete verwijzing naar historische personages en gebeurtenissen. Er komen slechts enkele tijdsverwijzingen voor in het verhaal: 24 juni 1520, de dag van de inname van Montezuma's Tenochtitlán door Hernándo Cortés (nog voor De Ampiés' bestuur), 21-23 januari 1547, toen het tot een conflict kwam tussen de gouverneur (lees: Bejarano) en pater Rojas en ten slotte 4 mei (Debrots geboortedag!) 1547, de dag dat de gouverneur onder dreigende omstandigheden de inwoners van Curaçam met een gedreven betoog een hart onder de riem stak.

Expliciete verwijzing naar plaats is beperkt tot de verbastering van Curaçao tot Curaçam, De Benedenwindse lezer herkent onmiddellijk vertrouwde lokaties op Bonaire en Curaçao en passeert in gedachten het eiland Klein Curaçao (Ceiba). Debrot creëert een intiem onder-onsje met de lokale lezer, terwijl hij de niet-ingewijde lezer een droog Benedenwinds landschap voorschildert met roze flamingo's in uitgestrekte pekelmeren, woeste noordkapen en mysterieuze grotten. De moderne lezer maakt kennis met de schepper van de geheimzinnige inheemse rotstekeningen die men er tot heden in grotten aantreft.

Hetzelfde doet Debrot met historische personen en gebeurtenissen. Wie De Castellanos en Felice Cardot heeft gelezen ziet een herschikking van talloze narratieve elementen: personages en hun conflicten, etnografische verwijzingen en historische gebeurtenissen uit de Elegie. Markant zijn de vele verwijzingen naar personen uit de *Elegie* en *Curazao Hispanico*. Om een voorbeeld te noemen: Debrots humor versmolt bijvoorbeeld de onder zijn generatie populaire detective schrijfster Agatha Christie en Mario Vargas Llosa, de Peruaanse schrijver-politicus tot Agatha Vargas. De achterwege gelaten achternaam Christie (vertaling uit Latijn: van Christus) vormt wellicht een impliciete verwijzing naar de christen-humanistische schrijfster die het – net als Bejarano – met de Inquisitie aan de stok kreeg.

Een samenvatting: Drie indianen afkomstig van Tierra Firme, – aangeduid als broeder van de spierkracht, broeder van het water en broeder van de tekeningen – varen in hun kano langs de kust van één van de Benedenwindse eilanden, blijkens de beschrijvingen Bonaire. Het nieuws heeft hen bereikt dat zich grote en gevaarlijke houten bouwsels over zee verplaatsen. De drie worden door Spanjaarden gevangengenomen en over hen wordt, als ware het een sacrament, de *Requerimiento* voorgelezen, terwijl ophanging aan galg voor willekeurig één van hen dreigt. In gevangenschap horen de drie over de inzet van indianen in Cortés overwinning op Montezuma tijdens de val van Tenochtitlán. Al snel zegt de voor de Spanjaarden werkende indiaanse onderofficier Delfino hen toe dat de gevangenschap tijdelijk zal zijn en hen een goede behandeling en vrijheid wacht.

Na enige tijd brengen de Spanjaarden hen over naar het eiland Curaçam. Onderweg passeert men Klein Curaçao en de Oostpunt van Curaçao. Eenmaal op Curaçam verkrijgen zij christelijke namen en worden zij samen met andere indianen uit alle windstreken ingezet in de veeteelt en landbouw. Er worden paarden gefokt voor de export ten behoeve van strijdvelden en wellicht later de kolonisering op de Vaste Wal. Het eiland wordt bestuurd door een anonieme gouverneur, die humanist is en weduwnaar van schrijfster Agatha Vargas. Zij beschreef de natuur, cultuur en landschap van Hispaniola en de andere eilanden in haar *Cartas Hispaniolas*. Agatha moest haar geschriften geheim houden om vervolging door de Inquisitie te voorkomen.

Hun al even kunstzinnige dochter Isabela wordt verliefd op één van de drie indianen: de tekenaar. Een relatie tussen beiden wordt verhinderd door de rassenwetten, maar haar vader staat die niet in de weg en gedoogt. De humanistische gouverneur komt in conflict met de conservatieve padre Rojas. Deze beschuldigt de gouverneur ervan dat hij lichtzinnigheid en danspartijen toelaat en de wetten der raszuiverheid niet in acht neemt. Als Rojas dreigt om de gouverneur aan te geven bij de Inquisitie in Hispaniola, vermoordt de gouverneur hem. Het stoffelijk overschot wordt met veel ceremonieel door de Audiencia opgehaald, zonder dat de moord wordt opgelost.

Kapers dienen zich aan. Piraten van het schip Doomsday overvallen het eiland, maar dat mislukt en de overvallers moeten een deel van hun geld en bewapening inleveren. De piraten worden in gevangenschap verpleegd. Niet alleen Isabela is verliefd. De Spaanse verpleegster Elvira heeft de indiaanse verpleger Sylvio in haar hart gesloten ondanks de grenzen die rassenwetten stellen aan de vrijheid van de liefde. Eenmaal

Nicolaas Debrot, 1902-1982, Promer Gobernador Antiyano, Eskritor, Hurista, Médiko, Fundadó di Centro Cultural Curaçao. Plasa Gobernador Cola Debrot, Willemstad, Curaçao. Artiest: Pieter de Monchy. Foto: Rita Merkies, 2018.

hersteld, krijgen de piraten toestemming om te vertrekken naar de Kaaimaneilanden waar geen rassenwetten heersen. De Schotse kaper-kapitein raadt het Spaans-Indiaanse paar desgevraagd af om met hem mee te reizen en geduldig af te wachten tot de rassenwetten worden afgeschaft. Tussen indianen en kaapvaarders is ondertussen enige sympathie gegroeid.

We herkennen tal van elementen uit De Castellanos en ook uit werk van Felice Cardot: het voor de vorm en onder bedreiging voorlezen van de *Requerimiento*, de belening van de eilanden, de banden tussen Benedenwindse Caquetío's en die van de Vaste Wal, de gedwongen verhuizing (in dit geval naar Curaçam), de kerstening en tewerkstelling. Binnen het gezin Bejarano zien we een aantal omdraaiingen: de naam van koningin Isabella wordt die van de dochter van Bejarano, die leefde en liefhad in de geest van de katholieke vorstin. Niet de historische dochter was overleden, maar de moeder en het waren niet de spotschriften van de Bejarano die omstreden waren, maar de *Cartas Hispaniolas* van de overleden echtgenote Agatha. Het piratenbezoek ontleende Debrot aan het bezoek van John Hawkins aan Curaçao uit de studies van Hartog (1961) en Felice Cardot, maar met dit verschil dat de lezer van de Vervolgenden – in tegenstelling tot Hawkins – er een bloeiende interculturele gemeenschap aantreft. Interraciale verhoudingen werden er niet belemmerd door de rassenwetgeving – de 'limpieza de sangre' – uit 1548, getuige de liefdesrelaties tussen dochter Isabela en de indiaanse kunstenaar en die tussen de Spaanse verpleegster Elvira en de indiaan Sylvio.

In 1559 was frater Ramirez de wegens onkuisheid aangeklaagde; in 1981 was pater Rojas – een verdichting van de bisschoppen Bastidas en De Agreda? – de aanklager. De conflicten met pater Rojas en de dreigementen om de gouverneurs nalatigheid in de zielszorg bij de Inquisitie aan te geven kennen een andere afloop: dodelijk voor de priester, maar op Curaçam kan het raciale experiment voortgang vinden. De benaming Doomsday voor het schip van de piraten zou zo maar een verwijzing kunnen zijn naar de gebeurtenissen op 30 mei 1969, maar dat valt niet meer na te gaan. Op de verjaardag van Cola Debrot, maar dan in 1547, houdt de naamloze gouverneur een pleidooi voor raciale tolerantie en humaniteit op het bedreigde Curazam.

Al met al: Sterk leunend op De Castellanos' *Elegie* en Felice Cardots geschiedschrijving en gebruikmakend van talloze van spelingen met historisch-naratieve elementen, projecteerde Debrot zijn eigen levensloop, levensvisie en bestuurlijke dilemma's in een verdeeld Curaçao op het historisch personage van collega-gouverneur Lazaro Bejarano. Oversteegen (1994: 319) noemt de novelle 'gedeeltelijk autobiografisch' en Rutgers ([137]) spreekt van een 'historische novelle van humaniteit'. De naar Bejarano gemodelleerde gouverneur bevond zich in een intercultureel en interraciaal spanningsveld vergelijkbaar met dat van Curaçao na 30 mei 1969, toen aldaar een rebellie plaatsvond met een uitgesproken raciale component. Op dat moment en in de nasleep daarvan was Debrot gouverneur van een tot op het maatschappelijk bot verdeeld Curaçao. De Roo ([138]) kenmerkt het werk als een postume zelfverdediging: *'De vervolgden is dus ook een oproep om moedig de stem van je eigen geweten te volgen, dwars tegen de heersende meerderheid in'.*

Debrot pakt de draad op waar katholieke priester-historici die achterlieten, maar anders dan bij hen verdient Bejarano lof, niet vanwege zijn rol in de katholieke missionering, maar door zijn humanistische overtuigingen en bestuurlijke handelwijze in een raciaal verdeelde samenleving. Alleen een wijs bestuurder kan zijn weg vinden in een zo verdeelde samenleving, met een verdelend centraal bestuur (kerk, wet, Hispaniola) en een vijandige omgeving (kaapvaart). Oversteegen, Rutgers, De Roo en ook weduwe Estelle Debrot in haar nawoord wezen reeds op het gebruik van De Castellanos' Elegie voor het aanreiken van de historische gebeurtenissen en personen in *De vervolgden*. Daarbij fungeerde de mythe rond de humanist Lazaro Bejarano als mal om Debrots eigen positie en handelen in een interculturele crises te verbeelden. Vandaar de datering van de rede van de Spaanse gouverneur op de geboortedag van gouverneur-auteur Debrot, maar dat is niet het laatste woord. Feitelijk staat niet vast dat Hawkins en Bejarano elkaar op Curaçao hebben ontmoet (Hartog 1961: 74-5).

Ook klinkt bijna geruisloos van achter dezelfde historische sluier in *De vervolgden* een andere, zeker zo belangrijke mythe door: die van de dociele inheemse bevolking uit het vierde Benedenwindse couplet van de *Elegie*. De Caquetío's zelf worden ook in Debrots sympathieke novelle geportretteerd als vervolgd en onderworpen, als gedwee en volgzaam: als ideale gekoloniseerden die in staat zijn tot sympathie voor hun overwinnaars, vanaf het eerste gesprek met Delfino tot aan het vertrek van de Doomsday. Dat Bejarano het fundament legde voor de Afrikaanse slavernij op Curaçao, bleef vele eeuwen veronachtzaamd en zo ook in de Vervolgden, alhoewel Debrot het werk van Felice Cardot had bestudeerd en dus op de hoogte was van de introductie van de Afrikaanse slavenhandel onder Bejarano. Ook dat is een erfenis van overschrijven – van De Castellanos in dit geval. De historische realiteit omtrent de inheemse en Afrikaanse Benedenwindse bevolking blijft versluierd achter een gordijn van bron en interpretatie. De inheemse Benedenwindse bevolking blijft welbeschouwd onzichtbaar en monddood.

---

137 Rutgers in: *Amigoe/Ñapa* 21-1-1982; zie ook Oversteegen 1994: 323-4.
138 *Trouw* 26-6-1983; zie ook Rutgers 1986: 62; De Roo 1991 en Oversteegen 1994: 323-4.

Debrot transformeerde de historische mythe rond Bejarano tot een literair pleidooi voor humanisme. Debrot vermeed het gebruik van de naam Bejarano voor zijn hoofdpersonage en alter-ego en hanteert in zijn novelle tal van omkeringen, deconstructie en recombinaties van narratieve elementen ([139]). We zien in het voorafgaande een zwaar gemythologiseerde Bejarano, een personage dat stapsgewijs tot ons komt via de coupletten van De Castellanos' Elegie, via de studie van Felice Cardot, via Debrots literatuurkritiek in *Verworvenheden en Leemtes* en via diens literaire poging om met *De vervolgden* op historiserende wijze een nieuwe en positieve, humane oorsprongsmythe voor het verdeelde Curaçao van na 30 mei 1969 te formuleren. Enigzins tevergeefs, want hoewel de novelle werd weliswaar positief gerecenseerd, maar het werk verkreeg nimmer de maatschappelijke of literaire erkenning zoals Debrots eerdere *Mijn Zuster de Negerin* (1935, verfilmd 1980) of Frank Martinus Arions *Dubbelspel* (1973, verfilmd 2016). In deze beide boeken stond niet de Spaans-inheemse humanistische experiment centraal, maar de Europees-Afrikaanse confrontatie op het laat-koloniale Curaçao. Met Benedenwindse feiten heeft het zestiende-eeuwse literaire setting Debrots novelle weinig overeen.

Ook De Ampiés blijft terugkeren in de Benedenwindse historiografie. De auteurs van de Encyclopedie van de *Nederlandse Antillen* (1985: 22) leggen een verbazingwekkend moreel relativisme aan den dag. Ondanks Goslinga's waarschuwing uit 1956, noemt men De Ampiés een *indiero pacifico*: een vredelievende slavenhaler, omdat hij met cacique Manaure een traktaat sloot over de regelmatige aanvoer van krijgsgevangenen. De handel in krijgsgevangenen kwam echter niet van de grond, als gevolg van de belening van het Caquetío-rijk aan de Welsers. De blaam der slavenhandel trof hem zodoende in de ogen van de auteurs kennelijk niet.

Het missioneringsstempel bleef De Ampiés en Bejarano in voor hen gunstige zin achtervolgen. Decennia na Brada en Nooyen beschreef priester-theoloog pater Armando 'Rudy' Lampe (2001) de Benedenwindse kerkgeschiedenis, maar nu vanuit het perspectief van de bevrijdingstheologie. Lampe wijst Bejarano aan als ketter, 'a heretical Christian', wellicht door Lampe gebruikt als geuzennaam wegens zijn veroordeling door de Inquisitie. Lampe prijst de bijdrage van de (leke-)priesters die tijdens Bejarano's bestuur het katholicisme verspreidden onder de Caquetío's:

> '... *a Spanish layman Lázaro Bejarano, who was simultaniously served as civil authority of Curaçao, was initially in charge of the Christianization of the indigenous community. He was later accused of heresy in the Inquisition of Santo Domingo. The Gospel was brought to Curaçao by a heretical Christian. ..... This layman gave religious instruction, organized the rosary prayer and baptised new members. Thus, despite the fact that priests were not regularly present, Catholicism managed to survive on the island (Curaçao, LA) because of the work of such laymen*' (Lampe 2001: 108-9).

In de wat cryptisch laatste zin blijft de vraag onbeantwoord of het overleven van het christendom een verdienste was van de lekepriesters of van de kracht van het christelijke boodschap zelf. Het missieargument was de voornaamste drijfveer van rooms-ka-

---

139 Lévi-Strauss noemde dergelijke naratieve elementen 'mythemen'. Zie Lévi-Strauss 1981, 1986, 1987: 144-5.

tholieke priester-historici om De Ampiés en zijn schoonzoon te prijzen. Het onderhouden van vreedzame handelsbetrekkingen en de kerstening van de indianen zouden de voornaamste reden zijn geweest voor de Europese aanwezigheid op de eilanden. Een inheems perspectief ontbreekt, voegen we toe.

Brada, Nooyen en Lampe krijgen onverwachte steun en Debrot een onvermoed vervolg uit humanistische hoek. In haar essay 'Erasmus, Spain and Curaçao' over het humanisme in de Spaanse periode concludeert Van Alphen-Vicioso (1994: 212):

> *'Juan de Ampiés and Lazaro Bejarano had the privilege of bringing into practice within the enclosure of the island of Curaçao, the ideal Las Casas had dreamed of for his social and religious reforms. As laymen and inspired by Erasmus, they took upon themselves the fulfillment of the Bull Inter Caetera of 1493 to go and evangelize the Indians.'*

Net als De Castellanos verdedigt zij (1994: 212) Bejarano postuum tegen de beschuldigingen van de Coriaanse bisschoppen en de Inquisitie van Hispaniola:

> *'About Lazaro Bejarano's ethical attitude towards the Indian population; his support of Bartholomey de Las Casas' campaign for the right of the Indians, his essay against Sepúlveda and his Aristotelian doctrine of natural slavery, the personal care he shared with his father-in-law, for the evangelization of the Indians makes difficult to believe the accusation of ill treatment of the Indians made by the bishop Pedro de Agreda, residing in Coro.'*

Van Alphen-Vicioso gaat aldus voorbij aan het feit dat Las Casas zich ten tijde de van de komst van Bejarano naar Hispaniola en Curaçao juist inzette voor de afschaffing van het encomiendasysteem, waar Bejarano deel van uitmaakte. Geïnspireerd door Bejarano's humanistische levensovertuiging en wederom het werk van Felice Cardot en ook Van Alphen-Vicioso, pleit humanist Frank Martinus Arion (2003: 175) zelfs voor de oprichting van een standbeeld van Bejarano op Curaçao,

> *'als de eerste Curaçaose bestuurder die zich met hart en ziel voor ons eiland heeft ingezet en zijn nut meer dan eens bewees. Bovendien was hij één van de eerste humanisten van de nieuwe wereld.'*

Martinus Arion vervangt het katholieke missioneringsargument door een humanistisch credo, maar gaat voorbij aan de vrijheidsberoving en exploitatie van inheemse Amerikanen en tot slaaf gemaakte Afrikanen en kennelijk winstgevend kolonialisme tijdens Bejarano's bestuur. Sympathie krijgt voorrang op de historische feiten.

In 2009 verscheen de tweede druk van de *Geschiedenis van de Nederlandse Antillen*. De auteurs onthielden zich van een moreel oordeel, maar wezen wel op de tweeslachtigheid van De Ampiés' historische rol. Zij stelden hem voor als een hoge ambtenaar die op verzoek van de Hieromonieten de wettelijkheid van de indiaanse deportaties en lotgevallen moest onderzoeken (onterecht, hij was immers ondervraagde in plaats van ondervrager), maar zelf ook encomendero werd met kolonisatieplannen voor de Benedenwindse eilanden (Dalhuisen et.al. 2009: 36).

Ook Rupert (2012: 23) heeft een pragmatische kijk op het werk en leven van Bejarano.

> *'When Ampiés died in 1533, administration of the ABC islands passed over to his daughter Maria Ampiés and her husband, Lázaro Bejarano, a satirical poet who had had a brush with the Inquisition. Bejarano administered the three islands for thirty-five years, mostly in absentia from the nearby mainland and from Hispaniola, leaving them without the effective authority much of the time.'*

Net als Hartog en Rupert staat deze auteur sceptisch tegenover een eenzijdig religieuze interpretatie van De Ampiés en Bejarano, zowel voor wat betreft hun rol in indiaanse horigheid en slavernij en later de Afrikaanse slavenhandel als voor wat betreft de economische ontwikkeling en missionering van zijn Benedenwindse belening. Zoals aangegeven was De Ampiés persoonlijk belast met de organisatie van de Caquetío-deportatie van 1514-1515. Via zijn Benedenwindse belening wilde hij zich ingeven met inheemse slavenhandel en het contract tussen De Ampiés en de cacique toonde overeenkomsten met die tussen Europese slavenhalers en de lokale vorsten op Afrikaanse kust. De Ampiés' (voorgenomen) bijdrage aan de indiaanse slavernij verschilde niet veel met die van de Welsers of Diego Salazar, die net als hij rooftochten organiseerden op de Vaste Wal of de Benedenwinden om zich met geweld indiaanse slaven toe te eigenen.

Bejarano's humanisme was anti-klerikaal van aard en in zijn *Diálogo Apologético* kwam hij weliswaar op voor de rechten van indianen, maar er zijn geen gegevens aangetroffen die aantonen dat Bejarano zijn gedachtegoed daadwerkelijk toepaste op de aan hem toevertrouwde Caquietio's. Er waren wel klachten over absenteïsme en dat hij hen onvoldoende gelegenheid gaf om de eigen kostgronden te bewerken.

Bejarano's conflicten met de kerkelijke autoriteiten zijn begrijpelijk: hij was een aanhanger van Erasmus en bespotte de burgerij van Hispaniola in diens stijl. Hij verdedigde de rechten van de indianen en was dus per definitie een verdachte voor kerk en Inquisitie. Er was bovendien sprake van een regimestrijd tussen bisdom en encomendero. De Ampiés had er in 1527 de kerk gebouwd die de oorsprong werd van het bisdom/diocees Coro/Venezuela (1531). Na de toekenning van Tierra Firme aan de Welsers in 1528 verloren De Ampiés en Bejarano de toegang tot de vaste wal. De eilanden Aruba en Curaçao bleven daarmee kerkelijk behoren tot het bisdom Venezuela. De Ampiés en Bejarano woonden beiden de meeste tijd op Hispaniola en met de het bisdom hadden zij na 1528 weinig contact. Zij behoorden niet tot de vecino's van Coro – die in 1532 tegen de Welsers in opstand kwamen -, maar tot de vooraanstaande burgerij van Hispaniola. De bisschoppen uit Coro, Bastidas en De Agreda, wilden hun kerkelijke bevoegdheden over de beleende eilanden effectueren, maar verkregen onvoldoende medewerking en de afdracht van de kerkelijke belastingen (diezmos) door humanist en encomendero Bejarano bleef uit. Dit bezorgde Bejarano de hierboven beschreven conflicten met bisdom, Inquisitie en Kroon. Bejarano's ook door Van Alphen-Vicioso (1994: 211) gemelde introductie van de Afrikaanse slavenhandel plaatst de humanist in zijn tijd en toont zijn plaats in de Caraïbische geschiedenis.

Epiloog: bezetting en consolidering

Yet, even dead Indians can return to haunt professional and amateur historians.
Michel Trouillot, *Silencing the past, power and the production of history,* p. 9.

One time, ... , a young girl in the audience asked about the turtle and the earth. If the earth was on the back of the turtle, what was below the turtle? Another turtle, the story teller told her. And below that turtle? Another turtle. And below that? Another turtle.
Thomas King, *The Truth about Stories,* p. 1.

Historisch, archeologisch, linguïstisch, genetisch en antropologisch onderzoek licht slechts een tip op over de ontdekking, belening en verwoesting van de Caquetío cultuur op *Islas Adjacentes a la costa firme* in de lange zestiende eeuw. 'Getallen suggereren een niveau van kennis dat onbereikbaar is' stelde Henige, sprekend over precolumbiaanse demografie (zie paragraaf 2.2). Hetzelfde geldt voor veel meer aspecten van het inheemse leven op de Benedenwindse eilanden in de vroege contactperiode van de Amerikaanse en Europese wereld. Het archeologisch archief in de Benedenwindse bodem bevat schatten voor kennisopbouw aangaande de archaïsche en vooral de neo-indaanse Caquetío-periode, maar onthult ons tot op heden nog maar weinig over de contactperiode. Fysisch antropologische bewijsvoering omtrent de rol van Europees geweld of voorheen onbekende ziekten bij de verwoesting van de Caquetío cultuur ontbreekt. Deportaties en koloniale machtsovernames verbraken culturele continuïteit of verborgen deze voor historisch onderzoek. Mitochondriaal dna-onderzoek toont weliswaar aan dat de Benedenwindse bevolking Europees, Afrikaans en Amerikaans erfelijk materiaal met zich meedraagt, maar welke historische emigratie- of remigratiestromen dit erfelijk materiaal op de eilanden samenbrachten staat nog niet vast. De ontmoeting van archeologie, genetica en wetenschappelijke geschiedschrijving staat op een punt van doorbraak en deze cultuurhistorische studie wil daaraan bijdragen door schaarse feiten en hardnekkige mythen omtrent Benedenwindse geschiedenis te ontwarren.

In deze epiloog stel ik vast dat schrijvers van Benedenwindse geschiedenis vaak terugvielen op eenzelfde corpus van Spaanse bronnen en dat zij tekortschieten in het onderzoek over die bronnen. Historische documenten zijn schaars en lastig te interpreteren door een gebrek aan inzicht in de context waarin deze werden geproduceerd. Het is welhaast onvermijdelijk dat geschiedschrijvers hun eigen werk zien als een moment van de geschiedenis die zij beschrijven: een teleologische tendens. Missie-schrijvers plaatsen zichzelf in de (heils-)geschiedenis van het rooms-katholicisme, humanisten actualiseren geconstrueerde historische momenten in de hoop op een opleving van de menselijke maat en seculiere geschiedschrijvers schrijven geschiedenis van, in dit geval de dekoloniserende natie, de Nederlandse Antillen of de landen en openbare lichamen die daar in 1986 en 2010 uit voortkwamen. Het kritiekloos overschrijven van bronnen leidde tot mythevorming rond historische culturen, figuren en gebeurtenissen en veronachtzaming van de regionale en trans-Atlantische gesitueerdheid van de drie beleende eilanden nabij Tierra Firme.

Rupert (2012) beschreef in *Creolization and Contraband* de opname van Curaçao in de vroegmoderne Atlantische wereld en hoewel zij slechts 11 pagina's besteedde aan de Spaanse periode alvorens zij de Nederlandse expansie in de Atlantische wereld aansneed, onderschrijf ik veel van haar bevindingen en ik deel haar Atlantische benadering van Benedenwindse geschiedenis.

Geschiedschrijving vanuit een Atlantisch perspectief wil zeggen dat men kijkt naar de interactie tussen de continenten Amerika, Afrika en Europa, waarin mensen, hun ideeën en kennis, hun goederen, dieren, planten en ook virussen zich bewegen tussen die continenten. Niet alleen inheemse Amerikanen en Afrikanen werden verplaatst in het kielzog van de Conqueeste, ook joden, moslims, lutheranen en andere verarmde Europeanen wisselden van continent. Europese vrouwen kwamen vanaf ca. 1510 in wat grotere getaken naar de Amerika's ([140]). Er werden nieuwe technologieën geïntroduceerd en er werd inheemse kennis door de Europeanen overgenomen. Nieuwe economische sectoren kwamen tot bloei: producten uit de mijnbouw, veeteelt, suikerverbouw (de laatste twee waren onbekend in precolumbiaans Amerika) en slavenhandel domineerden de trans-Atlantische handel tussen ca. 1650 en 1850 en ook nog daarna.

De maritieme sector bloeide op en creëerde één Atlantische interactiesfeer. Voorposten in de routes richting Nieuwe Wereld, zoals de Madeira, Azoren en Kaap Verdië werden tussenstations in de mondiale transporteconomie. Caraïbische eilanden – Hispaniola voorop, maar ook beoogde bruggenhoofden naar het Caquetío-chiefdom op Tierra Firme, zoals Coro/Cabo la Vela – waren in de eerste helft van de zestiende eeuw bescheiden centra in de koloniale periferie. Na 1520 marginaliseerde hun belang als gevolg van verschuivingen van de Spaanse aandacht van Hispaniola naar elders in de Nieuwe Wereld: Mexico en Peru. Tierra Firme herstelde zich nauwelijks van de verwoestingen onder de Welsers en het stadje Coro werd al snel overvleugeld door het succesvolle Cartagena. Inzoomen op eilanden, landen of zelfs Amerikaanse of Europese imperia zonder deze Atlantische ontwikkelingen in ogenschouw te nemen is een gedateerde vorm van geschiedschrijving, zo betogen Atlantische onderzoekers.

Een belangrijke kanttekening is dat een strikt Atlantisch perspectief ertoe neigt om te resulteren in een overwegend politiek-economische en koloniale of imperiale geschiedschrijving, waardoor een inheems of Afrikaans (en ook feministisch) perspectief dreigt te verbleken. Reeds in de inleiding plaatste ik – geïnspireerd door Gilroy (1993),

---

140   Socolov (2015: 58) schatte dat tussen 1509 en 1538 zo'n 1000 Europese vrouwen de Atlantische oversteek maakten.

Trouillot (1995), Weaver (2014) en Wheat (2015) – dit bronnenonderzoek in een 'inheems Atlantisch' perspectief ([141]).

Andrien (2009) onderscheidde een fase van de initiëring van de bezetting en verwoesting van inheems Amerika en daarna de consolideringsfase van het Spaans-Amerikaanse rijk. Aan het einde van de initiële decennia van de kolonisatie van Spaans Amerika werd het West-Indische monopolie van admiraal Columbus en zijn nakomelingen uitgehold. De politieke macht keerde terug naar de Casa de Contratación in Sevilla. Kolonisatie ter plaatse werd aanvankelijk uitbesteed aan conquistadores die beschikking kregen over encomiendo's. Het gebruikelijke beeld van hen is dat van prototypisch gewetenloze conquistadores en verwerpelijke encomendero's; avonturiers, slavenrovers en plegers van genocide. Ten dele waren zij inderdaad voormalige soldaten van de bezettingsmachten van conquistadores in bijvoorbeeld Hispaniola, Cuba, Mexico of Peru. Andrien (2009: 58-9) presenteert een nuancering op dit beeld. Latere kolonisten/vecino's waren veelal afkomstig uit de Spaanse middenklasse die in Amerika op zoek gingen naar welvaart, status en macht, hetgeen hen in Europa werd onthouden. Andrien wijst erop dat zij zelden militaire ervaring hadden en vaak een puriteinse religieuze achtergrond hadden. Andrien noemt hen 'religieuze mannen met een ondernemende geest die geen economische onderneming schuwden, ongeacht of het mijnbouw, landbouw of veeteelt betrof'. Vrouwen kwamen vanaf ca. 1530 in grotere getalen naar de Nieuwe Wereld. Encomendero's vormden al snel een obstakel in de ontwikkeling van een stabiel koloniaal stelsel.

Over de fase van consolidering stelt Andrien (2009: 60): '*Crown authorities wished to limit the political and economic powers of the independent-minded encomendero's, while churchmen wanted control over evangelizing the indigenous peoples*' ([142]). Deze fase kwam op gang tussen 1535 en 1542 met de instelling van de vice-royalties Nieuw Spanje (1535) en Lima (1542) en Audiencia's en regionale rechtbanken in de bestuurlijke centra. De Nieuwe Wetten (1542) moesten de macht van conquistadores/encomendero's inperken. Dit proces was min of meer afgerond in 1610 toen de politieke en economische macht van de encomendero's was teruggebracht en Spanje haar bestuurlijke aanwezigheid had bezegeld met de vestiging van een gecentraliseerde koloniale bureaucratie rond de onderkoninkrijken en provincies rond de centra Peru (Lima) en Nieuw Spanje (Mexico). Er was een markteconomie ontstaan in een Spaanse trans-Atlantische invloedssfeer, die zich overigens westwaarts uitstrekte tot aan de Filipijnen. De Audiencia Hispaniola, de provincie Venezuela, het stadje Coro en het Benedenwindse kapiteinschap namen in Spaans Amerika zoals gezegd inmiddels een onbeduidende plaats in. Deze 'volwassen koloniale orde' ['mature colonial order'] werd voltooid in een periode waarin Spanje reeds moest toezien hoe haar politieke hegemonie binnen en buiten Europa steeds verder werd aangetast door de Atlantische expansie van

---

141 Zie ook bijvoorbeeld Galeano 1991; Torres-Saillant, 2006; Turner-Bushnell, 2009. Voor een dekoloniserende' onderzoeksmethodologie en -agenda, zie Tuhawai Smith 1999. Voor een inheems Amerikaanse feministische benadering, zie Socolow 2015.
142 Elliott (2006) spreekt van occupation, consolidation en emancipation. Zie Pietschmann & Emmer 1999: 1-28; Watts 1999: 86 e.v.; Benjamin 2009: 172: '*The challenge facing the monarchy during the first decades following the conquista was to replace the conquistador with the bureaucrat*'.

Engeland, Frankrijk en de vanaf 1648 onafhankelijke Republiek der Zeven Verenigde Nederlanden ([143]).

In deze uitgave reconstrueerde ik omstreden gebeurtenissen en deconstrueerde ik een aantal historische mythen. In deze epiloog plaats ik die gebeurtenissen en mythen terug in hun vroeg-Atlantische context, hopend op nieuw en verbeterd inzicht in de verwoeste wereld van de Benedenwindse Caquetío's. Voor zover mogelijk en zinvol maak ik een onderscheid tussen initiële en consoliderende momenten in de Benedenwindse geschiedenis, waarbij ik opmerk dat dit een geleidelijke en geen gemarkeerde overgang is geweest.

Benedenwindse bronnen

In de inleiding van deze studie wees ik op het bronnenprobleem in de geschiedschrijving van de Spaanse periode in de Benedenwindse geschiedenis. Zestiende-eeuwse auteurs beschreven inheems-Amerikaanse volken als al dan niet rationeel, monotheïstisch en monogaam, en of zij beschikten over een rechtssysteem en privébezit om vervolgens bijvoorbeeld op basis van Aristoteles of Thomas Aquinas 'Law of Nature' te argumenteren of zij in aanmerking kwamen voor slavernij dan wel zelfbestuur. Etnohistorische tijdsdocumenten zijn daarom maar matig betrouwbare informatiebronnen.

Zestiende-eeuwse auteurs trachtten de Kroon of de Kerk te behagen en hun daden in de Nieuwe Wereld te rechtvaardigen; om de voortduring van het encomiendasysteem te bepleiten of de afschaffing daarvan te bespoedigen. Anderen wilden de kerk te kijk zetten en weer anderen richtten zich op een dankzij de boekdrukkunst groeiend lezerspubliek in Europa. Benjamin (2009: 278) spreekt van 'politicized writing' door zestiende-eeuwse auteurs en we kunnen daaraan toevoegen 'politicized reading' door eigentijdse onderzoekers. Amerigo Vespucci wordt verweten zichzelf te hebben willen profileren als ontdekker van het continent. Zijn 'fantastische' beschrijving van zijn bezoeken aan Bonaire en Curaçao waren nog in 1970 reden voor Chris Engels om op Aruba archeologisch bewijs te zoeken over de lichaamsgrootte van de precolumbiaanse Benedenwindse Giganten. De brief van Juan de Ampiés aan koning-keizer Karel uit 1525/6 waarin hij zichzelf aanbeveelde als bestuurder van de Benedenwindse eilanden bleek een bron van hardnekkige mythevorming.

Veel historici reproduceerden historische mythen zoals die over woeste Caraïben en vreedzame Arawakken, over katholieke koninginnen, eerzame encomendero's en dociele Caquetío's en zij eindigden vaak met een kerkelijke (Brada, Nooyen, Lampe, Meier), humanistische (Debrot, Van Alphen-Vicioso, Martinus Arion) of seculiere geschiedschrijving waarin dekolonisatie en staatsvorming centraal stonden (Goslinga, Hartog) ([144]). Bronnenonderzoek is meer dan onderzoek gebaseerd op historische documenten, het is ook onderzoek naar die bronnen. Historische bronnen bevatten geen neutrale informatie, maar zijn uitdrukkingen van posities die door hun producent zijn

---

143 Andrien 2009: 62-6; Benjamin 2009: 170-87.
144 Voor een bespreking van Hartogs opvattingen als historicus, zie Rutgers 1997: 19-22.

ingenomen ten opzichte van andere producenten in andere historische bronnen ([145]). De intertekstuele positie van de informatiebron is afhankelijk van de sociaal-politieke standplaats van producent ten opzichte van andere actoren in de historische context en de vraag rijst of historici altijd voldoende inzicht hebben in deze context om de waarheidsgetrouwheid en de vertekening van de informatiebron te bepalen.

Aangezien de inheemse bevolking doorgaans stemloos bleef, moeten we het overwegend doen met documenten van overwinnaars. Zoals ik al aangaf in de Verantwoording ontbreekt ook de stem van vrouwen – inheems dan wel Europees – in de door mij bestudeerde literatuur. Het terrein van genderstudies in de vroege contactgeschiedenis is vrijwel onontgonnen en de rol van vrouwen er een van passiviteit en ondergeschiktheid (Socolow 2015: 56-65, 84-97). Vragen naar de positie en de rechten van erfgename Maria de Ampiés – een vroege vrouwelijke migrant in Hispaniola – na het overlijden van eerst haar vader en daarna haar echtgenoot, blijven onbeantwoord (4.2, 4.4, 4.6).

Historische documenten kwamen tot stand in de gepolitiseerde en sterk hiërarchische context van het Spaanse rijk. Aan de bronnen die historici over de Benedenwindse geschiedschrijving tussen ca. 1500 en 1636 raadpleegden, kunnen we ten minste vier vragen stellen. Een eerste vraag heeft betrekking op het onderscheid tussen kerkelijke en seculiere bronnen. Kerkelijke archieven hebben doorgaans betrekking op missionering en religieuze zaken, terwijl seculiere bronnen vooral bestuurlijk van aard zijn. Dit onderscheid wordt in de zestiende eeuw evenwel bemoeilijkt door de nauwe verwevenheid van kerk en staat in het Spaanse rijk ten tijde van koningin Isabella en koning Ferdinand en ook hun opvolgers. Het was de Paus die een doorslaggevende rol had bij de toekenning van de Nieuwe Wereld middels het Verdrag van Tordesillas en de *Real Patronato* van 1508. Isabella en Ferdinand introduceerden de Inquisitie in de Amerika's en belastten bisschop De Fonseca met het wereldlijk bestuur van La Casa de Contratación, waardoor deze bisschop feitelijk Spanjes minister van de Nieuwe Wereld werd. Na de dood van koning Ferdinand trad kardinaal Cisneros op als regent. Philips II gaf actief steun aan de Contrareformatie, die ook het geestelijk klimaat in de Amerika's sterk beïnvloedde. Meerdere bestuurders van Hispaniola waren zowel wereldlijk als kerkelijk bestuurder. Het triumviraat der hiëronymieten vormde daarvan een voorbeeld, zij het slechts voor korte tijd.

De verwevenheid van missionering en wereldlijk bestuur en exploitatie werd nog duidelijker in het encomiendosysteem zelf: De repartimiento/encomiendo was een kolonisatiemodel waarin economisch kolonialisme en missionering samengingen. Dit model was strijdig: Encomendoro's gaven maar al te vaak voorrang aan exploitatie boven kerstening, zoals onder meer Las Casas en Benzoni aankaartten. Dit leidde tot een regimestrijd tussen de bisschoppen van Coro en encomendero Lazaro Bejarano omtrent de vermeende religieuze verwaarlozing op *las Islas Adyacentes a la costa firme* (4.5).

Op de tweede plaats wisselden de betrekkingen tussen de onderling vaak concurrerende kerkelijke orden van dominicanen, franciscanen, hiëronymieten en (na 1572) jezuïeten. Een voorbeeld: In 1516, terwijl Diego Columbus en de Spaanse staat de

---

145 Voor een archeologische/etnohistorische discussie over inheemse (emic) constructies en wetenschappelijke (etic) reconstructies van precolumbiaanse sociale werkelijkheid, zie Mol, 2014: 70-3. Voor inleidingen in Spaans-Amerikaanse bronnenkritiek en etnografie, zie Elliott (1992: 1-27) Schwartz (ed. 2000) en Benjamin (2009: 277-93). Tevens Trouillot (1995) over koloniale Caraïbische geschiedenis.

Paus Adrianus VI / Adrianus van Utrecht, 1449-1523. Artiest: Anno Dijkstra, Utrecht 1995. Foto: Luc Alofs, 2017.

erfkwestie van de aan Christoffel Columbus toegekende rechten uitvochten, adviseerde de toekomstige paus Adrianus VI, koning Karel I om de hiëronymieten de omstandigheden van de Taíno bevolking van Hispaniola te onderzoeken en hen ook het wereldlijk gezag aldaar toe te wijzen. Aangestuurd door kardinaal-regent Cisneros en de Wetten van Burgos koos deze orde na de nodige aarzeling voor herstel van inheemsen autonomie en startte het indiaanse landbouwgemeenschappen: pueblos (2.4). Las Casas verwierp hun aanpak en wenste hen onder kerkelijk toezicht en bevoogding te plaatsen in Spaans-inheemse gemeenschappen. Blijkens zijn afreizen naar Spanje, de lobby bij het katholieke vorstenhuis en het formuleren van een tegenmodel van kolonisatie en missionering, was Las Casas ook een berekenend en volhardend politiek strateeg in het complexe diplomatieke landschap van het trans-Atlantische Spaanse rijk (3.2.3). Het vervangen van de hiëronymieten als wereldlijk bestuurders een jaar later, in 1517-1518, was een overwinning voor kolonisten, dominicanen en franciscanen. De kerkrechtelijke verhouding tussen encomendero's, missieorden en bisschoppen werd nog complexer nadat paus Adrianus VI middels de bull *Exponi Nobus* in 1522 de missieorden grote bewegingsvrijheid verleende ten opzichte van de op te richten bisdommen. Deze paus Adrianus van Utrecht (1449-1523) en Erasmus van Rotterdam (1466-1536) bleken de enige twee 'Nederlanders' met een rol van betekenis in de Spaanse periode van de Benedenwindse geschiedenis voor de komst van de West-Indische Compagnie.

Op de derde plaats: Ook varieerde de verhouding tussen Inquisitie, reformatie-protestantisme en humanisme in het Spaans Atlantisch systeem, waarbij de Contrareformatie in de tweede helft van de eeuw steeds sterker doorwerkte. Joden en moslims werden zoveel mogelijk uit de Nieuwe Wereld geweerd, maar dit beleid was slechts gedeeltelijk succesvol. Auteurs als K.P Cook (2016) en Wheat (2016) wezen op de aanwezigheid en positie van joden, Afrikanen en ook Portugezen in het zestiende-eeuwse Spaans Amerika. Alhoewel Erasmus de rooms-katholieke kerk formeel trouw bleef, ging ook het humanisme ging in de ban. De veroordeling van Bejarano door de Inquisitie te Hispaniola in 1559 vond plaats in een periode dat lutheraans anti-klerikalisme en erasmiaans humanisme niet konden rekenen op de sympathie van de Inquisitie rechters, ofschoon niet veel later humanisten zelf dergelijke functies bekleedden. Bejarano's veroordeling moet worden geplaatst in het licht van de gespannen verhouding tussen de opkomst van het christelijk humanisme en de Contrareformatie (4.5).

Ten slotte en op de vierde plaats speelden geo-politieke factoren in een veranderend Europa een rol. Zo was de Italiaan Benzoni een onafhankelijk soldaat die aangespoord door de machtsuitbreiding van het Habsburgse Spaanse rijk in Italië, de wreedheden van de Spanjaarden in de Nieuwe Wereld breed uitmeette. De op Las Casas en Benzoni gebaseerde Zwarte Legende werd een krachtig ideologisch instrument in de onafhankelijkheidsoorlog van de opstandige provincie, die in 1648 de Republiek der Zeven Verenigde Nederlanden werd. Het bezoek van John Hawkins aan de regio (inclusief Curaçao) en zijn daaropvolgende riddering werd door Hakluyt in de geschiedschrijving gecanoniseerd als triomf: een inbreuk en doorbraak van de Engelsen op de Spaanse hegemonie in de Nieuwe Wereld. Zoals gezegd: de Benedenwindse eilanden verloren na het bezoek van Hawkins aan Curaçao en de dood van Bejarano aan zichtbaarheid in het Spaanse imperium. In de Europese verbeelding van de Atlantische wereld was geen noemenswaardige plaats voor de drie eilanden weggelegd ([146]).

De intertekstualiteit van historische bronnen en studies vereist om een grondige reflectie op de relatie tussen onderwerp, historische bron en de eigentijdse onderzoeker. De Nederlandse en Antilliaanse auteurs die ik in deze studie aanhaalde, legden onvoldoende rekenschap af van de historiciteit van hun bronnen en hun eigen positie ten opzichte van hun onderzoeksonderwerp. Er is dientengevolge sprake van historische projectie. Zoals gezegd: missieschrijvers prediken missionering en humanisten pleiten voor meer humaniteit en in een tijd van dekolonisatie gingen historische studies over wortels van (de-)kolonisatie en natievorming (5.3).

Atlantische eilanden

In 'Brasilwood Island' stellen auteurs Versteeg en Ruiz (1995) Aruba voor als een indiaans reservaat dat tot halverwege de achttiende eeuw behouden bleef voor externe beïnvloeding en ruimte bood voor continuïteit van precolumbiaans verleden. Hetzelfde zou gezegd kunnen worden van Bonaire. Deze 'reservaat-aannname' werd een leidende gedachte in de interpretatie van archeologische gegevens uit de contactperiode. Historische feiten en mythen uit dit tijdsgewricht op de Benedenwindse eilanden kunnen echter nog eens opnieuw worden onderzocht, maar nu vanuit een Atlantisch perspectief. We bestudeerden de Benedenwindse belening tijdens de verovering van inheems Amerika en daarna de consolidering van het Spaanse rijk. Na een chaotische fase van bezetting, verwoesting en deportatie kwam een proces van bestuurlijke en kerkelijke herinrichting tot stand.

De Spaans Amerikaanse confrontatie begon met ontdekkingsreizen, verkenningsmissies en plundertochten. In bestuurlijk opzicht begint deze periode met het admiraalschap van Christoffel Columbus, maar al in 1499 werd hij uit zijn functie ontheven. De macht van de Admiraals en gouverneurs te Hispaniola werd ingeperkt vanuit Spanje. De Casa de Contratación in Sevilla werd in 1503 het middelpunt van het koloniale Spaanse rijk. Daar voerde bisschop Juan Rodríguez Fonseca (als ware hij

---

146 Schmidt (1995, 2004), Klooster (1997) en Van Groesen (2017) onderzochten publicaties over de Amerika's uit de Republiek voor en tijdens de Gouden Eeuw. Zij vermelden geen verwijzigingen naar de Benedenwindse eilanden in deze periode en benadrukken dat beeldvorming werd gedomineerd door het koloniale experiment van Johan Maurits van Nassau in Brazilië. Voor een gelijke exercitie over de Franse en Britse perceptie van inheems Amerika, zie Boucher 1991: 13-30.

Isabella's minister) het bestuurlijk en commercieel bewind over *Mundo Novus* (2.3). Diego Columbus claimde dat de erfelijke rechten van zijn vader aan diens nageslacht waren toegekend, maar deels tevergeefs. De repartimento en encomiendo – gebaseerd op de *Real Provisión* in 1503 – vormden aanvankelijk het kolonisatiemodel van Spaans Amerika, waarbij kolonisatie en kerstening hand in hand gingen (2.4).

Over de spaarzaam gedocumenteerde initiële periode op de Benedenwindse eilanden blijven talloze vragen onbeantwoord. Archeologisch en pathologisch onderzoek heeft geen aanwijzingen opgeleverd dat Europese ziektes in de vroege contactperiode het indiaanse leven op de Benedenwindse eilanden beïnvloedden. Evenmin zijn er tot op heden archeologische sporen aangetroffen die wijzen op een gewelddadige en gedwongen deportatie van de Caquetío's (1.2). Wel weten we dat bevolkingscijfers van voor en omstreeks de deportaties onbetrouwbaar zijn en dat hun samenlevingen na de massale tot slaaf making en ontvoering van waarschijnlijk zo'n 2000 Benedenwindse Caquetío's, geen hersteltijd werd gegund door de daaropvolgende kolonisatieplannen van Juan de Ampiés. Auteurs als Alfred Crosby (1986, 1987) en David Noble Cook (1998) schenken aan de Caquetío's weinig aandacht, waarschijnlijk wegens gebrek aan documentatie (2.2). Van de omvang en gevolgen van de slavenroof van Cristóbal Guerra op Bonaire is weinig bekend, wel ontdekte Martes de verkoopaktes van deze Benedenwindse Caquetío's in de archieven te Sevilla (3.2.1). Columbus (2.1) en Vespucci (3.1.2) hadden melding gemaakt van de parelvisserij nabij Cubagua en Margarita. Daar ontstond een Wild West voor Europese avonturiërs. De Ampiés profiteerde als monopolist in de slavenhandel voor de parelduikerij, een van de meest beruchte slachtingen onder inheemse Amerikanen. Of er Caquetío's ontsnapten aan de door Juan de Ampiés georganiseerde deportaties van 1513-1515 is niet bekend (3.2.2). Evenmin zijn specifieke gegevens beschikbaar over het lot van hen die naar Hispaniola en mogelijk Cubagua en Margarita werden gedeporteerd. De in Cisneros' instructie aan de hiëronymieten uit 1516 genoemde mogelijkheid van terugkeer van gedeporteerde indianen naar Tierra Firme bleef grotendeels onbenut (3.2.3). Evenmin is bekend in hoeverre hun verwanten aan de Vaste Wal aan de verderfbrengende messen van de Welsers ontsnapten (4.3).

De katholieke vorsten Isabella en Ferdinand kozen voor een ogenschijnlijk humane benadering van de eerste Amerikanen. In 1500 werd inheemse slavernij verboden en op het papier van de Wetten van Burgos (1512) en de *Requerimiento* (1514) werden inheemse Amerikanen tot christendom en menselijkheid toegelaten, maar de werkelijkheid was complex. Na het overlijden van Isabella en het toenemen van de arbeidstekorten op Hispaniola liet Ferdinand uitzonderingen toe en kwamen de nutteloze eilanden beschikbaar voor slavenjachten. De *encomienda* werd het model van zowel kolonialisme als kerstening met de encomendero in een feitelijk conflicterende dubbelrol. Als snel ontstonden er conflicten tussen encomendero's en priesterorden over de kerstening en uitbuiting van de inheemse bevolking op Hispaniola en ook op de Benedenwindse belening.

De introductie van de encomienda resulteerde in de belening van de Benedenwinden aan De Ampiés. Hiermee ving de derde indiaanse vestigingsperiode op de eilanden aan (4.2). Over deze periode staan talloze vragen open: wat was de functie van Aruba en Bonaire in de belening aan De Ampiés? Was cacique Balthasar die in 1522 op Aruba verbleef naar het eiland gezonden door de Manaure en verklaart dit het bericht uit 1564 dat de Caquetío's indianen van Curaçao, Aruba en Bonaire verwant waren aan de Caquetío's van Coro? Hoeveel Caquetío's keerden daadwerkelijk terug op de eilanden onder De Ampiés? Weken Caquetío's van de Vaste Wal tijdens de genocide door de Welsers uit naar de Benedenwinden? Werden ook zij slachtoffer van de door Federmann beschreven 'killer desease'? Het is niet waarschijnlijk dat deze vragen spoedig een eenduidig antwoord krijgen.

De eerste, gewelddadige contactfase verliep min of meer tijdens het mislukte handels- en kolonisatieplan van Juan de Ampiés (4.2) en de periode van consolidering van het Spaanse rijk ving aan in de jaren dat Lazaro Bejarano het bestuur over de Benedenwindse eilanden met meer succes voerde (4.4). Spanje maakte serieus werk van bestuurlijke hervorming met de instelling van de onderkoninkrijken (virreinatos) Nieuw Spanje (Mexico, 1535) en Peru (1542). Hispaniola en ook de provincie Caracas/Venezuela vielen onder Nieuw Spanje; Peru omvatte grofweg Zuid-Amerika minus het Portugese Brazilië, maar inclusief het huidige Venezuela en de nog maar weinig toegankelijke Wilde Kust: de Guyana's ([147]).

Op de Vaste Wal werd de belening aan de Welsers in 1556 gestaakt en al in 1542 was met de afkondiging van de Nieuwe Wetten (opnieuw) met de afbraak van het aangevangen, maar dit gebeurde stapsgewijs en het lijkt het erop dat de belening van de Benedenwinden is gecontinueerd, waarschijnlijk tot aan de dood van dochter Maria de Ampiés. Het blijft ongewis wat de bestuurlijke verhouding van de Benedenwindse eilanden tot onderkoninkrijk, Audiencia en provincie was. We reconstrueerden dat de eilanden anno 1634/6 als Capitanía bestuurlijk ten tijde van de inname van de eilanden door de WIC onder de Audiencia Hispaniola vielen, maar kerkelijk tot het bisdom Coro behoorden (4.6.2).

Spanje hanteerde een mercantilistische handelspolitiek waarin na ca. 1520 suiker en vooral huiden de voornaamste handelswaar vormden. Intercontinentale vaart geschiedde via Sevilla (na 1717 Cádiz) in Spanje en de havens van Veracruz, Cartagena en Portobello in de Nieuwe Wereld. Vanaf 1561 voeren schepen in konvooi tussen de Oude en de Nieuwe Wereld heen en weer. De protectionistische Spaanse handelspolitiek werd uitgedaagd door piraten en kapers uit noordwest Europa zoals de vermaarde piraat-smokkelaar Hawkins en Spaanse kolonisten die bereid waren de handelsbeperkingen (letterlijk) te omzeilen ([148]).

De opkomst van deze trans-Atlantische economie ontstond in de periode Bejarano, die met enig succes de veeteelt in zijn belening ter hand nam. De Castellanos en Felice Cardot vermeldden met name de handel in geitenhuiden en schapen, terwijl door het kapersbezoek aan Curaçao duidelijk werd dat Bejarano ook participeerde in illegale trans-Atlantische slavenhandel, toen deze onder meer Afrikaanse slaven inkocht van Hawkins ([149]). De Benedenwindse eilanden vormden een potentieel smokkelgewest in het Spaanse rijk. Bejarano knaagde, net als veel andere encomendero's en vecino's aan Spanjes mercantilistische handelspolitiek omdat Spanje zelf niet in staat was haar kolonisten afdoende te voorzien van Europese goederen, Afrikaanse slaven en regionale

---

147 Mann 2001: 183, zie ook Whitehead 1988; Helman 1995.
148 Pérotin-Dumon 1999; Elliott 2006: 108-11; Andrien 2009: 61.
149 Talloze auteurs wezen Hawkins aan als één van de eersten die zich realiseerden hoe het Spaanse mercantilisme en het Portugese monopolie op de slavenhandel eenvoudig kon worden omzeild. Hawkins was oom van de al even bekende kaapvaarder sir Francis Drake. Zie bijv. Williams 1983: 75; Knight 1990: 63; Pérotin-Dumon 1999: 114-9; Elliott 2006: 108-14; Koot 2011: 25.

zowel als trans-Atlantische scheepsruimte. Het bezoek van Hawkins toonde aan dat de Curaçaose economie ten tijde van Bejarano meer op Hispaniola dan op het inmiddels florerende Cartagena was gericht. Het is evident dat het Spaanse bestuur niet blij was met de smokkelhandel en de kaperbezoeken (4.4). In latere eeuwen zou dit falen van de metropool – Engeland, Frankrijk, Spanje, Nederland – steeds weer een bron van smokkelhandel, piraterij en kaapvaart in de Caraïbische regio zijn.

Er ontstond een interactiesfeer met een groeiende mate van uitwisseling van personen, culturele praktijken, van goederen en gedachten tussen de drie Atlantische continenten. Deze ontwikkeling gingen niet aan de Benedenwinden voorbij: Curaçao maakte er nadrukkelijk deel van uit, maar van Aruba en Bonaire dringt zich een beeld op als verlaten satellieten. Aruba, een uit de richting gelegen rancho waar incidenteel vee of verfhout werd gehaald en waar in 1619 slechts 20 christenen werden geteld. Bonaire werd kennelijk meer benut, want daar verbleef het dubbele aantal christenen.

De beëindiging van de consolideringsfase van het Spaans Amerikaanse rijk kondigde zich reeds vroeg aan met de noordwest Europese inbreuk in de Caraïbische wateren, die tot dan toe beschouwd werden als een Spaanse binnenzee. Piraten en kaapvaarders zoals Hawkins (1565, 1568), Bontemps (1571) en Geare (1601) en ook de legendarische captain Morgan dienden zich aan langs de kusten van *las Islas Adyacentes a la costa firme*. Zij waren voorbodes van de noordwest Europese expansie in de Caraïbische regio en de vestiging van de plantage-economie en de grootschalige trans-Atlantische slavenhandel, een proces dat in de zeventiende eeuw doorzette. De door Versteeg en Ruiz als reservaat getypeerde Benedenwindse eilanden – tenminste Aruba – maakten dus weldegelijk deel uit van een veranderende trans-Atlantische context, zij het in de periferie.

Koloniale mythen: Europeanen en Caquetío's

> *Zelfkennis en zelfkritiek, beide als uiting van een als problematisch ervaren* (eigen L.A.) *civilisering, zijn dus de voorwaarden tot een beginnende doorbreking van etnocentrisme en daarmee tot de kennis van de anderen.*
> Ton Lemaire, *De indiaan in ons bewustzijn*, p. 248-9.

Binnen de trans-Atlantische interactiesfeer sprootten nieuwe culturele identiteiten en raciale discoursen voort die de zich aan de bron van de moderne tijd – 'modern' in Europese ogen – blijvend nestelen in de Europese beeldvorming van de na 1499 versneld ontsloten wereld en de menselijke soort. Kolonialisme en Oriëntalisme dan wel Occidentalisme gingen hand in hand. Historische werkelijkheid en historisch narratief blijken twee zijden van de koloniale medaille ([150]). Koloniale mythen vormen de hardnekkige neerslag in representaties van inheemse Amerikanen als giganten en/of kannibalen en van Europeanen als dragers van beschaving. De Benedenwindse eilanden werden voorgesteld als 'islas inútiles' en de kolonisten Juan de Ampiés en Lazaro Bejarano als brengers van christendom en humanisme. De door hen gekoloniseerde

---

150 Lemaire 1986; Said 1993, 1994; Gilroy 1993; Trouillot 1995: 6.

Caquetío's werden als snel geportretteerd als gedweeë protochristenen die zich met graagte aan hun leenheren overgaven en onderwierpen.

Opvallend is dat koloniale mythen vaak terug zijn te voeren op brieven van kolonisten – zoals Juan de Ampiés' verzoek uit (waarschijnlijk) 1525/6 (4.2) – aan hun vorsten waarin zij bij hen in het gevlij wensten te komen om zo hun gunsten te verwerven. Daarna en daarnaast creëerde de boekdrukkunst een afzetmarkt voor avonturisme en sensatie. De brieven van Vespucci leken bedoeld om die lezersmarkt aan te boren, terwijl de eerder aangehaalde brief van De Ampiés een persuasieve tekst was om koning Karel te overtuigen hem de Benedenwindse eilanden in bestuur te geven. De Castellanos' Elegie leek vooral bedoeld om het encomiendasysteem te verdedigen. Tijdens de Engelse en Franse koloniale expansie zorgden berichten van Hawkins en andere kaapvaarders voor een kortstondige terugkeer van Curaçao in de Noord Europese verbeelding van de Atlantische wereld, maar toen in Europa – en vooral het liberale Amsterdam – aan het begin van de zeventiende eeuw de onafhankelijke journalistiek op kwam zetten, speelden de Benedenwindse eilanden geen rol in de Atlantische wereld.

In de periode die ik in deze uitgave bestudeerde, herken ik een primaire fase en een secundaire fase. Terwijl Andrien spreekt van een intiële en een consoliderende fase voor de vestiging van het Spaanse rijk, hanteerde Pagden (1993: 5) en het begrippenpaar ontdekking-assimilatie om de kosmologische, geografische, antropologische en politieke incorporatie van de Nieuwe Wereld in het Europese wereldbeeld te beschrijven. Aanvankelijk was de ontdekking van de inheemse Amerikaanse wereld vooral een geografisch en theologisch-antropologisch vraagstuk: een vraag over schepping en mensheid. Amerikanen werden ingepast in Bijbelse dan wel klassiek Griekse schema's. In de (deels overlappende) fase van assimilatie was de schok van de ontdekking enigszins verwerkt en was er in Europa steeds meer bekend over de Amerika's dankzij de correspondentie en geschriften van onder meer Columbus zelf, maar ook De Oviedo, Las Casas en vele anderen. De katholieke kerk kreeg een tweede kans om een theocratie te vestigen in de Amerika's, juist toen haar hegemonie op het Europese continent onder druk stond. Nieuwe interpretaties van Aristoteles, Plinius de Oudere, Thomas Aquinas en (orthodox) christendom, maar ook opkomend humanisme moesten nieuwe antwoorden geven op het theologische en antropologische vraagstuk dat zich aandiende als gevolg van de ontmoeting van Europa en Amerika. Het debat tussen Las Casas en Sepúlveda vormde een sleutelmoment in de ontwikkeling van ontdekking naar assimilatie van de Amerika's in het Europese mensbeeld.

Ontdekking – bezetting: Beeldvorming rond indiaans Amerika ving aan voor 13 oktober 1493. Mythologische, filosofische en theologische tradities en geschriften rijkten interpretatiekaders aan met verstrekkende consequenties voor de inheemse Amerikanen. Amerika werd betrokken in de oudere Europese voorstellingen rond het aards paradijs en de gouden tijd als ook de reizen van Marco Polo en andere Indiëgangers. De mythe van het verdronken Atlantis is vereeuwigd in de naam van de oceaan. Het besef dat er voorbij de bekende wereld nog onbekende eilanden en zelfs een geheel continent gelegen waren, werd wel heel erg duidelijk vastgelegd in het begrip 'Antillen', wat zoveel betekent als 'vooreilanden' (voor Indië). De sensationele, exotische verhalen van de Venetiaan Amerigo Vespucci en de gril van cartograaf Waldseemüller bezorgden het gaandeweg ontdekte (besefte) continent de naam Amerika (2.1).

De in 1492 heersende, christelijke opvatting over de oorsprong van de mensheid was die uit Genesis in het Oude Testament: de mensheid had een goddelijke oorsprong en de mensheid was eerst na de zondeval en daarna door de zondvloed verspreid geraakt over Europa, Afrika en Azië. In de Bijbel was voor de inheemse bevolking van Amerika geen plaats ingeruimd en de vraag was hoe Amerika en de Bijbel met elkaar te verzoenen. De verloren stammen van Israël en de verspreiding van de mensheid na de zondvloed en het uiteengaan van de drie zonen van Noah boden mogelijkheden om de indianen alsnog in Bijbelse schema's in te passen. Deze en andere interpretaties, bijvoorbeeld rond de spraakverwarring die volgde op de ineenstorting van de Toren van Babel, leverden verklaringen voor de taal en cultuur van de bewoners van Amerika, maar ook voor de vermeende degeneratie van de verloren loot van de mensenstam ([151]).

Cristoffel Columbus, een zeeman afkomstig uit Genua was de eerste vertegenwoordiger van dit Bijbelse denken. Hij zag zichzelf als uitverkorene, als de drager van Christus die West en Oost verbond, die de Europese mens herenigde met het verloren Atlantis, El Dorado en het aards paradijs. Met de ontdekking van Indië voltrok zich zowel Columbus' persoonlijke als de Europese christelijke heilsgeschiedenis (2.1).

De ideologische verwerking van Amerika kon ook een minder devote wending nemen. Hier speelde de herontdekking van het encyclopedische werk van Plinius de Oudere een belangrijke rol. In zijn *Naturalis historia* beschreef Plinius allerhande mythologische wezens in gebieden buiten de directe Grieks-Romeinse beschavingssfeer. Steeds verbraken deze wezens bestaande culturele onderscheiden tussen mens en dier, tussen natuur en cultuur, tussen wildheid en beschaving: griffioenen, cyclopen, giganten, noem maar op. Daarnaast was de Grieks-Romeinse filosofische traditie van Plato en Aristoteles van belang. Zij verkenden de mogelijkheden van maatschappelijke ordening (Plato-More) en namen een voorsprong op de wetenschappelijke methode (Aristoteles-Bacon). Epicurus, de filosoof van het gematigde genot, bood aanknopingspunten voor een etnologische interpretatie van de inheemse Amerikanen.

Amerigo Vespucci verwees in zijn geschriften naar Epicurus, maar hij behoorde vooral tot de mythologisch-plinische rapporteurs van de Nieuwe Wereld. Zijn beschrijvingen waren niet gebaseerd op empirische observatie, maar op een representatiewijze waarin observatie en associatie samengingen. In zijn brieven over Amerika verwijst hij naar dergelijke tussenwezens, waarbij zijn verwijzing naar de Giganten van Curaçao nog lang zou doorklinken in de Benedenwindse historiografie. Vespucci beweerde echter niet letterlijk dat de Benedenwindse Caquetío's Giganten waren, maar hij benoemde hun eiland Isla de los Gigantes vanwege hun (schromelijk overschatte) lichaamsomvang en zijn associatie met Plinius' Giganten ([152]). Vespucci's portrettering van de naar wordt aangenomen waarschijnlijk Bonairiaanse en Curaçaose Caquetío's lijkt een avonturistisch reisverslag van een ontdekkingsreiziger in de nieuw ontdekte

---

151 Bijvoorbeeld Berkofer 1978: 33. e.v..
152 Pagden (1996: 24) noemde een voorbeeld uit het werk van kroniekschrijver De Oviedo. *'Oviedo, ..., fell into the conceptual trap when he declared that since both the (Greek) Thracians and Taíno practiced polygyny, the Taíno must also sacrifice all foreign visitors. As he freely admitted, he had no reason to suppose that the Taíno in fact practiced any form of human sacrifice, even if, on Columbus' evidence, they were cannibals. But Eusebius had said that this was what the Thracians did, and having 'attached' the Thracians to the Taíno, he simply 'read of' onto them all their attributes.'* Net als bij Vespucci's Giganten is sprake van een (al dan niet doelbewuste) valse argumentatie.

'plinische' buitengebieden van de hem bekende Europese beschaving (3.1.2). De mythe der Giganten werd in 1508 nog eens aangewakkerd toen de Curaçaose Caquetío's maar liefst 46 man van de overvalsmacht van De Nicuesa om het leven brachten (3.2.2). De mythe zette zich nadien vast in de Benedenwindse beeldvorming in landkaarten, reisbeschrijvingen en geschiedenisboeken en onderwijsmethoden ([153]). Zoals gezegd speurde arts-literator Chris Engels/Luc Tournier nog in 1970 naar bewijzen voor de door Vespucci gecreëerde mythe van los Islos de Gigantes in de begraafplaats te Malmok op Aruba, niet beseffende dat hij litische in plaats van neoindiaanse inwoners onderzocht. In dat opzicht wijkt de Benedenwindse mythe van de Giganten niet af van die van de koloniale mythe van de Caraibische menseneter. Sinds de meldingen van Columbus, Dr. Changa en Vespucci is de Europese wereld gefascineerd door het Kannibalisme, bijvoorbeeld in het werk van Montaigne (On Cannibalism, 1580) en Shakespeare in diens The Tempest (1610-1611) ([154]).

Ik kan het niet nalaten om hier te vermelden dat Thomas More in 1516 dankzij de brieven van Vespucci zijn beroemde Utopia mogelijk in de omgeving van de Benedenwindse eilanden situeerde, namelijk als voormalig schiereiland voor de Tierra Firme. More had de brieven van Vespucci gelezen. Hij was bekend met de beschrijvingen van de Giganteneilanden en veronderstelde dat de Europese lezer eveneens met Vespucci bekend was. More gebruikte diens geschriften als historische context om er zijn fictieve (niet noodzakelijk christelijke) heilstaat Utopia te situeren. De Italiaanse hoofdpersonage en informant over het eiland Utopia, Raphael Hythloday had maar liefst drie reizen van Vespucci meegemaakt. Hij was tijdens diens vierde reis als vrijwilliger achtergebleven op het fort in de Baai van Alle Heiligen, te Bahia, Brazilië ([155]). Het is vanaf deze baai waar Raphael zijn reiservaringen vertelde, dus daar waar Vespucci's relaas ophield. Vandaar ook dat Peter Gilles verklaarde dat Raphael *'made us feel that Vespucci has seen absolutely nothing!'* (p. 32). Raphael was in de gelegenheid geweest om de zeeën in de Nieuwe Wereld te bevaren: Utopia, maar bijvoorbeeld ook de eilandstaat Nolandia met haar ambitieuze vorst die aan één koninkrijk niet genoeg had, maar er geen twee kon onderhouden en besturen (p. 58-9).

Vespucci en Europese vorsten ontkomen niet aan More's satire en de fictieve reisgenoot Raphael evenmin. Diens naam verschaft daarvan een voorbeeld. Weliswaar betekent Raphael in het Hebreeuws 'God schenkt genezing' naar het (apocriefe) Bijbelse verhaal van de aartsengel Raphaël die de blinde Tobias het gezichtsvermogen teruggaf, maar de achternaam Hythloday is niets minder dan een samentrekking van het Latijnse hythlos = onzin en daio = verspreider: we hebben het zicht op de wereld hervonden, maar wel door de verdraaide blik van Hythloday. Niet voor niets plaatste Erasmus de humor en satire van de Utopia boven die in zijn eigen Lof der Zotheid ([156]).

Raphael had, zoals gezegd, drie reizen met Vespucci gemaakt, maar niet de omstreden eerste (p. 38). Wellicht twijfelde reeds More aan de historiciteit van die eerste reis. Thomas More en zijn Antwerpse vriend Peter Gilles, een contact via Erasmus,

---

153 Bijvoorbeeld. Goslinga, Van Noort en Sjak Shie 1972.
154 Zie Whitehead 1995; Arends 1998.
155 Vespucci 1992: 95; More 1983: 38-9, 136 noot 9.
156 More 1983: 69, p. 135 noot 7, 135-6 noot 7, 8 en 9, 154; Turner 1983: 9; Abulafia 2008: 242; Achterhuis 2016. In de tweedelige Utopia volgt op een felle Europese maatschappijkritiek (deel 1), de schets van een Utopische tegencultuur (deel 2).

Sir Thomas More, 1478-1535 door Hans Holbein de Jongere (Augsburg, 1497/9 – Londen, 1543). Bron: Wikimedia Commons.

ondervroegen Raphael, maar lieten het doelbewust na om te vragen of deze tijdens zijn omzwerving monsters had gezien, *'for monsters ceased to be news. There is never any shortage of horrible creatures who prey on human beings, snatch away their food, or whole populations'* (p. 40). Een verwijzing naar koningen en bestuurders in Europa en gelijktijdig een uithaal naar Vespucci's spectaculaire plinische beschrijvingen.

De satire verbond de Europese en de overzeese werkelijkheid. More's beschrijving van Utopia bevatte op de eerste plaats een kritisch humanistische boodschap over en voor Europa, maar vormde tevens een distantiëring van Vespucci's sensatie-journalistiek. More wees aldus nog voor Las Casas, Vespucci's reisverslagen af als Atlantisch visserslatijn. Via de Utopia en de vermeende gelijkenissen met het vroege communitaire christendom ([157]) bereikte het christenhumanisme de Nieuwe Wereld nog voor Las Casas zijn missiekolonisatie formuleerde of humanist Lazaro Bejarano de belening van schoonvader Juan de Ampiés overnam.

Het debat tussen Sepúlveda en Las Casas in Valladolid van 1550-1551 symboliseerde het einde van de plinische verwerking van den ontmoeting van de Oude Wereld met de Nieuwe. In de trant van onder meer Hall (2017: 53 e.v.) kan met stellen dat Sepúlveda en Las Casas daar in institutioneel Atlantisch racisme voor in de plaats stelden, een racisme de dat koloniale onderwerping van (grote delen van) de Amerika's en later Afrika, Azië en Oceanië zou begeleiden. Het plinische denken in termen van giganten en kannibalen leefde voort als onderliggende koloniale kenvorm (2.4).

Assimilatie – consolidatie: Na de initiële contactfase brak een assimilerende of consoliderende fase aan in de religieuze en ideologische toe-eigening van de Amerika's aan. In de jaren van het eerste contact speelde de paus een hoofdrol in de geografische verdeling van de nieuwe wereld tussen Spanje en Portugal en de missionering besteedde hij als het ware uit aan katholieke vorstenhuizen (2.3). De Nieuwe Wereld moest een wereld worden waar religieuze cohabitatie zoals op het Iberisch schiereiland voor

---

157 Bijvoorbeeld Lemaire 1986: 103-26; Achterhuis 2016: 59-70.

1492 en opkomende verstedelijking, zoals in Europa geen vat kregen op de katholieke heilsgeschiedenis ([158]). De inheemse bevolking leverde daarvoor ongevraagd de geloofsgemeenschap; joden, moslims, en recent bekeerden (conversos, moriscos) werden geweerd. De aanwezigheid van joden en moslims werd reeds in 1501 aan banden gelegd en in 1519 introduceerde de katholieke vorstin de Inquisitie op Hispaniola (2.4). Rassenwetten (1548) moesten de scheiding van inheemsen en Europese christenen bewaken en de Inquisitie zag ook daarop toe, zo ondervond de onder Bejarano op Curaçao werkzame frater Ramirez. Hij nam het met de kuisheidsgelofte en met de rassenwetten kennelijk niet al te nauw (4.5).

De katholieke heilsgeschiedenis verplaatste zich van Europa naar Amerika, althans zo beoogde het wereldlijk en religieus gezag in Spanje en Rome. De Wetten van Burgos (1512) en de Requerimiento (1514) moesten de harde kanten van de Encomienda verzachten, maar deze haalden weinig uit. Regent Cisneros koos in 1518 voor een radicaal beleid van het in vrijheid stellen van de indianen van Hispaniola. Mislukte feitelijk theocratische missioneringspogingen van de hiëronymieten (Hispaniola) en Las Casas (Tierra Firme) maakten duidelijk dat de Nieuwe Wereld niet het toneel zouden worden van een herlevend christendom waar inheemsen en Spanjaarden tezamen een nieuwe christelijke heilsstaat zouden vormen. Hiëronymieten en Las Casas werden aangespoord door de Wetten van Burgos en waarschijnlijk achterliggend door de communitaire beginselen van het vroege christendom en de zojuist genoemde Utopie van humanist Thomas More. Beide pogingen waren utopisch en universalistisch omdat zowel de hiëronymieten als Las Casas een samengaan van trans-Atlantische culturen propageerden, uiteraard met het christendom als dwingende leidraad. Dat de hiëronymieten – in opdracht van regent Cisneros – een stuk verder wilden gaan in hun restauratie van de inheemse maatschappelijke verbanden dan Las Casas voorstond, kwam uitgebreid ter sprake (3.2.3), evenals Las Casas' tot mislukking gedoemde missie-experiment op Tierra Firme (4.1).

In Europa daagde het (christen) humanisme van met name Erasmus van Rotterdam ([159]) en Thomas More de dogmatiek van het katholicisme uit in pleidooien voor zelf-

---

158 Vergelijk Montaigne 1991; Schmidt 1995: 5-8.
159 Erasmus heeft zich maar weinig uitgelaten over de destijds nog recente ontdekking van Amerika. In de literatuur die ik doornam voor dit onderzoek trof ik slechts drie momenten aan. In 1514, waarschijnlijk nadat Erasmus Waldseemüllers *Mapa Mundi* (1507) had gezien, toonde de humanist de hem typerende scherts: 'Erasmus, also acknowledged the Columbian voyages, which he cited typically as a "foolish passion", the outcomes of which could only encourage the legions of the Folly' (in: Schmidt 2004: 8, 326). In de 1515 uitgave van Lof der Zotheid (Erasmus 1977: 99) steekt hij de draak met de 'pedante filosofen'. In de illustratieve houtsnede houdt de filosoof een globe in de hand, terwijl een planchet naast hem op de grond ligt: de wereld van de eigentijds filosoof was inderdaad bolvormig, maar diens pedante opstelling wekte Erasmus' spot op.
In een brief uit 1517, ten slotte, toonde Erasmus zich opnieuw van zijn cynische zijde. Ofschoon hij zijn gehele loopbaan was geïnspireerd door herontdekte klassieke teksten, stelde Erasmus het wetenschappelijk gezag van die teksten met zijn bekende zelfspot ter sprake: *'If the knowledge of the Ancients had been so limited in this geographical respect, who could know, ..., in what other as yet undiscovered ways it ways it might also turn out to have been in error?'* (in Pagden 1993: 89). De invloed van Erasmus op het Europese denken in de Amerika's verliep vooral via zijn vriend en geestverwant Thomas More, de auteur van Utopia, maar weldegelijk ook via door Erasmus geïnspireerde humanistische kolonisten in Hispaniola en Curaçao, waaronder Lazaro Bejarano (Martin-Fragachan 1999). Meier (1995: 114, noot 608) wijst op de invloed van Erasmus' *Enchiridion* en More's *Utopia* op het voorstel van Las Casas uit 1517 tot het vormen van christelijke indiaanse gemeenschappen op Hispaniola en Tierra Firme.

standige interpretatie van de Bijbel en (daartoe) het vertalen van de Bijbel in volkstalen en in het kielzog daarvan kwamen reformatie van Luther en Calvijn, maar ook de afscheiding van de (Anglicaanse) Church of England (1534) tot stand. De rooms-katholieke kerk reageerde met de Contrareformatie die gestalte kreeg tijdens het Concilie van Trente (1545-1563). Ook in de Nieuwe Wereld werd vrijheid van godsdienst verder ingeperkt ten koste van lutheranen en humanisten.

Conquistadores, encomendero's en vecino's trokken zich in het verre Amerika maar weinig aan van de Europese regels. De inspanningen van officiële 'procurador o protector universal de todo los indios' Bartolomé de Las Casas bleven echter niet zonder effect. In 1542, het jaar waarin *'De Verwoesting van de West-Indische landen'* verscheen, kwamen de Nieuwe Wetten tot stand. Die bevestigden dat inheemse Amerikanen niet tot slaaf gemaakt mochten worden gemaakt en tevens het einde van de encomienda aankondigden. In de epiloog van de editie uit 1546 prees Las Casas (1992: 155-7) de intentie van de Nieuwe Wetten, maar de verwoesting van inheemse Amerika ging echter welhaast ongestoord door, onder meer in het chiefdom der Caquetío's aan Tierra Firme tijdens de plundertochten van de Welsers en hun afgezanten (4.3).

Bij de toekenning aan de Welsers werd dominicaan Antonio Montesinos, bekend als eerste pleitbezorger van de inheemse bevolking, aangesteld als Protector de los Indios. Hij zou een tiende van de opbrengsten van de kolonisatie van de Welsers ontvangen om de kerstening op de Tierra Firme mee te bekostigen, maar er zijn geen aanwijzingen dat dit voornemen tot uitvoering kwam. Montesinos's rol als beschermer van de inheemse bevolking bleef een onvervulde belofte. In 1531 kwam wel het bisdom Coro/Venezuela tot stand en toen bisschop Rodrigo de Bastidas de missieactiviteiten op de Benedenwindse eilanden wilde intensiveren, stuitte hij op een gebrek aan belangstelling en belasting (de diezmos) van de zijde van belener en humanist Lazaro Bejarano, die meestentijds niet op Curaçao, maar op Hispaniola woonachtig was. Bejarano bleef voortdurend in beeld, maar ook bisschop Pedro de Agreda van Coro bleek onmachtig in zijn protest tegen Bejarano's veronachtzaming van het missiewerk. Uiteindelijk tikte de Inquisitie te Hispaniola de Erasmiaan in 1559 op de vingers (4.5).

Katholieke orden verschilden van mening over de speelruimte voor inheems geloof bij kerstening van de inheemse Amerikaan (Schwartz 2008) en encomendero's gaven voorrang aan kolonisering voor kerstening. Het theologische debat tussen Las Casas en Sepúlveda uit 1550-1551 in Valladolid had verregaande juridische consequenties. Las Casas' missie-interpretatie van de inheemse Amerikaan zou leiden tot de verdere bevoogding met een belangrijke rol voor de katholieke kerk, terwijl Sepúlveda met een beroep op Aristoteles' natuurrecht een meer onvoorwaardelijke vorm van slavernij voorstond. Er kwam een uitspraak dat de indianen niet van nature slaaf zijn. De bestuurlijke maatregelen die daarop volgden zoals de 'miserabile-verklaring' van 1563 (2.4) betroffen eerder elementaire, maar ineffectieve burgerrechten van inheemse gekoloniseerden dan hernieuwde missierechten voor koloniale katholieke orden.

Las Casas' status als beschermheer van de indianen werd door de eeuwen heen door historici steeds weer als mythe bekrachtigd. De in deze (en talloze andere) cultuur-historische studies aangehaalde werken over deze periode – Spaans-, Nederlands- dan wel Engelstalig – is diens werk overwegend uitsluitend geïnterpreteerd in relatie tot wrede conquistadores, egoïstische encomendero's en zijn opponent, de Aristoteliaan Sepúlveda. Het ligt vanuit modern perspectief voor de hand om partij te kiezen voor

Las Casas' sympathieke standpunt, maar daarbij gaat men steeds voorbij aan de context van Spaanse overheersing en intolerant katholiek monopolisme ([160]).

Las Casas was als Protector van de indianen vooral pleitbezorger van bevoogdende missiekolonisatie door de vorming van christelijke Spaans-indiaanse leefgemeenschappen in een omheinde, afgesloten Nieuwe Wereld, vrij van religieuze cohabitatie met joden, moslims, reformisten en humanisten. Dat bleek een theocratische utopie. Het falen van de missie-experimenten werd zelfs een argument voor verlenging en uitbreiding van het encomiendasysteem, onder meer op de Benedenwindse eilanden. Een missie-historicus uit de (sinds 1835 niet meer bestaande) orde der hiëronymieten zou een geheel ander beeld van Las Casas schetsen dan we gewend zijn te lezen. Een beeld wellicht waarin de officiële Protector wordt afgeschilderd als een overijverige inspecteur van de Koning die er al snel een eigen programma op nahield en van toezichthouder tot uitvoerder wenste te worden. De rol van Protector de Indios werd een gevestigd instituut – Protectoría de Indios – binnen de Spaanse koloniale overheersing dat nog maar weinig is onderzocht, ofschoon het instituut pas in de 19^e eeuw, dus na ruim 400 jaar werd opgeheven ([161]). Over de hiëronymieten en hun gedachtegoed treft men veel minder informatie, uitleg of interpretatie aan. Zij geraakten in het vergeetboek en, zoals ik heb willen betogen, wellicht onterecht (2.4 en 3.2.3).

In de context van kerkhervorming, Inquisitie en theologisch debat die tezamen uitmondden in het Concilie van Trente en de rooms-katholieke Contrareformatie, moeten we de veroordeling van Bejarano door de Inquisitie (4.5), maar ook de *Elegías de los claros varones de Indias y la historia del Nuevo Reino de Granada* van Juan de Castellanos plaatsen (5.1 en 5.2). Terwijl Vespucci (3.1.2) wellicht de eerste commerciële uitbater van de Benedenwindse eilanden door middel van de boekdrukkunst was, behoorde Bejarano mogelijk tot de vroege slachtoffers van kerkelijke censuur en de repressie van de boekdrukkunst door de Spaanse Kroon en de Rooms-katholieke kerk.

De Castellanos bezocht Curaçao in 1541 en publiceerde daarover pas in 1588. Ik interpreteerde zijn Elegie op drie wijzen: etnografisch, juridisch en ideologisch. De Castellanos refereert weliswaar nog naar de Giganten van Vespucci, maar hij werkt toe naar een etnografie die eerder op de tuin van Epicurus dan de *Naturalis historia* van Plinius is geënt. de nadruk ligt op de welgevalligheid, charme en inzetbaarheid van de Benedenwindse Caquetío's. En impliciet op hun passieve acceptatie van de Spaanse overheersing. Kerkrechtelijk gezien hekelt De Castellanos op postume wijze de veroordeling van humanist Bejarano door de Inquisitie. Zijn *Elegie* lijkt vooral een ideologisch pleidooi voor het behoud van het encomiendasysteem als model voor missionering en kolonialisme (5.2.3).

De prijzende woorden voor Lazaro Bejarano kregen in de twintigste eeuw een vervolg in de Nederlands Caraïbische historische en literaire werken van katholieke missiepriesters als Brada en Nooyen en humanisten zoals Van Alphen-Vicioso, Martinus Arion en Cola Debrot (5.3). Net als bij De Castellanos waren hun studies en novelle ingegeven door de volgens hen op op dat moment op Curaçam levende behoefte aan christelijkheid en humaniteit. Bejarano of Benedenwindse Caquetío's le-

---

160 Voor kritischer benaderingen van werk en leven van Las Casas, zie onder meer Castro 2007: 177-85; Pagden 2001: 67-8; Clayton 2011: 151-3; Weaver 2014: 222-3.
161 Bron: Wikipedia 'Protectoría de Indios', geraadpleegd 15-1-17.

verden daarvoor een voorbeeld, waarvan de historiciteit echter nog altijd niet vaststaat ([162]). Debrots humanistische versie van de gemeenschap onder gouverneur Bejarano op Curaçao vertoonde maar weinig gelijkenis met samenleving die smokkelaar-piraat Hawkins er in 1565 aantrof. De humaniteit van Bejarano werd een Benedenwindse mythe en de dociele onderwerping van de Benedenwindse Caquetío's bleef een onuitgesproken veronderstelling.

Steeds weer zagen we dat in de geschiedsoverlevering Spaanse mythes worden gecreëerd aan de hand van vermeende bovenmenselijke prestaties van historische personen als Vespucci, protector Bartolomé de Las Casas, encomendero Juan de Ampiés en humanist Lazaro Bejarano. Ook zien we dat deze historisch mythologische actoren hun aanzien verwerven in relatie tot negatieve mythische personen: Las Casas tegenover Sepúlveda, De Ampiés tegenover de Welsers, Bejarano tegenover de Inquisitie. Dit is een simplificatie die bijvoorbeeld aan het licht trad in de schrijnende tegenstelling van De Ampiés' status als stichter van de katholieke kerk in Coro (4.1) en zijn eerdere, maar nadien vergeten rol als organisator van de indiaanse deportaties van 1514-1515 en rol als slavenhandelaar ten behoeve van de parelvisserij in Cubagua en Margarita. Hij beheerde de op Hispaniola onder encomiendo geplaatste inheemse Amerikanen van afwezige encomendero's ('absentee owners') en kwam begin 1517 in conflict met de hiëronymieten bij hun pogingen de chaos op de pareleilanden te beteugelen en tijdens de Interegaciones door de hiëronymieten (3.2.2).

De mythe van Bejarano als christen-humanist lijkt te beginnen bij De Castellanos' zucht naar herstel van de encomienda en diens eigen veroordeling door de Inquisitie en voor wat deze studie betreft te eindigen bij de projectie van humanist Lazaro Bejarano in Cola Debrots novelle *De Vervolgden*. In diens poging om de verdeelde Curaçaose samenleving op literaire wijze een harmonieuze en humanistische oorsprongsmythe te verschaffen, veronachtzaamde hij het gegeven dat Bejarano inheemse arbeid inzette voor zijn persoonlijk gewin en dat deze Benedenwindse encomendero er de Afrikaanse slavernij introduceerde. Door voort te borduren op de *Elegie* als Benedenwinds literair erfgoed, refereerde Debrot ongewild aan argumenten uit De Castellanos' pleidooi voor behoud van de koloniale encomienda.

***

> *'Lastly, there are idols which have crept into men's minds from the various dogmas of peculiar systems of philosophy, and from the perverted rules of demonstration, and these we nominate idols of the theatre: for we regard all systems of philosophy hitherto received or imagined, as so many plays brought out and performed, creating fictitious and theatrical worlds.'*
> Francis Bacon, 1620, *Novum Organum*, boek 1: 44 (1952: 110)

Zeven jaar voordat de West-Indische Compagnie Curaçao binnenviel en vijf jaar voordat Bonaire en Aruba werden ingenomen en er een einde kwam aan de Spaanse periode van de Benedenwindse geschiedenis, vatte Francis Bacon (1561-1626) de laat-

---

162 Voor Indianisme en Indigenisme in de Benedenwindse literatuur zie Rutgers 1994, 2016; Broek 1998; Habibe 2014.

ste van zijn 4 idolen samen. Ruim een eeuw na de ontmoeting van de Oude Wereld met de Nieuwe onderscheidde Bacon obstakels voor adequate kennisverwerving in de vorm van vier idolen: die van de tribe (de menselijke soort), die van de grot ('the den', de individu en zijn/haar cultureel-maatschappelijk bepaaldheid), die van de markt (als metafoor voor alledaagse menselijke omgang, concepten en kennis) en die van het theater ofwel de theorie: soms eeuwenoude, diep ingeslepen misvattingen belemmeren het inzicht in de wereld en produceren voorstellingen die met die werkelijkheid maar weinig te maken hebben: *fictious and theatrical worlds*.

Bacons vierde idool is voor ons van belang als aanzet voor een epistemologische wetenschapskritiek omdat het de vraag op scherp stelt hoe historische feiten en koloniale mythen zich tot elkaar verhouden. Kunnen we achteraf door het aandragen van historische feiten koloniale mythen ontmaskeren en kunnen we daartegenover historische feiten presenteren zonder nieuwe (post-)koloniale (bijvoorbeeld transatlantische) mythen in het leven te roepen?

Zestiende-eeuwse Europeanen waren gefascineerd door inheemse Amerikanen. Het idool van het theater/de theorie drong steeds weer de Europese kennisopbouw binnen in de vorm van vergelijkingen met mythologische, plinische rassen en klassieke Griekse en Romeinse filosofen en hun vroeg-moderne interpretaties; van religieuze dogma's en propaganda omtrent verheven katholieke vorsten, benevolente missionarissen en nobele conquistadores en encomendero's. Het idool van het theater waarde rond in vrijwel alle zestiende-eeuwse bronnen en berichten omtrent inheems Amerika en via deze ook in latere publicaties over de Europees-Amerikaanse contactperiode.

Veel van onze kennis en voorstellingen in het derde millennium – zo heb ik in navolging van Said, Lemaire, Gilroy, Weaver, Hall en anderen willen aantonen – blijkt voort te borduren op mythes en misverstanden uit de zesde eeuw van het tweede. Kennisopbouw in de zestiende eeuw stond echter niet gelijk aan historisch, etnologisch of geografisch onderzoek in de eenentwintigste en het is onmogelijk zestiende-eeuwse documenten te behandelen als eigentijdse. Filosofie, religie en wetenschap waren in de eeuw van de Renaissance van de Grieks-Romeinse oudheid onderling vervlochten; nog niet ten opzichte van elkaar verzelfstandigd en berichtgeving over de Nieuwe Wereld vertoonde kenmerken van alle drie. Wetenschap, deductief dan wel inductief, en de empirische methode moesten nog tot ontwikkeling komen. Bij kennisopbouw en beeldvorming omtrent inheems Amerika liepen mythologie, religie, (natuur-)filosofie en etnologie door elkaar, maar ook kondigde zich het scheiden der wegen van deze kenvormen zich aan.

Bacon werkte toe naar een empirische wetenschapspraktijk op basis van Aristoteles' Laws of Nature, maar verdergaand van diens (sofistische) methode die meer gestoeld was op logica dan op waarneming. Bacon verwees in zijn geschriften incidenteel naar (vermeende) kennis over inheems Amerika, waaronder Vespucci's brieven over de beleende eilanden en de Utopia van Thomas More. Het is mogelijk om bij wijze van laatste exercitie in dit bronnenonderzoek kennisopbouw rond Benedenwindse feiten en mythen te beoordelen op de valkuilen die Bacon signaleerde aan het einde van de Spaanse periode van de Benedenwindse geschiedenis. We nemen het werk van Bacon onder de loep, althans daar waar het Amerika betreft.

Bacon hield zich slechts incidenteel bezig met kennisopbouw aangaande de Nieuwe Wereld. Ik besluit met enkele van zijn uitspraken over inheems Amerika. In

Francis Bacon, 1561-1626. Bron: Artiest Paul van Somer I. Bron: Wikimedia Commons.

Of the Proficience and Advancement of Learning uit 1605 (1952: 15) verwijst Bacon naar Columbus wanneer hij het heeft over de (in-)consistentie van het denken in relatie tot wat we tegenwoordig noemen 'voortschrijdend inzicht' of 'wetenschappelijke vooruitgang'. Columbus' tocht westwaarts was wellicht een waagstuk gebaseerd op dubieuze veronderstellingen omtrent de omvang van de aarde, maar de onderneming had de loop der geschiedenis blijvend verlegd. De nieuwe kosmografie-geografie was al snel doorgedrongen tot de gehele mensheid.

> *'… the same happened to Columbus in the Western navigation. But in intellectual matters it is much more common; …; which till they are demonstrated, our mind accepteth them by a kind of relation (as the lawyers speak) as if we had known them before'.*

Bacon bevestigt dat Amerika een eeuw na de landing van Columbus, in de terminologie van Pagden (1993), geheel was geassimileerd in het Europese bewustzijn gemeengoed voor allen was geworden: het ei van Columbus ([163]).

In het (mogelijk doelbewust) onvoltooide *Nieuw Atlantis* uit 1627, legt Bacon de lezer een uitgebreide en opmerkelijke interpretatie van inheems Amerika voor. Een groep verdwaalde en wanhopige zeelieden bereikt het eiland Nieuw Atlantis, gelegen in de Stille Oceaan – op dat moment het minst bekende deel van de aarde. Nieuw Atlantis blijkt een welvarende en geavanceerde Utopische samenleving gebaseerd op wetenschappelijke en technologische vooruitgang en gekenmerkt door openheid naar vreemdelingen en andere culturen ([164]).

De groep wordt hartelijk ontvangen, gevoed, gehuisvest, waar nodig verpleegd en ook geïnformeerd over de oorsprong van de continenten en hun populaties. De gastheer bevestigt de mythe dat Amerika het verloren gegane Atlantis is. Voor de zondvloed was Amerika bevolkt door een hoge civilisatie die echter door de golven was weggevaagd. De herontdekte inheemse Amerikanen stamden af van verspreide individuen, die in de bergen ontsnapt waren aan de verdrinkingsdood en die vandaar het land

---

163 Zodra een verschijnsel bekend is, ligt het voor de hand. Daarvoor is het een raadsel of mysterie. Benzoni beschreef in 1556 (1857: 17) als eerste de scene met het beroemde ei, waarin Columbus zijn gesprekgenoten aftroefde door een ei stabiel op een vlakke tafel te plaatsen door er een klein plat vlak in te tikken. In werkelijkheid was deze spitsvondigheid ontleend aan de Italiaanse architect Filippo Brunelleschi (1521).

164 Achterhuis 2006: 54-9; 2016: 71-9.

waren gaan herbevolken. Om die reden waren de Amerikanen die Columbus aantrof een nog jong (slechts duizend jaar) en onontwikkeld volk zonder schrift, kunst en beschaving. Noch voor, noch na de zondvloed konden de Amerikanen zich meten aan de stam van Noah, voegt de gastheer toe.

> 'So as marvel you not as the population of America, nor at the rudeness and ignorance of the people; for you must account your inhabitants of America as a young people, younger a thousand years at the least than the rest of the world, for that there was so much time between the universal flood and their particular inundation. For the poor remnants of human seed which remained in their mountains peopled the country again slowly, by little and little, and being simple and savage people (not like Noah and his sons, which was the chief family of the earth) they were not able to leave letters, arts and civility in their posterity; ....' (Bacon 2016: 467-9).

Nadat Thomas More zijn Utopia op de Nieuwe Wereld projecteerde, creëerde Bacon een utopische sciencefiction – wellicht de uitvinding van een literair genre – waarbij Nieuw Atlantis het geloof in wetenschappelijke vooruitgang belichaamde en Amerika werd afgebeeld als simpel en woest en gespeend van schrift, kunst en civilisatie. De mythe van de zondvloed en christelijke superioriteit waren niet door de wetenschap verdrongen. Een eeuw van trans-Atlantische ervaring en kennisopbouw omtrent inheems Amerika's had Europa niet in staat gesteld om eeuwenoud Europees etnocentrisme te ontmaskeren. Bacons kritiek op zijn tijdgenoten bracht de inheemse Amerikaanse werkelijkheid kennelijk niet dichterbij. Wel verving Bacon het theologisch christendom ideaal door een technologisch europacentrisme.

Het idool van het theater – of was dit het idool van de markt der geleerden? – was sterker dan Bacons eigen pleidooi voor empirisch onderzoek. Bacons gebrek aan culturele zelfkritiek en bevraging van zijn Europese bronnen sloot de weg af naar een beter begrip van inheems Amerika ([165]). Bacon zelf ontsnapte aldus niet aan het idool van het wetenschappelijk theater.

In deze epiloog heb ik willen aantonen dat de reconstructie van historische gebeurtenissen, individuen, groepen en culturen op de Benedenwindse eilanden is belemmerd door een tekort aan kritisch bronnenstudie en een overschot aan historische projectie en Europacentrisme. Historici, archeologen, antropologen, etnolinguïsten en genetici reconstrueren geen autonoom beeld van het verleden, maar een nieuw verhaal (feiten, mythen) naast andere verhalen over dezelfde gebeurtenissen en personen. Terwijl historische feitenreconstructie behoort tot het domein van de empirische-analytische methodologie, behoort historische projectie behoort tot het studieveld der interpretatieve cultuurgeschiedenis en epistemologie: het idool van het theater.

Benedenwindse feiten: Historische bronnen intertekstueel van aard. Documenten over de Benedenwindse eilanden in de zestiende eeuw hangen met elkaar samen. Producenten daarvan bevonden zich in complexe en sterk hiërarchische kerkelijke en wereldlijke (politieke, commerciële, financiële) machtsstructuren in Europa. Beschrijvingen zijn geen strikt descriptieve teksten, maar het resultaat van observatie/

---

165 Vergelijk Lemaire 1986: 297-306; Achterhuis 2016: 71-82. Klein (2014: 266) ziet Bacon en ciens Nieuw Atlantis nietemin als wegbereider van het Engelse koloniale project.

associatie en van gerichtheid van de auteur op actoren in die hiërarchische figuraties: opdrachtgevers, financiers, vorsten, geestelijken of het groeiende Europese lezerspubliek. Bronnen bevatten geen neutrale feiten maar relationele en contekstuele data. Schrijvers reageren op elkaar en de historicus kan hun teksten slechts adequaat interpreteren in hun onderlinge relatie en in relatie tot de historische contekst waarin zij tot stand zijn gekomen.

Koloniale mythen: In deze studie heb ik Benedenwindse koloniale en insularistische geschiedschrijving willen vervangen door een inheems Atlantische perspectief, in- en uitzoomend vanuit een afwisselend inheems (of lokaal) perspectief en een Atlantische contekstualiteit. Tegenover hardnekkige koloniale mythes en historische idolen verschenen nieuwe interpretaties van gebeurtenissen en actoren in een initiële en consoliderende trans-Atlantische wereld op het breukvlak van middeleeuwen en moderniteit. Na een initiële fase waarin Bijbels en plinische denken eerste, maar al snel onhoudbare antwoorden verschaften op vragen naar schepping, mensheid en diversiteit bewogen historische actoren (en hun geschiedschrijvers) zich over assen van rooms-katholieke orthodoxie tot ontwakend universalistisch christen-humanisme en van koloniale onderwerping tot missionaire bevoogding. Koloniale mythen gaan terug op deze zestiende eeuwse interpretatiekaders. Steeds constateerden we dat hij bij Europese auteurs de culturele zelfkritiek ontbrak om deze koloniale mythes te kunnen ontmaskeren. Zelfs daar waar Europese auteurs (waaronder dus ook More en Bacon) een kritische houding innamen ten aanzien van hun eigen civilisatie ontbrak het hen aan de wil aan inheemse waarheidsvinding en projecteerden zij hun Europese onvrede op Amerikaanse beschavingen ongeacht hun culturele rijkdom.

In deze studie heb ik de geschiedenis van Curaçao, Aruba en Bonaire willen dekoloniseren. Door simultane intertekstuele bronnenkritiek en epistemologische zelfkritiek onderzoekt de historicus zichzelf als duider van historische en archeologische bronnen en als producent van nieuwe interpretaties van inheems verleden, zoveel mogelijk los van de idolen van het historische en het eigentijdse wetenschappelijke en politieke theater. In plaats van een louter Atlantische benadering die de expansie van Europese machtsfiguraties – vroege koloniale staten en trans-Atlantische religieuze regimes – centraal stelt, heb ik een inheems Amerikaans perspectief willen hanteren, in het volle besef dat de stem van de Benedenwindse Caquetío's kort na de Amerikaans-Europese ontmoeting tot zwijgen is gebracht.

> *'The girl began to laugh, enjoying the game. So how many turtles are there? she wanted to know. The storyteller shrugged. No one knows for sure, her told her, but it's turtles all the way down. … The truth about stories is that's all we are.'*
> Thomas King, *The Truth about Stories*, p. 1-2.

And the turtle never talks back.

Bijlage

Carta de Juan de Ampies escrita à S.M. desde Santo Domingo, en que refiere la población que hizo de Carasao y las expediciones y sijetos que mandó á Tierra Firme á la costa entre los cabos de Paraguachoa y Coquibacoa.

S. C. C. R. M.

Juan De Ampies, faktor de V. M. é su Regidor en esta ciudad de Santo Domingo, dice que ano de 1513 el Rey Católico concedió a esta isla Española é a la isla de San Juan que se pudiesen traer a ella indios de algunas islas inútiles; en cumplimiento de lo qual el Almirante Visorrey é Gobernador de V. M. é por sus jueces é oficiales, habida información para ello, pronunciaron é declaron por islas inútiles las islas de Aruba y Corazao y Buinare, que están comarcanas á la costa de Tierra Firme, á ocho y á diez leguas della en el paraje de Coquibacoa y Sanca y Paraguachoa y otros puertos; y para traerlos de las dichas islas fué nombrado por capitán un Diego Salazar, el cual fué con la armada que para ello se hizo, é trajo de las dichas islas dos mil ánimas, poco mas ó menos, é algunos dellos se pasaron á la costa de Tierra Firme, adonde alli han estado siempre; é a mi como vecino é armador, con los ostros desta cuidad, me cupo alguna cantidad de los dichos indios, é conversándolos en mi casa me paresció gente de más razón y habilidad que otros indios destas partes que yo había visto, é muy ganosos é deseosos de ser cristianos, lo cual hice saber á los Padres Jerónimos que por V. M. en estas partes gobernaban, é mandaron a pregonar que ninguno fuse osado de ir á las dichas islas so graves penas; é después delos dichos Padres Jerónimos vino á gobernar el Liciencado Rodrigo de Figueroa; é habida la misma información por verdadera, hizo apregonar lo mismo; no embargante el dicho pregón, ciertas armadas que por allí pasaron à la Tierra Firme tocaron en la isla de Corazao é trujeron ella a esa cuidad doce o quince indios que en ella hallaron, é visto por el dicho Licenciado Rodrigo de Figueroa lo susodicho, que como si alguno no los tuviese á cargo no se podrían poblar é me dijo que pues yo tanto los quería y hacía por ellos, que tomase cargo de los guarder é poblar, é que todos los indios que trujese y poblase en las dichas islas, él los daría por mis naborias perpetuas en nombre de V. M. para que yo los hiciese cristianos, como parece por unos capítulos que acerca dello me concedió, é yo, visto que el ello podía servir mucho á Dios é á V. M., tomé cargo de lo ansí hacer, e poniendo lo susodicho en obra, envié á las dichas islas quince indios de los que más razón eran, que me habían cabido del armada de las dichas islas, é otros ocho ó diez que después acá he enviado y envié con ellos á un Nicolás Pérez Maestre, al cual di muchas preseas de camisas, y sayos, y cuchillos, y cuentas y cosas que los indios tienen en mucho; y llegado á las dichas islas la halló del todo despobladas, é aporto en la isla da Corazao, é allí dejo cantidad de pan cazabi que llevaba para que comiesen; é después desto otra vez envié allá carabela con ciertos españoles, y hallaron en las dos islas que se habían pasado á poblar cerca de ciento y cincuenta personas, y quedaron allí seis de los dichos españoles enseñándoles las cosas de nuestra santa fé: é después acá he enviado albañir y carpintero, é sa ha hecho en la isla de Corazao una casa de piedra e tapias, donde los cristianos é religiosos que han dir á mostrarles las cosas de nuestra santa fé católica estén seguros de los caribes de la Tierra Firme; en que hasta hoy se han hecho gastos en más cantidad de dos mil castellanos y aun cerca de tres, sin que hasta agora se haya habido un maravedí ni más provecho, más del servicio que à Dios se hace en hacerles cristianos, lo cual ellos hacen de tan bwena voluntad, qué maravilla con cuánta gana se ponen al servicio de Dios Nuestro Señor antes que ninguna otra generación de indios destas partes.

Item más: sabrá V. M. Que después de espirado el oficio del dicho Licenciado Rodrigo de Figueroa las amadas que iban á la costa de Tierra Firme hacían siempre mal y daño en las dichas islas, é for la necesidad del breve remedio que se requería con parescer é acuerdo del dicho Licenciado Rodrigo de Figueroa, me dió el Almirante Visorrey de V. M. una carta de mamparo con ciertos otros capítulos, para que los españoles no osasen hacer mal ni daño á los dichos indios: é ansí he tenido siempre é tengo en cada una de las dichas islas españoles que les enseñan las cosas de nuestra santa fe católica; é puesto caso que yo tenga provisiones ó concesiones del dicho Rodrigo de Figueroa é Almirante, como V. M. podrá mandar ver, no he querido usar de ellas más de aquello que ha complido al servicio de Dios, que este fue y ha sido siempre mi primer intento, y para lo demás, ques usar de algún provecho de los indios, suplico á V. M. me lo conceda, porque de otra manera yo no tocaré en ello; antes si desto no fuere servido, y manda que todo se deje, luego lo haré con mucha voluntad y por el deseo que tengo de servís.

Otrosí digo: que teniendo y tratando estos indios en las dichas islas de Corazao, y Aruba y Buinare, que están á nueve y á diez leguas de la Tierra Firme, habrá en ellas hasta docientas personas de todas edades, los indios de la costa de Tierra Firme, que son en el paraje de las dichas islas ques desde Paraguachoa hasta la punta de Coquibacoa y otros puertes que están en medio dellas, que son Sauca, y Paraguana é otros; visto el buen tratamiento que yo en nombre de V. M. haciá á los indios de las dichas islas é á los de la dicha costa, que muchas veces se pasaban allá á holgar con ellos, eran tan bien tratados y mirados, acordaron de me enviar un cacique que dice D. Juan Baracoica, que está en las islas y es su pariente y dendo, con otro indio que entre ellos señalaron para que me viniese á decir é rogar que yo quieriese recibir como á los otros debajo de mi gobernacion y mi amparo; y esto principalmente me enviaba á decir un gran cacique que está diez leguas la tierra adentro en la provincia de Coro, y el dicho cacique se llama Naure ó Anaure, el cual por ser tan gran señor se hace adorar como Dios, dando á entender á los indios que él da los temporales: é luego yo envié una carabela mía con sólo cinco cristianos, é los dichos indios é una india que en mi casa se ha criado, muy buena christiana, para que les háblese y supiese si aquello que los indios me habían dicho fuese verdad; é aportada la dicha carabeleta á la dicha costa, luego los indios que trataban la paces é amistad vinieron allí é llevaron á un Gonzalo de Sevilla consigo para habla con los caciques, é acá estando él en esto y los indios con pensar que estaban bien seguros, aportó allí un armada de cristianos, é tomó parte de aquellos indios é una india hija del gran Cacique de Coro, é los trujeron á esta isla por esclavos; é yo me quejé á los jueces de V. M., é ellos entendieron en ello con toda seguridad, é lo castagaron, é me mandaron volver los indios que ansí habían traído, é todo lo más que yo les pedí; é yo con este deseo que tengo en que estos indios que tan fuera de razon están, en especial este gran Cacique al cual trujeron una hija suya con su marido, é acordé seguir este buen propósito é gastar todo lo que se ofresciese, é trabajar con ellos todo lo posible hasta que V. M. dello sea sabidor e mande que pase adelante ó vuelva atrás: é si V. M. es servido que por esta via yo trabaje de pacificar estos indios, ha de ser servido de mandar que desde Paraguachoa hasta la punta de Coquibocoa no vayan armadas á los cautivar; é si desto ellos están seguros, no dudo el pacificar; é porques tierra de mucho oro, é adelante la tierra adentro se cree haber piedras de valor, en poder de Caribes, los cuales ya de mi tienen noticia, y quieren ser mis amigos; y desta manera creo poco a poco se poblara de cristianos, porque si V. M. es servido, con la ayuda de los indios de la costa yo trabajaré de hacer una casa que sea algo fuerte de donde los Caribes puedan ser sojozgados, é si V. M. fuere servido de me mandar poblar estas provincias, hacerme la merced en ello; porque los que estamos acá y sabemos qué cosa es, tenemos obligación de servir a Dios y a V. M. en ello.

E si V. M. fuere dello servido, seguiré lo que tengo comenzado y enviaré algunos capítulos que V. M. si fuere servido me concederá; y para luego Vuestra Majestad ha de mandar que ninguna otra persona vaya a la dicha Tierra Firme para cosa queguna, sino yo ó los que al yo enviaré en mi nombre, y para que de esto V. M. sea más cierto, envió una información de algunas personas españolas que, andando en mi nombre por aquella costa, han visto é sabido.

JUAN DE AMPIES

Bron: Geschied-, Taal-, Land- en Volkenkundig Genootschap (1985) Eerste Jaarlijksch Verslag. Amsterdam, Emmering. (oorspronkelijk. 1897).

Over de schrijver

Luc Alofs (1960) studeerde culturele antropologie aan de Katholieke Radboud Universiteit Nijmegen en promoveerde als historicus aan de Universiteit van Leiden. Hij woont en werkt sinds 1990 op Aruba, alwaar hij gedurende 20 jaar werkzaam was aan het Instituto Pedagogico Arubano. Luc Alofs is momenteel hoofddocent Onderzoek aan de Universiteit van Aruba en namens deze universiteit partner in het NWO/KITLV-project Travelling Caribbean Heritage. Hij vervulde adviserende en bestuurlijke functies, onder andere als curator van het Historisch Museum Aruba (2003-2013), lid van de koninkrijkswerkgroep 'Cohesie in het Koninkrijk' (2014-2016) en voorzitter van de Nationale Commissie van UNESCO op Aruba (2015-2018).

Luc Alofs publiceerde onder meer *'Ken ta Arubiano?, sociale integratie en natievorming op Aruba'* (samen met Leontine Merkies, 1990, 2001), *'Slaven zonder Plantage, (kinder-)slavernij en emancipatie op Aruba'* (1997, 2013, 2017) en *'Onderhorigheid en separatisme; koloniaal bestuur en lokale politiek op Aruba, 1816-1955'* (2011, 2013). In 2018 verschijnt van zijn hand de biografie *'Goddelijk als altijd, het leven en werk van Mo Mohammed'*.

Bibliografie

Abulafia, D. (2008) *The Discovery of Mankind, Atlantic Encounters in the Age of Columbus.* New Haven, Yale University Press.
Achterhuis, H. (2006) *Utopie, eindexamencahier havo vanaf 2007.* Ambo, Amsterdam.
(2016) *Koning van Utopia, nieuw licht op het Utopisch denken.* Rotterdam, Lemniscaat.
Alegría, R.E. (1986) *Las primeras representaciones del Indio Americano, 1493-1523.* Puerto Rico, Centro de Estudios Avanzados de Puerto Rico y El Caribe.
Alphen-Vicioso, B. van (1994) Erasmus, Spain and Curaçao. In: M. Coomans-Eustatia, R. Moolenbeek, W. Los en P. Prins (red.) *De Hoorn en zijn Echo, verzameling essays opgedragen aan dr. Henny Coomans.* Bloemendaal, Stichting Libri Antilliani / Amsterdam, Zoölogisch Museum.
Alofs, L. (1995) De rode rand van de slavernij. In: *Ñapa* 11-2-1995.
Amelunxen, C.P. (1980) *De geschiedenis van Curaçao.* Amsterdam, S. Emmering. (1929)
Andrien, K.J. (2009) The Spanish Atlantic System. In: J. Greene & P.D. Morgan (eds.) *Atlantic History, A Critical Appraisal.* Oxford University Press. (1929)
Arcaya, P.M. (1920) *Historia del estado Falcón, tomo primero (desde los orígines hasta 1600).* Caracas, tipografía "Cosmos".
Arens, W. (1998) Rethinking Anthropophagy. In: F. Barker, P. Hulme, M. Iversen (eds.) *Cannibalism and the Colonial World.* Cambridge University Press.
Augier, F.R. & S.C. Gordon (1962) *Sources of West Indian History.* Trinidad and Jamaica, Longman Caribbean Ltd.
Bacon, Francis (1952) The Advancement of Learning / Novum Organum / New Atlantis. In: R.M. Hutchins (ed.) *Great Books of the Western World, vol 30.* Chicago, Encyclopeadia Brittanica, Inc.
(2002) *The Major Works, including New Atlantis and the Essays.* Oxford University Press World's Classics.
Bassi, E. (2017) *An Aqueous Tertitory: Sailor Geographies and New Granada's Transimperial Greater Caribbean World.* Duke University Press.
Batista, C.G. (1989) *Antillas y Tierra Firme, Historia de la Infuencia de Curazao en la Arquitectura Antigua de Venezuela.* Curaçao, Refineria Isla (Curazao) S.A.
Beaujon, O. (1982) *Historia del estado Falcón.* Caracas, Ediciones de la República.
Benjamin, T. (2009) *The Atlantic World, Europeans, Africans, Indians and their Shared History, 1400-1900.* Cambridge University Press.

Benton, L. (2010) *A Search for Sovereignty, Law and Geography in European Empires 1400-1900.* Cambridge University Press.

Benzoni, G. (1857) *History of the New World.* London, Hakluyt Society. (1556)
(2016) *History of the New World. Shewing His Travels in America, from A.D. 1541 to 1556: With Some Particulars of the Island of Canary.* Leopold Classic Library. (Herdruk van Benzoni 1857)

Bergreen, L. (2004) *Over the Edge of the World: Magellan's Terrifying Circumnavigation of the Globe.* Perennial / Harper Collins. New York, The Penguin Group, Viking.
(2011) *Columbus: The Four Voyages.*

Berkofer, R.F. (1979) *The White Man's Indian, Images of the American Indian from Columbus to the Present.* New York, Vintage Books.

Boerstra, E. (1982) *De precolumbiaanse bewoners van Aruba, Curaçao en Bonaire.* Zutphen, De Walberg Pers.

Boomert, A. (1984) The Arawak Indians of Trinidad and Coastal Guyana, ca 1500-1650. In: *The Journal of Caribbean History*, vol. 19: 2.
(2000) *Trinidad, Tobago and the Lower Orinoco Interaction Sphere, an archaeological / ethnohistorical study.* Alkmaar, Cari Publications.

Boucher, Ph.P. (1992) *Cannibal Encounters, Europeans and Island Caribs, 1492-1763.* Baltimore, The John Hopkins University Press.

Brada O.P., Pater (1946) *Kerkgeschiedenis Aruba.* Curaçao, eigen beheer.
(1963) *Kerkgeschiedenis Antillen.* Willemstad, eigen beheer.

Broek, A.G. (1998) *Pa saka kara, historia di literatura papiamentu, tomo I.* Willemstad, Fundashon Pierre Lauffer.

Buisseret, D. (1999) The Cartography of the Caribbean, 1500-1650. In: P.C. Emmer (ed.) *General History of the Caribbean Vol. II: New societies: The Caribbean in the long sixteenth century.* London UNESCO Publishing / Macmillan Publishers ltd.

Bulgrin, L.E. & R.N. Bartone (1997) Historical Colonial Remains from Tanki Flip. In: A.H. Versteeg & S. Rostain (eds.) *The Archaeology of Aruba: the Tanki Flip Site.* Aruba, Publications of the Archaeological Museum, no. 8 / Amsterdam, Publications of Foundation for Scientific Research in the Caribbean Region, no. 141.

Buurt van G. & S.M. Joubert (1997) *Stemmen uit het verleden, Indiaanse woorden in het Papiamentu.* Alphen aan de Rijn, Van Buurt Boek Producties.

Camões, L. Vaz de (1997) *The Lusíads.* Oxford World Classics.

Carriscondo Esquive, F.M. (2009) El valor de la Apologética Historia Sumaria para el análisis de neología astronómica y cosmográfica Renacentista. In: *Revista de Filología Española*, LXXXIX, 1: 163-174.

Castro, D. (2007) *Another face of Empire, Bartolomé de Las Casas, Indigenous Rights, and Ecclesiastical Imperialism.* Durham, Duke University Press.

Changa, Dr. (1991) De brief van dr. Changa aan de stad Sevilla. In: J.M. Cohen (samensteller) *De vier reizen van Columbus.* Weert, Uitgeverij M&P. (1493)

Churampi Ramírez, A. (2011) Through the eyes of the Chronicler. In: C.L. Hofman & A. van Duijvenbode (eds.) *Communities in Contact; Essays in archaeology, ethnohistory & ethnography of the Amerindian circum-Caribbean.* Sidestone Press, Leiden.

Clayton, L.A. (2011) *Bartolomé de Las Casas and the Conquest of the America's.* Chichester, Wiley-Blackwell.

Cohen, J.M. (1991) Inleiding. In: J.M. Cohen (red.) *De vier reizen van Columbus.* Weert, M&P Document.

Colón Zayas, E. (1984) Introducción. In: *Literatura del Caribe (antología) Siglo XIX y XX.* Madrid, Editorial Playor.

Columbus, C. (1971) *Brief van de Admiraal van Indië aan de gouvernante van Don Juan van Castilië, geschreven in het jaar 1500, toen hij als gevangene uit Indië werd gevoerd.* In: J.M. Cohen (red.) *De vier reizen van Columbus.* Weert, Uitgeverij M&P. (1500)
(1992) *De ontdekking van Amerika.* Nijmegen, SUN.

Coomans-Eustatia, M & H.E. Coomans (1987) *Bibliography of the Archeology and the Amerindians of the Netherlands Antilles and Aruba.* Curaçao, Universteit van de Nederlandse Antillen / Reports of the Institute of Archeology and Anthropology of the Netherlands Antilles #6.

Cook, K.P. (2016) *Forbidden Passages, Muslims and Moriscos in Colonial Spanish America.* Philadelphia, University of Pennsylvania Press.

Cook, N.D. (1998) *Born to Die, Disease and New World Conquest, 1492-1650.* Cambridge University Press.

Crosby, A.W. (1972) *The Columbian Exchange: biological and cultural consequences of 1492.* Westport, Greenwood Press.
(1986) *Ecological Imperialism, the Biological expansion of Europe, 900-1900.* Cambridge University Press.
(1987) *The Columbian Voyages, the Columbian Exchange and their Historians.* Washington, American Historical Association: Essays on Global and Comparative History.

Daal, L. en T. Schouten (1988) *Antilliaans Verhaal, geschiedenis van Aruba, Bonaire, Curaçao, Saba, Sint Eustatius en Sint Maarten.* Zutphen, De Walburg Pers.

Dacal Moure, R. & M. Rivero de la Calle (1996) *The Art and Archaeology of Pre-Columbian Cuba.* Pittsburg, University of Pittsburg Press.

Dalhuisen, L., R. Donk, R. Hoefte en F. Steeg (red. 1997) *Geschiedenis van de Antillen.* Zutphen, De Walburg Pers.
(2009) *Geschiedenis van de Antillen.* Zutphen, De Walburg Pers.

Debrot, C. (1977) Verworvenheden en leemstes van de Antilliaanse literatuur. In: R.A. Römer (red.) *Cultureel Mozaïek van de Nederlandse Antillen.* Zuthpen, De Walburg Pers.
(1986) De vervolgden. In: *Verzameld Werk 3: Verhalen.* Amsterdam, Meulenhoff.

Debrot, R.H.D. (ca. 2004) *Aruba Indígena, Orígen del hombre Arubiano.* Eigen beheer.

Deloria Jr., V. (1999) *Spirit and Reason, the Vine Deloria, je., reader.* Edited by B. Deloria, K. Foehner & S. Scinta. Colorado, Fulrum Publishing.

Deusen, N.E. van (2015) *Global Indios, the Indigenous Struggle for Justice in Sixteenth Century Spain.* Duke University Press.

Díaz, B. (1963) *The Conquest of New Spain, written and translated by J.M. Cohen.* London, Penguin Classics. (1568)

Dijkhoff, R.C.A.F. (1997) *Tanki Flip / Henriquez: an Early Urumaco Site in Aruba.* Unpublished master's thesis. Leiden University.
(2004a) The History of Archaeological research in Aruba. In: R.A.C.F. Dijkhoff & M. Linville (eds.) *The Archaeology of Aruba: The Marine Shell Heritage.* Aruba, Publications of the Archaeological Museum of Aruba 10.

Dijkhoff, R.A.C.F. (2004b) The Radio Carbon Dates of Aruba (Appendix B). In: R.A.C.F. Dijkhoff & M. Linville (eds.) *The Archaeology of Aruba: The Marine Shell Heritage*. Aruba, Publications of the Archaeological Museum of Aruba 10.

Dijkhoff, R.A.C.F. & M. Linville (2004) Aruba, 'Island of Shells'. In: R.A.C.F. Dijkhoff & M. Linville (eds.) *The Archaeology of Aruba: The Marine Shell Heritage*. Aruba, Publications of the Archaeological Museum of Aruba 10.

Deive, C.E. (1995) *La Española y la Esclavitud del Indio.* Santo Domingo, Fundacion Garcia Arevalo.

Dortmondt, H. van (1999) Het eiland waar de reuzen woonden. In: *Amigoe/Ñapa*, 27-2-1999.

Dresscher, E. (2009) Aruba, an island navigating a globalizing world, a brief history. In: *Ceque, Journal of the National Archaeological Museum of Aruba, issue no. 1.* Aruba. National Archaeological Museum of Aruba.

Duany, J. (2002) *The Puerto Rican Nation on the Move: Identities on the Island and in the United States.* University of North Carolina Press.

Encyclopedie NA (1985) J. de Palm (red.) *Encyclopedie van de Nederlandse Antillen.* Zutphen, De Walburg Pers.

Encyclopedia of Religion, second edition. Jones L. ed. (2005) Detroit, Macmillan Reference USA.

Elliott, J.H. (1992) *The Old World and the New, 1492-1650.* Cambridge University Press, Canto. (1970)

(2002) *Imperial Spain, 1496-1716.* London, Penguin Books. (1963)

(2006) *Empires of the Atlantic World; Britain and Spain in America, 1492-1830.* New Haven, Yale University Press.

Emmer, P. (2000) *De Nederlandse slavenhandel, 1500-1850.* Amsterdam, De Arbeiderspers.

Emmer. P. & J. Gommans (2010) *Rijk aan de rand van de wereld, de geschiedenis van Nederland overzee, 1600-1800.* Amsterdam, Uitgeverij Bert Bakker.

Engels, C., m.m.v. A.J. van Bork Feltkamp (1970) *Opgravingen te Malmok op Aruba.* Curaçao, zonder uitgever.

Epicurus (zonder jaar) *Letter to Menouceus.* http//www// Epicurus & Epicurean Philosophy. (geraadpleegd 15-1-17)

Erasmus, D. (1905) *Enchiridion Militis Christiani and in English The Manual of the Christian Knight, replenished with the most wholesome precepts made by the famous clerk Erasmus of Rotterdam, to which is added a new and marvelous profitable Preface.* London, Methuen and Co. (1501-1533)

(1977) *Lof der Zotheid.* Utrecht, Het Spectrum. (1515)

(1993) *de draagbare Erasmus.* Amsterdam, Prometheus.

Eire, C.M.N. (2016) *Reformations: The Early Modern World, 1450-1650.* Yale University Press.

Faldani, L. (1992) Peoples and Cultures of the New World. In: The Italian Encyclopedia Institute (ed.) *Columbian Iconography*. Rome, Instituto Poligrafico e Zecca Dello Stato Libreria Dello Stato.

Felice Cardot, C. (1982) *Curazao Hispanico, antagonismo Flamenco-Español.* Caracas, Ediciones de la Presidencia de la Republica.

Finlay, R. (2004) How not to (Re)Write World History: Gavin Menzies and the Chinese Discovery of America. In: *Journal of World History*, vol 14, no. 2.

Formisano (1992) Introduction. In: Vespucci, A. (1992) *Letters from a New World; Amerigo Vespucci's discovery of America.* Edited and with an introduction by Luciano Formisano, Foreword by Garry Wills, translated by David Jacobson. New York, Marsilio.

Forte, M.C. (2005) *Ruins of Absence, Presence of Caribs, (Post)Colonial Representations of Aboriginality in Trinidad and Tobago.* Gainesville, University of Florida Press

Forte, M.C. (ed.) (2006) *Indigenous Resurgence in the Contemporary Caribbean, Amerindian Survival and Revival.* New York, Peter Lang Publishing Inc.
(2010) *Indigenous Cosmopolitans, Transnational and Transcultural Indigeneity in the Twenty-First Century.* New York, Peter Lang Publishing Inc.

Galeano, G. (1991) *De aderlating van een continent, vijf eeuwen economische exploitatie van Latijns-Amerika.* Amsterdam, Van Gennep, Novib.

García Valdés, C.G. (2009) Un erasmista y poeta satírico en el caribe Colonial: Lázaro Bejarano. In: Arellano, I. & A. Lorete Medina (eds.) *Poesía satírica y burlesca en la Hispanoamérica colonial.* Vervuert, Universidad de Navarra, Iberoamericana.

Geschied-, Taal-, Land- en Volkenkundig Genootschap (1985) *Eerste – Zesde Jaarlijksch Verslag.* Amsterdam, Emmering. (oorspr. 1897-1903).

Geurts, T. (2017) De *Nederlandse Paus, Adrianus van Utrecht, 1459-1523.* Amsterdam, Uitgeverij Balans.

Gilroy, P. (1993) *The Black Atlantic, Modernity and Double Consciousness.* Cambridge, Harvard University Press.

Goilo, E.R. (zonder jaar) *Alonso de Ojeda.* Aruba. De Wit Stores.

Gould, S.J. (1971) The Paleontology and Evolution of Cerion II: age and fauna of Indian Shell Middens on Curaçao and Aruba. In: *Brevoria, Museum of Comparative Zoology,* 1971-372: 2-25.

Goslinga, C. Ch. (1956a) Juan de Ampués. In: *West-Indische Gids,* jg.37-38.
(1956b) Juan de Castellanos. In: *West-Indische Gids,* jg.37-38.
(1965) Rodrigo de Bastides. In: *West-Indische Gids,* jg. 44.
(1979) *A short history of the Netherlands Antilles and Surinam.* Den Haag, Martinus Nijhoff.

Goslinga, C.Ch., A.C.H.J. van Noort en H.E. Sjak Shie (1972) *Geschiedenis van Amerika, voor het voorbereidend wetenschappelijk onderwijs en hoger algemeen vormend onderwijs.* Groningen, Wolters-Noordhoff.

Groesen, M. Van (2017) *Amsterdam's Atlantic, Print Culture and the making of Dutch Brasil.* Philadelphia, Pennsylvania Press.

Grol, G.J. van (1980*) De grondpolitiek in het West-Indische domein der generaliteit; Een historische studie.* Amsterdam, Emmering. (1934)

Groot, N. (2015) In: Hoogland, M.L.P, J.A.M. Vermeer en D. van den Biggelaar. *Het Spaanse Water, archeologisch onderzoek van de vindplaatsen C-039, C-215 en C-038 (2008-2009).* Leiden, Faculteit der Archeologie, Universiteit Leiden.

Grotius, H. (2004) *The Free Sea: Edited and and with an introduction by David Armitage.* Indianenpolis, Liberty Fund. (1609)

Guerra Curvelo, W. (2015) *El Mar Cimarón, conocimientos sobre el mar, la navegacion y la pesca entre los Wayuu.* Aruba, National Archaeological Museum of Aruba.

Habibe, H. (2014) *Aruba in literair perspectief, tussen traditie en vernieuwing: 1905-1975*. Aruba, UNOCA.

Hakluyt, R. (1985) *Voyages and Discoveries, the Principal Navigations, Voyages, Traffiques and Discoveries of the English Nations*. Edited and abridged and introduced by J. Beeching. Harmondsworh, Pinguin Classics. (1589-1590)

Hall, S. (2017) *The Fateful Triangle: Race, Ethnicity, Nation*. Cambridge, Harvard University Press.

Hamelberg, J.H.J. (1979) *De Nederlanders op de West-Indische eilanden*. Amsterdam, Emmering. (1899)

Hanke, L. (1949) *The Spanish Struggle for Justice in the Conquest of America*. Philadelphia, University of Pennsylvania Press, the American Historical Association. [reprint]

Harley, J.B. (1990) *Maps and the Columbian Encoutner*. Milwaukee, The Golda Meir Library, University of Winconsin.

Hartog, Joh. (1957) *Bonaire, van Indianen tot Toeristen*. Aruba, Gebroeders De Wit.

(1961) *Curaçao, van Kolonie tot Koninkrijksdeel, deel 1 (tot 1816)*. Aruba, De Wit Inc.

(1968) *Curaçao, from Colonial Dependence to Autonomy*. Aruba, De Wit Inc.

(1980) *Aruba, zoals het was, zoals het werd. Van de tijd der Indianen tot heden*. Aruba, De Wit.

(1993) *De geschiedenis van twee landen: de Nederlande Antillen en Aruba: met een recente historische bibliografie*. Zaltbommel, Europese Bibliotheek.

Haslip-Viera, G. (ed.) (2001) *Taíno Revival, Critical perspectives on Puerto Rican Identity and Cultural Politics*. Princeton, Markus Wiener Publishers.

Haviser, J.B. (1991) *The first Bonaireans*. Curaçao, Archaeological-Anthropological Institute of the Netherlands Antilles.

(1995) Towards romanticed Amerindian identities among Caribbean peoples. A case study from Bonaire, Netherlands Antilles. In: N.L. Whitehead (ed.) *Wolves from the Sea, readings in the Anthropology of the Native Caribbean*. Leiden, KITLV Press.

(2001) New Data for the Archaic Age in Curaçao. In: L. Alofs & R.A.C.F Dijkhoff (eds.) *Proceedings of the 19th International Congress for Caribbean Archaeology*. Aruba, National Archaeological Museum of Aruba.

(2015) Early Valleta Treatyu Application, Bonaire. In: C.L. Hofman, C.L. & J. Haviser *Managing our Past into the Future,* Archaeological heritage management in the Dutch Caribbean. Leiden, Sidestone Press.

Helman, A. (1995) *Kroniek van Eldorado, boek I: Folteraars over en weer*. Amsterdam, In de Knipscheer, Globe pockets.

Henige, D. (2000) On the Contact Population of Hispaniola: History as Higher Mathematics. In: V. Shepherd & H. Beckles eds.) *Caribbean Slavery in the Atlantic World. A student reader*. Kingston, Ian Randle Press. (1978)

Hernández, R. & N. López (2003) The Dominican Republic. In: A. West-Dúren (ed.) *African Caribbeans, a reference guide*. Westport, CT, Greenwood Press.

Himmerich y Valencia, R. (1996) The Encomendero's of New Spain, 1521-1555. Austin, University of Texas Press.

Hofman, C.L. & A. van Duijvenbode (red.) (2011) *Communities in Contact; Essays in archaeology, ethnohistory & ethnography of the Amerindian circum-Caribbean*. Sidestone Press, Leiden.

Honychurch, L. (2017) *In the Forest of Freedom, the fighting Maroons of Dominica.* London and Travalgar, Dominica, Papilotte Press.

Hoogland, M.L.P., J.A.M. Vermeer en D. van den Biggelaar (2015) *Het Spaanse Water, archeologisch onderzoek van de vindplaatsen C-039, C-215 en C-038 (2008-2009).* Leiden, Faculteit der Archeologie, Universiteit Leiden.

Hulme, P. (1998) Introduction: The Cannibal Scene. In: F. Barker, P. Hulme, M. Iversen (eds.) *Cannibalism and the Colonial World.* Cambridge University Press.

(2000) *Remnants of Conquest, the Island Caribs and their Visitors, 1877-1998.* Oxford University Pess.

Kelly, H. & R.C.A.F. Dijkhoff (2016) *Archaic Age Migration and Settlement on Aruba.* Paper presented at 81st annual meeting, Society for American Archaeology Orlando, Florida.

Kelly, H. & C. Hofman (2018, ter perse) *The Archaic Age of Aruba: New evidence on the first migrations into the island.*

King, T. (2005) *The Truth about Stories, a native narrative.* Minneapolis, University of Minnesota Press.

Klein, N. (2014) *This changes everything, capitalism versus the climate.* New York, Simon & Schuster Paperbacks.

Klooster, W. (1997) *The Dutch in the Americas 1600-1800.* Providence, The John Carter Brown Library.

Knight (1990) *The Caribbean; the Genesis of a fragmented Nationalism.* Second Edition. New York, Oxford University Press.

(2003) *Slavery and transformation of Society in Cuba, 1511-1760.* In: B.L. Moore, B.W. Higman, C. Campbell & P. Bryan (eds.) Slavery, Freedom and Gender, the Dynamics of Caribbean Society. Jamaica, University of the West Indies Press.

Koot, C.J. (2011) *Empire at the periphery, British Colonists, Anglo Dutch Trade, and the Development of the British Atlantic, 1621-1713.* New York University press.

Kunst, A.J.M. (1981) *Recht, commercie en kolonialisme in West-Indië vanaf de zestiende eeuw tot in de negentiende eeuw.* Zutphen, De Walburg Pers.

Lampe (2001) *Mission or Submission; Moravian and Catholic Missionaries in the Dutch Caribbean during the 19th Century.* Göttingen, Vanderhoeck and Ruprecht.

Las Casas, B. de (1566) *Apologético Historia Sumaria.* The Total Book – The Digital Library of America. http://www.ellibrototal.com/ltotal/newltotal/?t=1&d=4072_4167_1_1_4072. (geraadpleegd 15-1-17).

(1971) *History of the Indies*, translated and edited by A. M. Collard. New York, Harper Torchbooks.

(1992) *De verwoesting van de West-Indische eilanden.* Nijmegen, SUN.

Lemaire, T. (1986) *De Indiaan in ons bewustzijn, de ontmoeting van de Oude met de Nieuwe Wereld.* Baarn, Ambo.

(2002) *Met open zinnen, natuur, landschap, aarde.* Baarn, Ambo.

(2012) *Het Lied van Hiawatha.* Baarn, Ambo.

(2013) *Verre Velden, essays en excursies 1995-2012.* Baarn, Ambo.

Lévi-Strauss, C. (1981) *Het wilde denken.* Amsterdam, Meulenhoff.

(1986) The structural study of myth. In: *Structural Anthropology 1.* Harmondsworth, Penguin Books. (1955)

(1987) The Lessons of Linguistics. In: *Structural Anthropology 3: The View from afar*. Harmondsworth, Penguin Books. (1976)

Lewis, G.K. (1968) *The Growth of the Modern West Indies*. New York, Modern Reader paperbacks.

(1983) *Main Currents in Caribbean Thoughts; the historical Evolution of the Caribbean Society in its Ideological Aspects, 1492-1900*. Baltimore, The John Hopkins University Press.

Lucena Salmoral, M. *Instrucciones dadas a los padres de la Orden de San Jerónimo, fray Luis de Figueroa, fray Bernadino de Manzanedo y fray Alonzo de Santo Domingo, para reformacion de las Indias*. www3.uah.es/cisneros/carpeta/images/pdfs/261.pdf.

MacDonald, L.E (2010) *The Hieronymites in Hispaniola, 1493-1519*. University of Florida (Master's Thesis).

MacNuff, F.A. (1909) *Bartholomew de Las Casas; his life, apostolate, and writings*. Cleveland, The Arthur H. Clark Company. [The Project Gutenberg EBook, release date November 13, 2007: Ebook 23466.]

Madureira, L. (1998) Lapses in taste: 'cannibal-tropicalist' cinema and the Brazilian aesthetic of underdevelopment. In: F. Barker, P. Hulme, M. Iversen (eds.) *Cannibalism and the Colonial World*. Cambridge University Press.

Mann, C.C. (2006) *1491, de ontdekking van precolumbiaans Amerika*. Amsterdam, Manteau

(2011) *1493, How Europe's discovery of the Americas revolutionized Trade, Ecology and Life on Earth*. London, Granta Publications.

Mansur, J.M. (1991) *Historia di Aruba 1499-1824*. Miami, Hallmark Press Incorporated.

Martin-Fragachan, G. (1999) Intellectual, artistic and ideological aspects of cultures in the New World. In: P.C. Emmer (ed.) *General History of the Caribbean Vol II: New societies: The Caribbean in the long sixteenth century*. London UNESCO Publishing / Macmillan Publishers ltd.

Martinus, E.F. (2003) Nutteloze eilanden. In R.M. Allen, P. van Gelder, M. Jacobs & I. Witteveen (red.) *Op de bres voor eigenheid: Afhankelijkheid en dominantie in de Antillen*. Amsterdam, Caraïbische Werkgroep AWIC, Universiteit van Amsterdam.

Meier, J. (1995) La Iglesia Catolica y el Colonialismo Español. In: A. Lampe (ed.) *Historia General de la Iglesia en America Latina, IV Caribe*. Universidad de Quintana Roo, Ediciones Sigueme.

Meulenberg, I., L. van der Horst en R. van Aerle (2010) *Slagbaai-Gotomeer Bay: An archaeological survey and test excavations, campaign 2010*. Bonaire, DROB, Bonaire Archaeological Institute / Leiden University.

Middleton, D. (1706) *Beknopte aantekeningen van een Voyagie na West-Indien*. Leiden, zonder uitgever. (geraadpleegd in Biblioteca Nacional Aruba, Arubiana, kostbare collectie).

Mol, A. (2014) *The Connected Caribbean: a socio-material network approach to patterns of homogeneity and diversity in the pre-colonial period*. Leiden, Sidestone Press.

Montaigne, M. de (1991) On Cannibals. In: *Four Essays*. New York, Penguin 60s. (1580)

More, Th. (1983) *Utopia, translated with an introduction by Paul Turner*. Harmondsworth, Penguin Classics. (1516)

Morgan, P.D. & J.P. Greene (2009) Introduction: The Present State of Atlantic History. In: J. Greene & P.D. Morgan (eds.) *Atlantic History, A Critical Appraisal.* Oxford University Press.

Moya Pons, F. (1999) The establishment of primary centers and primary plantation. In: P.C. Emmer (ed.) *General History of the Caribbean Vol II: New societies: The Caribbean in the long sixteenth century.* London UNESCO Publishing / Macmillan Publishers ltd.

Kraan, C. en W. Minkes (2016) Indianen op Curaçao. In: *Tijdschrift Monumenten.*

Kunst, A.J.M. (1981) *Recht, commercie en kolonialisme in West-Indië.* Zutphen, De Walburg Pers.

Naverette, Fernández de (1992) Excerpts from Navarette's Coleccíon de los viajes. In: Vespucci, A. (1992) *Letters from a New World; Amerigo Vespucci's discovery of America.* Edited and with an introduction by Luciano Formisano, Foreword by Garry Wills, translated by David Jacobson. New York, Marsilio. (1825-1837)

Nooyen, R.H. (1962) *Historia di Alto Vista.* Curaçao. A. v.d. Loon O.P. Vicariaat generaal.

(1979) *Het volk van de grote Manaure, de indianen op de Giantes eilanden.* Willemstad, zonder uitgever.

(1985) *Isla di Papa Cornés.* Bonaire, zonder uitgever.

Menzies, G. (2008) *1421, the year China discovered America.* New York, William Morrow Paperbacks.

Oliver, J.R. (1989) *The Archaeological, Linguistic and Ethnohistorical evidence for the expansion of Arawakan into Northwestern Venezuela and Northeastern Columbia.* University of Illinois at Urbana-Champagne.

(1997) Dabajuroïd Archaeological, Settlements and House structures: an overview from mainland Western Venezuela. In: A.H. Versteeg & S. Rostain (eds.) *The Archaeology of Aruba: the Tanki Flip Site.* Aruba, Publications of the Archaeological Museum, no. 8 / Amsterdam, Publications of Foundation for Scientific Research in the Caribbean Region, no. 141.

Ospina, W. (2007) *Las auroras de sangre, Juan Castellanos y el descubrimiento poético de América.* Bogota, Editorial Norma, S.A.

Oversteegen, J.J. (1994) *Gemunt op wederkeer, het leven van Cola Debrot vanaf 1948.* Amsterdam, Meulenhoff.

Oviedo y Baños, Jose de (1987) *The Conquest and Settlement of Venezuela.* Berkley, University of California Press. (Google Books.) (1723)

(2004) *Historia de la Conquista y Población de la Provincia de Venezuela.* Caracas, Biblioteca Ayacucho.

Oviedo y Valdés, Gonzalo Fernandez de (1852) *Historia general y naturales de las Indias, Islas y Tierra Firme, tomo primero de la primera parte.* Madrid, Imprenta de la Real Académica de la Historia/ Kessinger Publishing Legacy Reprints.

(2011) *De las antiguas gentes de las Indias Occidentales o Antillas.* Edición de Angel Rodriguez Alvares, PhD. San Juan, Editorial Nuevo Mundo. (1535)

Pagden, A. (1993) *European Encounters with the New World.* New Haven, Yale University Press.

(2003) *Peoples and Empires, a short history of European migration, exploration, and conquest from Greece to the present.* New York, The Modern Library.

Palacio, J.O. (ed.) (2006) *The Garifuna, a nation across borders.* Belize, Cubola Books.

Pampaloni, C. (1992) In search of an image. In: The Italian Encyclopedia Institute (ed.) *Columbian Iconography.* Rome, Instituto Poligrafico e Zecca Dello Stato Libreria Dello Stato.

Pané, Fray Ramón (1999) *An Account of the Antiquities of the Indians.* Durham, Duke University Press. (ca. 1498)

Parry, J.H. (1990) *The Spanish Seaborne Empire.* Berkeley, University of California Press. (1966)

Pérez Botero, L. (1975) Contenidos Barrocos de las 'Elegías' de Juan de Castellanos. In: *Anales de la Literatura Hispanoamericana*, vol. 4. University of Saskatchewan, Canada.

Perrin, M. (1997) The Guajiro culture of death. In: A.H. Versteeg & S. Rostain (eds.) *The Archaeology of Aruba: the Tanki Flip Site.* Aruba, Publications of the Archaeological Museum, no. 8 / Amsterdam, Publications of Foundation for Scientific Research in the Caribbean Region, no. 141.

Pérotin-Dumon (1999) French, English and Dutch in the Lesser Antilles: from privateering to planning, c. 1550-c. 1650. In: *General History of the Caribbean Vol. II: New societies: The Caribbean in the long sixteenth century.* London UNESCO Publishing / MacMillan Publishers ltd.

Phelan, J.L. (2011) *The Hispanization of the Philippines: Spanish Aims and Filipino Responses, 1565-1700.* University of Wisconsin Press. (1959)

Pietschmann, H. (1999) Spanish expansion in America, 1492 to ca. 1580. In: P.C. Emmer (ed.) *General History of the Caribbean Vol II: New societies: The Caribbean in the long sixteenth century.* London UNESCO Publishing / Macmillan Publishers ltd.

Pietschmann H. & P.C. Emmer (1999) Introduction: the creation of a new Caribbean society, 1492-1650. In: P.C. Emmer (ed.) *General History of the Caribbean Vol. II: New societies: The Caribbean in the long sixteenth century.* London UNESCO Publishing / Macmillan Publishers ltd.

Ramos, D. (1961) Alonso de Ojeda en el gran Proyecto de 1501 y en el Transito del Sistema de descubrimiento y rescate al de poblamiento. *Boletín Americanista*, 1961: 7-9: 33-78.

Reid, B.A. (2009) *Myths and Realities of Caribbean History.* Tuscaloosa, The University of Alabama Press.

Reséndez, A. (2016) *The Other Slavery, The uncovered story of Indian Enslavement in America.* Boston, Houghton Mifflin Harcourt.

Restall, M. (2003) *Seven Myths of the Spanish Conquest.* Oxford University Press.

Romein, J. en A. Romein (1973) Desiderius Erasmus. In: *Erflaters van onze Beschaving, Nederlandse gestalten uit zes eeuwen.* Amsterdam, EM. Querido Uitgeverij. (1938-1940)

Römer, R.A. (1997) Curaçao onder de Spaanse Kroon, Isla de Los Gigantes. In: *Amigoe/Ñapa*, 12-4-1997.

Roo, J. de (1983) Debrots postume zelfverdediging. In: *Trouw* 26-6-1983.
    (1991) Mengcultuur hoofdthema in werk van Cola Debrot. In *Amigoe/Ñapa*, 18-5-1991.

Rouse, I. (1992) *The Taínos, Rise and Decline of the People Who Greeted Columbus.* New Haven, Yale University Press.

Rupert, L. (2012) *Creolization and Contraband, Curaçao in the early modern Atlantic World.* Athens, The University of Georgia Press.
Russell-Wood, A.J.R. (2009) The Portuguese Atlantic, 1415-1808. In: J. Greene & P.D. Morgan (eds.) *Atlantic History, a Critical Appraisal.* Oxford University Press.
Rutgers, W. (1982) Historische novelle over humaniteit. *In: Amigoe/Ñapa 21-1-1982.*
(1986) Het kristal van Bonaire/Literatuur als paradox. In: A. Reinders & F. Martinus (red.) *De eenheid van het kristal; Cola Debrot Symposium 1986.* Editorial Kooperativo Antiyano 'Kolobri'.
(1997) Sprekend doctor Hartog. In: L. Alofs, W. Rutgers, H.E. Coomans (red.). *Arubaans Akkoord, opstellen over Aruba van voor de komst van de olieindustrie, ter nagedachtenis aan dr. Johan Hartog.* Bloemendaal/Den Haag, Stichting Libri Antilliani/Kabinet van de Gevolmachtigde Minister van Aruba.
(1994) *Schrijven is zilver, spreken is goud, oratuur, auratuur en literatuur van de Nederlandse Antillen en Aruba.* Universiteit van Utrecht, academisch proefschrift.
(2016) *Balans, Arubaans Letterkundig Leven. De periode van autonomie en status aparte, 1954-2015.* Aruba, Charuba.
Sahlins, M.D. (1968) *Tribesmen.* Englewood Cliffs N.J., Prentice-Hall INC.
Said, E. (1993) *Culture and Imperialism.* New York, Vintage Books/Random House.
(1994) *Orientalism.* New York, Vintage Books/Random House. (1973)
Sankatsing, G. (2016) *Quest to Rescue our Future.* Amsterdam, Rescue our Future Foundation.
Sauer, C.O. (2008) *The Early Spanish Main.* Cambridge University Press. (1966)
Schwartz, S.B. (1997) Spaniards, pardos, and the missing Mestizos: identities and Racial categories in the early Hispanic Caribbean. In: *New West Indian Guide*, vol. 71: 1 & 2.
Schwartz, S.B. (ed.) (2000) *Victors and Vanquished, Spanish and Nahua Views of the Conquest of Mexico. Edited and with an introduction by Stuart B. Schwartz.* Boston/New York, Bedfort, St. Martin's.
(2008) *All can be Saved, Religious Tolerance and Salvation in the Iberian Atlantic World.* New Haven, Yale University Press.
Schmidt, B. (1995) "O Fortunate Land!" Karel van Mander, A West Indies Landscape, and the Dutch Discovery of America. In: *New West Indian Guide*, vol. 69: 1 &2.
(2004) *Innocence abroad, the Dutch imagination and the New World, 1570-1670.* Cambridge University Press.
Sertima, I. van (2003) *The came before Columbus.* New York, Random House Trade Papperback Edition.
Simpson, L.B. (1950) *The Encomienda in New Spain: the Beginning of Spanish Mexico.* Berkeley, University of Californmia Press.
Skozen, K.N. (2002) Santo Domingo, Dominican Republic. In: *Encyclopedia of Urban Cultures #4.* Danbury, Grolier/Human Relation Area Files.
Slicher van Bath, B.H. (1992) *Indianen en Spanjaarden, Latijns-Amerika 1500-1800.* Amsterdam, uitgeverij Bert Bakker.
Socolow, S.M. (2015) *The Women of Colonial Latin America.* Cambridge University Press.
Symcox, G. & B. Sullivan (2005) *Christopher Columbus and the Entreprise of the Indies, a brief history with documents.* Boston/New York, Bedford/St. Martin's.

Thornton, J.K. (2012) *A Cultural History of the Atlantic World, 1250-1820*. Cambridge University Press.

Todorov, T. (1999) *The Conquest of America, The Question of the Other*. Norman, University of Oklahoma Press. (1982)

Torres de Mendoza, L. (1868) *Colecíon de Documentos Inéditos relativos al descrubimiento, conquista y organización de las Antiguas Posesiones Españolas de Américas y Oceanía, sacados de los archivos del Reino, y muy especialmente del Indias, tomo X*. Madrid, J.M. Perez. (AECID Digital Library). (geraadpleegd 15-1-17).

Torres-Saillant, S. (2006) *An Intellectual History of the Caribbean*. New York, Palgrave Macmillan.

Toro-Labrador, G., O.R. Wever, & J.C. Martínez-Cruzado (2003) Mitochondrial DNA Analysis in Aruba: Strong Maternal Ancestry of Closely Related Amerindians and Implications for the Peopling of Northwestern Venezuela. In: *Caribbean Journal of Science*, Vol. 39, No. 1, 11-22, 2003.

Trouillot, R. (1995) *Silencing the past, Power and the Production of History*. Boston, Beacon Press.

Try Ellis, W. Ch. De la (1981) *Antilliana, verzameld werk van dr. W. Ch de la Try Ellis*. Zutphen, De Walburg Pers.

Tuhawai Smith, L. (1999) *Decolonizing Methodologies, Research and Indigenous Peoples*. London, Zed Books Ltd. / Dunedin, University of Otago Press.

Turner, P. (1983) Introduction. In: More, Th. (1983) *Utopia, translated with an introduction by Paul Turner*. Harmondsworth, Penguin Classics. (1516)

Turner-Bushnell, A. (2002) Gates, Patterns, and Peripheries, the field of Frontier Latin America. In: C. Daniels & M.V. Kennedy (eds.) *Negotiated Empires, centers and peripheries in the Americas, 1500-1820*. New York, Routledge.

(2009) Indigenous America and the Limits of the Atlantic World. In: J. Greene & P.D. Morgan (eds.) *Atlantic History, A Critical Appraisal*. Oxford University Press.

Velden, B. van der (2011) *Ik lach met Grotius, en alle die prullen van boeken, Een rechtsgeschiedenis van Curaçao*. Amsterdam, Carib Publishing.

Versteeg, A.H. (1991a) *Toen woonden indianen op Aruba*. Aruba, Publications of the Archaeological Museum Aruba, no. 3.

(1991b) *The Indians of Aruba*. Aruba, Publications of the Archaeological Museum Aruba, no. 4.

(1997a) Pre-Columbian houses at the Santa Cruz site. In: L. Alofs, W. Rutgers en H.E. Coomans (red.) *Arubaans Akkoord*. Bloemendaal, Stichting Libri Antiyani/ Den Haag, Kabinet van de Gevolmachtigde Minister van Aruba.

(1997b) Conclusion. In: A.H. Versteeg & S. Rostain (eds.) *The Archaeology of Aruba: the Tanki Flip Site*. Aruba, Publications of the Archaeological Museum, no. 8 / Amsterdam, Publications of Foundation for Scientific Research in the Caribbean Region, no. 141.

Versteeg, A. & A.C. Ruiz (1995) *Reconstructing Brasil Wood Island: the archaeology and landscape of Indian Aruba*. Aruba, Publications of the Archaeological Museum Aruba, no. 6.

Versteeg, A.H., J. Tacoma en S. Rostain. (1997) Special features, spatial patterns and Symbolism at Tanlki Flip. In: A.H. Versteeg & S. Rostain (eds.) *The Archaeology of Aruba: the Tanki Flip Site*. Aruba, Publications of the Archaeological Museum, no. 8 / Amsterdam, Publications of Foundation for Scientific Research in the Caribbean Region, no. 141.

Versteeg, A. J. Tacoma & P. van der Velde (1990) *Archaeological Investigations on Aruba: the Malmok Cemetry*. Aruba, Publications of the Archaeological Museum Aruba, no. 2. / Amsterdam, Publications of the Foundation for Scientific Research in the Caribbean Region, no. 126.

Vespucci, A. (1992) *Letters from a New World; Amerigo Vespucci's discovery of America*. Edited and with an introduction by Luciano Formisano, Foreword by Garry Wills, translated by David Jacobson. New York,

Veth, L. de (2012) *Burying Beliefs, the archaeological and ethnographic study of mortuary practices of ceramic groups in Columbia, Western-Venezuela, and the off-shore islands*. Leiden, University of Leiden, Faculty of Archaeology. (Master's thesis)

Viala, F. (2014) *The Post-Columbus Syndrome: Identities, Cultural Nationalism, and Commemorations in the Caribbean*. London, Palgrave Macmillan, (New Caribbean Studies).

Vilanova, A. (2002) Las Elegías de varones ilustres de India de Juan de Castellanos, la mitología grecolatina y los comienzos de la literatura en Colombia y Venezuela. In: *Voz y Escritura* (11): 11-50.

Vogel, H. Ph. (1997) *Geschiedenis van Latijns-Amerika, herziene uitgave*. Utrecht, Het Spectrum.

Waldseemüller, M. (1992) *Cosmographie introductio*. In: Vespucci, A. (1992) *Letters from a New World; Amerigo Vespucci's discovery of America*. Edited and with an introduction by Luciano Formisano, Foreword by Garry Wills, translated by David Jacobson. New York, Marsilio. (1507)

Watts, D. (1987) *The West Indies, Patterns of Development, Culture and Environment Change since 1492*. Cambridge Universtity Press.

(1999) The Caribbean Environment and early settlement. in: P.C. Emmer (ed.) *General History of the Caribbean Vol II: New societies: The Caribbean in the long sixteenth century*. London UNESCO Publishing / Macmillan Publishers ltd.

Weaver, J. (2014) *The Red Atlantic, American Indigenes and the making of the Modern World, 1000-1927*. Chapel Hill, the University of Carolina Press.

Wesch, A. (1993) *Kommentierte Edition und linguistische Untersuchung der Information de los Jeronimos (Santo Domingo 1517)*. Tübinger Beitrage zur Linguistik. Httpss:// books.google.com/books?isbn=3823350536. (geraadpleegd 15-1-17)

Wever, O. R. (2014) *Nos ta Arubiano, structura genetico di e poblacion Arubiano: tres origen*. Aruba, eigen beheer.

(2016) *Genetic origins of Arubans: importance of research results with mitochondrial DNA, blood groups, HLA and other genetic markers, related to population history, archeology, anthropology, and cross-ethnic medical epidemiology in Aruba*. Aruba, manuscript.

Wheat, D. (2016) *Atlantic Africa and the Spanish Caribbean, 1570-1640*. The University of Carolina Press.

Whitehead, N. (1988) *Lords of the Tiger Spirit*. Leiden, Koninklijk Instituut voor Taal-, Land- en Volkenkunde, Caribbean Series no. 10.

(1995) Introduction: The Island Carib as anthropological icon. In: N. Whitehead (ed.) *Wolves from the Sea; readings in the Anthropology of the Native Caribbean*. 1995, Leiden, KITLV Press.

(1999) Native societies and the European occupation of the Caribbean and coastal Tierra Firme. In: P.C. Emmer (ed.) *General History of the Caribbean Vol. II: New societies: The Caribbean in the long sixteenth century.* London, UNESCO Publishing / Macmillan Publishers ltd.

Whitehead, N. red. (1995) *Wolves from the Sea, readings in the Anthropology of the Native Caribbean.* Leiden, KITLV Press.

Wilbert, J. (1972) *Survivors of Eldorado, four Indian Cultures in America.* New York, Preager Publishers.

Williams, E. (1978) *From Columbus to Castro; The History of the Caribbean 1492-1969.* London, Andre Deutsch.

Wilson, S. (1997) The Taíno Social and Political Order. In: F. Bercht, E. Brodsky, J.A. Farmer & D. Taylot (eds). *Taíno, Pre-Columbian Art and Culture from the Caribbean.* New York, The Monacelli Press / El Museo del Bario.

Wolff, E. (1990) *Europe and the People without History.* Berkeley, University of California Press.

Wright, I.A. (1934) *De Nederlandsche zeevaarders op de eilanden in de Caraïbische zee en aan de kust van Colombia en Venezuela gedurende de jaren 1621-1648, deel 1.* Utrecht, Keminck en zoon.

Zwijsen, M.V. (1999) Curaçao in vogelvlucht. In: Waltmans, H. en G. Groothoff (red.) *Aruba, Curaçao en Bonaire aan het begin van de twintigste eeuw.* 's-Gravenhage, Algemeen Nederlands Verbond. (1905).